내부 감사와
리스크 관리 프로세스

내부 감사와 리스크 관리 프로세스

K. H. 스펜서 피켓 지음 | (사)한국감사협회 감수 | 노동래 옮김

Auditing the Risk Management Process

연암사

국제 내부 감사인 협회(Institute of Internal Auditors; IIA)

IIA는 내부 감사 업무 수행의 증진 및 발전에 헌신하는, 전 세계를 기반으로 조직된 주요 국제 전문가 협회이다. 또한 전 세계의 감사 관련 표준, 교육, 자격증 및 연구에서 인정을 받고 있는 권위자이자, 주요 교육 기관이며 리더이다. 이 협회는 100개가 넘는 국가에서 8만 명이 넘는 회원들에게 실무진 및 경영진 연수, 교육 자료, 연구 조사 및 지침을 제공하고 있다.

이 책을 제니 토팜Jenny Topham을 기념하여
그녀에게 헌정한다.

추천사

지난 2008년 글로벌 경제 위기 이후 이사회 및 감사위원회의 감독 책임에 대한 요구와 기대는 점점 더 커져가고 있는데, 감사위원회의 책임이 커질수록 이를 보좌할 내부 감사 부서의 책임 또한 커질 수밖에 없습니다.

그러다 보니 내부 감사의 역할이 전통적인 재무 보고 및 운영상의 통제의 적정성과 효과성에 대한 감사에서 리스크 관리 및 컴플라이언스의 적정성과 효과성에 대한 감사 그리고 회사 경영과 관련하여 개선 필요가 있는 분야에 대한 컨설팅 서비스 제공에까지 확대되고 있습니다.

그러나 비용 절감 필요성으로 인해 내부 감사 부서의 자원은 증대되는 책임에 비례하지 않고 있는 실정입니다. 즉 내부 감사 부서가 효율적으로 운영되기 위해서는 필연적으로 조직이 직면하고 있는 리스크에 대한 평가를 통해 리스크가 큰 분야에 대해 감사 노력을 집중할 필요가 있습니다.

감사 부서가 조직의 목표 달성을 위협하는 리스크를 식별 · 평가하여 리스크가 큰 분야에 감사 역량을 집중하는 한편, 리스크 관리 부서가 리스크 식별, 평가, 모니터링 및 관리를 제대로 수행하는지 여부에 대한 감사 의견을 제공해야 합니다.

아울러 아직 리스크 관리 전담 부서가 설치되지 않았을 경우에는 경영진에게 전담 부서 신설 필요를 건의하고, 리스크 관리 부서 신설 초기에는 동 부서에 컨설팅 서비스를 제공하기 위해 내부 감사 부서가 조직이 직면한 리스크 및 리스크 관리 프레임워크의 기본적인 내용을 이해할 필요가 있습니다.

또한 파악된 리스크에 기반을 두어 어떻게 효율적이고 효과적으로 감사 업무를 수행할지에 대한 프레임워크도 필요로 합니다. 이 책은 바로 그러한 프레임워크에 관한 책입니다.

따라서 이 책은 리스크 기반 감사를 토대로 내부 감사를 보다 효과적이고 효율적으로 수행하기 원하는 내부 감사 관련자들뿐 아니라 리스크, 특히 운영 리스크에 대한 이해 및 이의 관리 방안에 관심이 있는 사람에게도 훌륭한 안내서가 될 것입니다.

그리고 국제공인내부감사사Certified Internal Auditor; CIA 시험을 준비하는 수험생들에게도 훌륭한 지침서가 될 것입니다.

감사 업무의 질적 발전을 위해 국제적 기준과 감사 기법 전파, 교육, 그리고 감사 업무 종사자들 간의 정보 교류 등에 힘을 기울이고 있는 우리 한국감사협회에서는 『내부 감사와 리스크 관리 프로세스』의 발간을 매우 기쁘게 생각합니다. 아무쪼록 이 책이 감사 업무 종사자, 감독 당국, 학자, 학생들에게 널리 읽혀서 우리나라 감사 업무의 발전에 일익을 감당하기를 바라마지 않습니다.

정낙균
(사)한국감사협회

Auditing the Risk Management Process

머리말

『새로운 영역에 대한 감사Auditing New Horizons』는 주로 내부 감사인을 겨냥한 새로운 시리즈의 짧은 책들이지만, 이 책들은 외부 감사인, 컴플라이언스팀, 재무 컨트롤러, 컨설턴트 그리고 거버넌스, 리스크 및 통제 시스템 점검에 관여하는 사람들에게도 유용할 것이다. 경영진, 관리자 그리고 직원들은 점점 더 조직의 내부 통제 시스템을 검토하고 모든 유형의 조직에 탄탄한 리스크 관리 프로세스를 갖추라는 요구를 받기 때문에 이 책들은 그들에게도 관련이 있을 것이다. 이 시리즈의 각각의 책들은 감사나 검토 업계와 관련이 있는 중요한 이슈 및 개념에 대하여 간단한 설명을 제공한다. 이 시리즈는 향후 수년에 걸쳐서 발간될 예정이며, 와일리 출판사는 내부감사협회(IIA)와 협력하여 각각의 새로운 책들마다 현재 진행되고 있는 사항들과 향후 전개될 내용들이 반영되게 할 것이다.

새로운 영역에 대한 감사 프레임워크는 다음 그림에 나타나 있다.

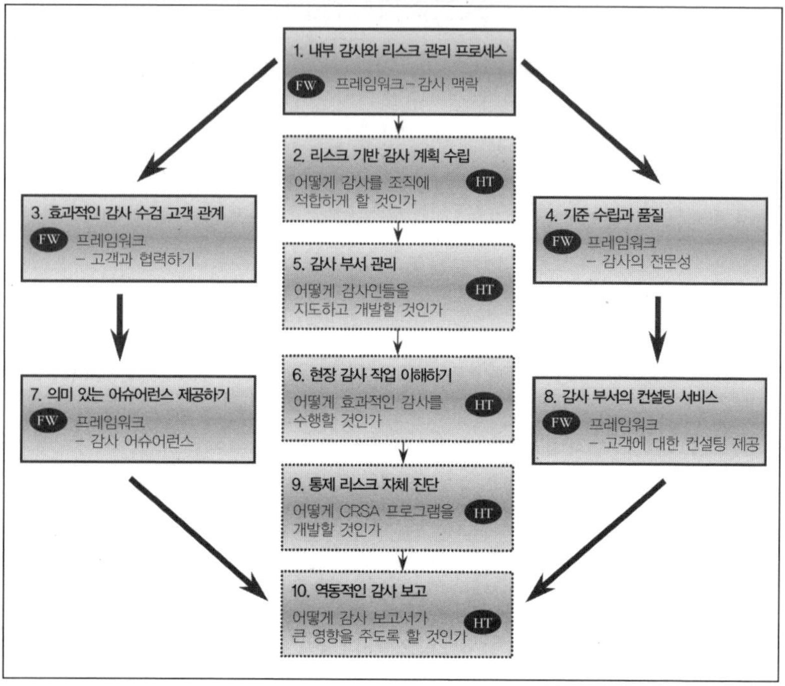

[그림 P.1 새로운 영역의 감사 서적 시리즈]

프레임워크FW 책들은 다양한 모델들을 제시하기 때문에 모범 기준을 확보하기 위해 채택될 수 있는 참고 자료들로 보강되어 있어서 현재의 관행에 영향을 줄 것이다. 방법서HT들은 유사한 모델들을 사용하지만, 관련 프레임워크의 여러 측면들을 실행하기 위해 채택될 수 있는 체크리스트check list 및 실무 사례에 보다 중점을 둔다. 각각의 책들은 IIA의 직무수행기준standard, 권고 및 선별된 지침으로서 직무수행방안Professional Practices Framework에 반영되어 있다. 이 책들은 매우 간결하기 때문에 다른 자료에 대한 언급은 제한될 필요가 있다. 급속히 변화하는 비즈니스 세계에서는 현재의 내용이 빠르게 과거지사로 전락할 수 있기 때문에 잘 알려진 회사에서 취한 상세한 사례 연구가 없을 것이다. 그러나 이 책들에서는 요점을 보여 주는 하나의 방편으로서 다양한 조직들에서 무슨 일이 발생했는지 짤막한 많은 예를 언급할 것이다. 거버넌스, 리스크와 통제 상황의 동태적인 성격으로 인해, 새로운 영역에 대한 감사 시리즈의 책들 중 일부는 향후 제목이 바뀔 수도 있다. 우리는 이 시리즈가 독자들에게 흥미롭고 자극을 주기를 기대한다. 또한 이 시리즈가 내부 감사, 외부 감사 및 기타 검토 부서에 가치를 부가하는 참고 자료가 되기를 희망한다.

역자 서문

저는 오랫동안 리스크 관리 업무를 수행해 오면서 리스크 관리 부서의 노력만으로는 리스크를 제대로 관리할 수 없다는 점을 절실히 느끼고 있습니다. 많은 사람들이 리스크 관리의 중요성에 대해 말은 하지만, 정작 실제 기업 경영에서는 힘의 논리가 지배하는 것도 현실입니다. 정도의 차이는 있겠지만, 저는 대부분의 기업에서는 수익 부서가 관리 부서보다 중시되는 경향이 있다고 생각하는데 이는 리스크 관리 부서도 예외가 아닙니다. 수익 부서에서 영업 논리 또는 수익 논리로 리스크 관리에 절실히 필요한 조치를 무시하거나, 리스크 관리 부서가 회사 실적에 방해가 된다고 공격할 때 리스크 관리 담당 임원과 직원들이 기죽지 않고 소임을 온전히 수행할 수 있으려면 이사회와 최고 경영자의 전폭적인 신뢰와 지원이 필수적입니다.

이와 함께 감사부서의 지원과 협력 또한 필수적입니다. 리스크 관리 부서 자체는 규정과 프로세스를 강제할 힘이 없는데, 감사 부서에서 리스크 관리 규정과 프로세스를 중요하게 생각하고 이를 어기는 사람에게 적절한 조치를 취할 때 비로소 조직 내의 모든 사람들이 관련 규정을 지키게 될 것입니다.

그러나 이는 감사 부서와 리스크 관리 부서가 공조해야 하는 이유의 아주 작은 부분에 지나지 않습니다. 우선, 내부 감사 부서가 내부 감사 자체의 존재 목적인 이사회와 최고 경영진에게 '조직의 목표가 달성되리라는 합리적 어슈어런스'를 제공하기 위해서는 목표 달성에 위협이 되는 요소, 즉 리스크에 대한 이해를 필요로 합니다. 그리고 한정된 감사 자원을 효율적으로 사용하려면 조직이 직면한 리스크의 수준을 보다 정확히 파악하여 리스크가 높은 영역에 감사 역량을 집중할 필요가 있습니다.

감사 활동을 통하여 리스크 관리 프로세스에 대한 개선이 필요하다고 여겨지는 부분에 대해서는 이의 개선을 요구하거나 권고할 수도 있는데, 리스크 관리 부서는 감사 의견을 통해 리스크 관리 프로세스 개선이 필요한 부분을 파악하여 리스크 관리의 구멍을 메울 수 있는 기회로 활용할 수 있을 것입니다. 또한 리스크 관리 부서가 회사에서 잠재적으로 리스크가 높다고 여겨지는 분야들, 리스크 관리자를 잠 못 이루게 하는 요인들에 대한 정보를 감사 부서와 공유함으로써 감사 부서가 감사 대상과 감사의 강도를 정할 때 참고 자료로 사용한다면 유익한 시너지 효과가 나타날 것입니다. 이러한 관점에서 이 책은 여러 모로 유익하다고 생각합니다.

이 책은 리스크 관리, 특히 운영 리스크 관리에 관한 기본 개념과 원리들을 공부하려는 내부 감사 부서 직원이나 리스크 관리 부서 직원, 리스크 관리 감독 역할을 보다 효과적으로 수행하기 원하는 이사회와 감사위원회 위원, 내부 감사의 기본 원리와 리스크에 기반한 효과적인 감사업무 수행 방법을 배우기 원하는 내부 감사 부서 직원, 심지어 공인 내부감사사CIA 자격증 시험을 준비하려는 사람들에게까지 큰 도움이 되리라 확신합니다.

거버넌스와 리스크 관리, 컴플라이언스 그리고 내부 감사에 이르기까지 쉽지 않은 분야에 애정을 가지고 출판해 주시는 도서출판 연암사 대표님과 편집부에 깊이 감사드립니다. 그리고 곁에서 한결같이 힘이 되어주는 아내와 두 아들에게도 감사와 사랑을 전합니다.

노동래

Auditing the Risk Management Process

차례

Chapter 1

왜 리스크 관리가 중요한가?

Why Risk Management?

Chapter 1

왜 리스크 관리가 중요한가?

내부 감사 활동은 리스크에 대한 중대한 노출을 식별 및 평가하고 리스크 관리와 통제 시스템의 개선에 기여함으로써 조직에 도움이 되어야 한다.

IIA 기준 2110

개요

내부 감사는 대부분의 대규모 조직에서 높아진 위상을 반영하여 과거 수년 간 크게 성장해 왔다. 내부 감사는 후선 점검 부서에서 회사의 중요한 자원으로 바뀌었다. 전문성과 객관성에 대한 강조로 인해 면모를 일신한 감사인들이 진정으로 차이를 만들어 낼 수 있는, 영향이 큰 업무를 수행하게 되었다. 이러한 변화를 뒷받침하는 핵심적인 내용은 직원들에 대한 통제를 강제하던 데에서 리스크에 대한 평가를 통해 경영진과 직원들이 자신의 비즈니스에 대한 의미 있는 통제를 확립하도록 권한을 부여하는 방향으로의 이동이다. 이러한 강제의 문화로부터 통제 확립의 문화로의 전환은 직원들에게 보다 많은 혁신과 실험의 여지를 허용하게 되었다.

불행하게도, 과거에는 탄탄한 리스크 관리 프로세스가 항상 존재하지는 않았다. 1980년대와 1990년대의 급속한 변화 프로그램은 많은 조직들이 목숨을 걸고 열차에 올라타지 않는 사람은 누구나 뒤쳐지게 되는 상황에 비견되었음을 의미했다. 투자자들은 빠른 수익을 기대하였으며, 경쟁은 신상품이나 개선된 상품을 가장 먼저 출시하기, 또는 최소한 그러한 인상 주기에 관한 것이었다. 이에 대한 결과로 지난 10년 동안 계속 반복된 도산과 스캔들은, 기차 비유를 계속하자면, 절실히 필요했던 철도 신호와 브레이크로 묘사될 수 있는 명확한 방향과 윤리적 가치의 결여를 여실히 보여 주었다.

1990년대의 살벌한 경쟁이라는 배경 하에서 진행된 무모한 트레이딩은 2000년 이후에도 당국의 엄격한 규제가 시작되기 전까지 계속되었다. 우호적인 감사인이 검토한 재무제표를 발표하는 것이 유일한 책임이었던 강력한 CEO 주위에 모여든, 큰 성공을 거둔 사람들로 구성된 이사회라는 과거의 거버넌스 모델은 역동적인 새로운 비즈니스 상황에 대처할 수 없었다. 이러한 환경에서 감독 법규는 비켜 가야 할 장애물로 여겨졌다. 사내 변호사들은 흔히 경영진이 법률 규정과 산업의 특수한 감독 규정을 빠져 나갈 길을 찾아내는 데에 활용되었다. 2002년에 각 회사의 수뇌부가 법규를 준수하고 이를 입증할 개인적 책임을 지도록 하는 사베인-옥슬리법Sarbanes-Oxley Act이 제정됨에 따라, 기업 거버넌스에 대한 사회적 관심이 대두되었다. IIA는 리스크 관리와 기업 거버넌스 사이의 연결 관계를 다음과 같이 인식하고 있다.

리스크 관리는 기업 거버넌스의 근본적인 요소 중 하나이다. 경영진은 이

사회를 대신하여 리스크 관리 프레임워크를 확립하고 이를 운영할 책임이 있다.[1)]

과거에는 통제 프레임워크가 기준을 세우는 데 도움이 되었다. 그러나 프레임워크는 이에 비추어 점검하는 벤치마크 역할을 했기 때문에 단지 체크 박스에 표시한 뒤 이듬해에 이를 다시 수행할 때까지 파일 속에서 잠자고 있는 경우가 많았다. 요즘에는 기업, 임원과 이해 당사자들에 대한 리스크를 새롭게 강조하고 있다. 아래와 같은 리스크에 대한 몇 가지 사회적 우려가 대두되었다.

- 발표된 재무제표가 실제 모습을 오도誤導한다.
- 실적 정보가 날조되었다.
- 규정상의 공시가 건전한 증거로 뒷받침되지 않는다.
- 고위 경영진이 알지도 못하면서 재무 보고 통제와 컴플라이언스 절차가 적정하다고 주장한다.
- 회사의 자산이 낭비, 손실, 공격 또는 자연 재해로부터 적절히 보호되지 않는다.
- 회사의 평판이 고객의 충성도에 악영향을 준다.
- 운영과 절차가 비효율적이고 유연하지 않다.
- 잘못된 사람이 채용 및 승진된다.
- 조직이 변화하는 고객, 시장과 이해 당사자 일반의 기대를 충족시키지 못하고 있다.

이러한 이슈를 다루는 노력이 조직들을 전사 리스크 관리Enterprise Risk Management; ERM라는 방향으로 이끌었다. 이는 기업의 모든 측면에 걸친 리스크를 전략적 관점에서 파악하고 관리하려는 총체적인 접근법이다. 각각의 리스크의 영향과 시급성이 변함에 따라, 조직들은 새로운 리스크에 의해 시장에 던져진 간극gap을 이용하여 피해를 제한하고 기회를 활용하기 위해 이에 대응한다. 사실, 다른 유사한 조직들보다 효과적으로 글로벌 리스크를 예상하고 이를 다루는 능력이야말로 성공적인 기업의 주요 특징이다. 이처럼 이해관계가 큰 환경 하에서는 내부 감사의 역할이 더욱 중요해진다. ERM이 성공을 위한 핵심 동인key driver이 되면 기업의 모든 측면의 리스크를 다루기 위해 수립된 ERM 프레임워크가 중요한 관심사가 된다. 각 당사자에게 명확한 역할이 부여되고 그들이 이 역할들의 정확한 책임을 수행할 필요가 있다. 조금이라도 이에 미치지 못하면 문제가 발생할 수 있다. 최고 감사 책임자Chief Audit Executive; CAE가 ERM에 대한 감사 접근법의 맥락에서 내린 선택 또한 중요하며, 어느 것도 우연에 맡겨져서는 안 된다.

조직이 어떠한 리스크에도 직면하지 않는다면 내부 감사 직원을 고용할 필요가 없을 것이다. 그럴 경우 조직은 언제나 완벽한 통제 하에 있을 것이고, 내부 통제에 대한 검토, 조정, 재편성 또는 심지어 내부 통제 실행의 필요마저 없게 될 것이다. 계획이 언제나 의도한 대로 진행되는 것도 아니고, 외관이 언제나 실제 모습을 제대로 나타내는 것도 아니기에 감사인이 존재하는 것이다. 조직이 리스크를 이해하고 예측할 수 있는 문제들을 다루고 잠재적인 기회를 포착하게 하기 위해 감사인이 필요하다. 리스크를 의제로 올려놓고 이에 대해 적절히 고려하도록 하기 위해 감사인은 조언, 조력, 회유와 경고라는 도구를 사용할 수 있다. 리스크에 대해 정통한 문화를 만들기 위해 이러한 도구들을 사용한다는 것은, 감사인이 빠른 속도로 임직원 일반의 중요한 친구가 되어 가고 있음을 의미한다.

첫 번째 모델을 시작하기 전에, 내부 감사에 관한 IIA의 공식적인 정의를 대략적으로 살펴볼 필요가 있다.

> 내부 감사 활동은 가치를 증대시키고 조직의 운영operation을 개선하기 위해 고안된 독립적이고 객관적인 어슈어런스assurance와 컨설팅 활동이다. 내부 감사는 리스크 관리 · 통제와 거버넌스 프로세스의 효과성을 평가 및 개선하기 위한 체계적이고 훈련된 접근법을 채택함으로써 조직이 목표를 달성하는 데 도움을 준다.[2]

이 정의로부터 분명히 알 수 있는 바와 같이, 내부 감사는 리스크 관리, 통제와 거버넌스라는 의제에 확고히 뿌리를 내리고 있다. IIA 회장인 데이브 리처드Dave Richard는 2004년 9월 9일 네바다 주 라스베이거스에서 열린 IIA의 전사 리스크 관리와 통제 자체 평가ERM and Control Self-Assessment 컨퍼런스통제와 리스크 자체 평가(Control Risk Self-Assessment; CRSA)는 통제 자체 평가(Control Self-Assessment; CSA)라고도 불린다. 이 두 용어는 교차적으로 사용될 수 있다.에서 다음과 같이 발표했다.

> 리처드는 리스크 평가 프로세스 사용에 있어서 내부 감사인들이 보다 전향적으로 되어가는 조짐과 리스크 관리의 필요성을 강조하는 전 세계적인

입법 움직임 등, ERM과 CSA의 주요 추세를 강조했다. 그는 CSA는 많은 조직들에서 완전히 뿌리내리고 있지는 않지만 ERM은 양호한 거버넌스의 핵심 요소로 알려지고 있으며, 내부 감사인들은 이의 채택 및 진전을 촉진해야 한다고 말했다. 그는 "내부 감사인에게는 이보다 더 좋은 때가 없습니다"라고 말하며 청중들을 격려하였다. 그리고 참가자들에게 그들의 활동의 일선에서 내부 감사 기준과 기본 원칙들을 준수하는 한편 자신의 조직에서 리스크 관리 프로세스를 옹호하라고 촉구했다.[3]

이는 감사 기준의 엄격한 규정이 유지되도록 함과 동시에, 경영진이 조직에 양호한 리스크 관리 기반을 확립하기 위해 애쓸 때 이를 도와주고 지지해야 한다는 도전 과제를 제기한다. IIA는 리스크 관리를 다음과 같이 정의한다.

조직의 목표 달성에 관해 합리적인 확신reasonable assurance을 제공하기 위해, 잠재적인 사건 또는 상황을 식별, 평가, 관리 및 통제하기 위한 프로세스.[4]

기업Enterprise은 공공 부문과 민간 부문의 모든 조직을 포함하며, 전사 리스크 관리enterprise risk management; ERM는 다음과 같이 설명된다.

조직 전반에 걸쳐 조직의 목표 달성에 영향을 미치는 기회와 위기를 식별 및 평가하고, 이에 대한 대응을 결정하며, 이를 보고하는 체계적이고, 일관적이며, 계속적인 프로세스.[5]

우리는 또한 후원 기관 위원회Committee of Sponsoring Organizations; COSO가 2004년 9월 29일에 발표한 ERM에 관한 획기적인 문서에 대해서도 어느 정도의 지면을 할애할 것이다. COSO는 미국의 5개 주요 전문가 협회로 구성되었으며, 재무 보고 부정에 관한 국가 위원회National Commission on Fraudulent Financial Reporting를 후원하기 위해 1985년에 설립되었다. 앞으로 이 책에서 COSO ERM이라고 칭할 때에는 모두 2004년의 COSO ERM 프레임워크를 일컫는다. COSO와 그들의 간행물에 대한 추가적인 정보는 그들의 웹 사이트 www.coso.org에서 찾아볼 수 있다. COSO는 그들의 ERM 지침 서문에서 다음과 같이 언급한다.

> 주요 원칙과 개념, 공통의 언어, 그리고 명확한 방향과 지침을 제공하는 전사 리스크 관리 프레임워크에 대한 필요가 더욱 절실해졌다. COSO는 ERM-Integrated Framework가 이 필요를 채워 준다고 믿으며, 이 프레임워크가 회사들과 기타 조직들, 그리고 모든 이해관계자들과 관심 표명자들에 의해 널리 수용될 것으로 기대한다.[6)]

리스크 관리 프레임워크 모델: 1단계

첫 번째 모델은 한 조직에서의 리스크 관리를 다룬다. 그림 1.1에서 볼 수 있는 바와 같이 조직의 상층부에 위치한 CEO와 이사회와 그들이 훌륭한 기업 거버넌스를 갖추라는 압력에 대응하는 방식으로부터 시작한다.

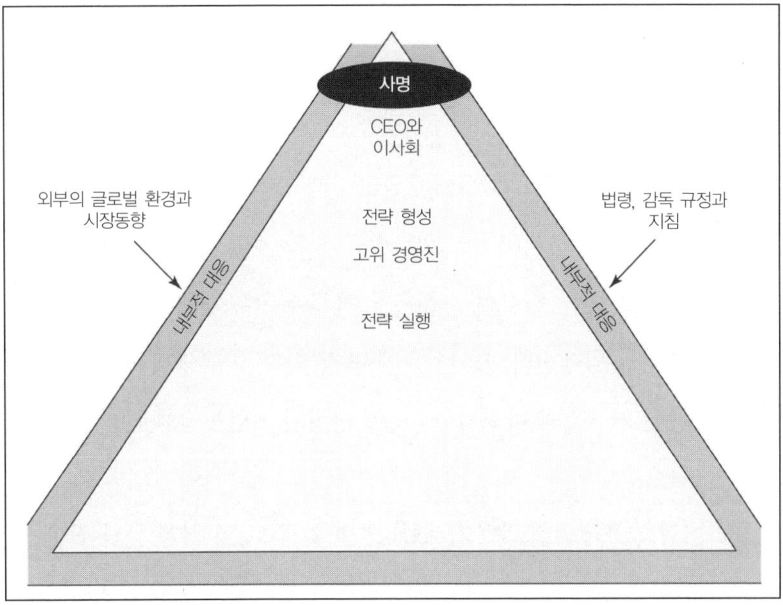

[**그림 1.1** 리스크 관리 프레임워크 모델: 1단계]

이 모델의 각 측면을 아래에 설명한다.

외부 환경과 시장 상황

리스크는 이자율 변화, 국제 관계와 자본 이동 등 글로벌 경제에서 사건들이 전개되는 방식에 내재되어 있다. 한편, 고객의 수요 변화와 경쟁자의 시장 진입 또는 철수 등에 따라 시장은 끊임없이 변한다. 공공 부문의 서비스도 끊임없이 변하는 사회의 요구와 기대에 영향을 받는다. COSO는 이러한 불확실성에 대해 다음과 같이 요약하였다.

기업은 세계화, 기술, 채무재조정restructuring, 시장 변화, 경쟁과 규제가 불

확실성을 야기하는 환경 가운데 운영된다.[7)]

법령, 감독 규정과 지침

일반적이거나 산업별로 특수한 거버넌스 법령과 회사법 또한 회사에 대한 요구사항들을 만들어 내는데, 이는 일반적으로 높아지는 사회의 기대에 대한 대응 또는 회사의 스캔들로 기존 규정을 강화할 필요가 생긴 경우 그 결과로 발생한다. 몇 년 전에 제정된, 가장 유명한 최근의 법률은 뉴욕 증권 거래소와 나스닥NASDAQ에 상장된 기업들에게 큰 영향을 준 사베인-옥슬리법이다. 지방 정부의 법률들도 기업들이 준수해야 하는 컴플라이언스 프레임워크에 가세한다. 법률, 의료 및 회계 등과 같은 전문 직종에서는 업무를 수행하는 회원들이 반드시 준수해야 하는 다양한 윤리 강령과 특수한 규정들을 제공한다. 이 맥락에서 볼 때, 거버넌스는 조직들이 처신하고 자신의 업무를 처리하는 방식에 관한 것이다. 거버넌스에 관한 IIA의 정의는 다음과 같다.

> 조직의 목표 달성을 위한 활동을 통지, 지도, 관리 및 모니터링하기 위해 이사회에 의해 시행되는 프로세스와 구조들의 조합.[8)]

대부분의 중요한 조직들은 규제 당국을 통해 표현된 바와 같이 사회의 보다 광범위한 요구들에 적절히 대응할 필요가 있음을 이해하고 있다. COSO ERM 서문은 이 중요한 점을 다음과 같이 언급한다.

> 이 프레임워크의 개발 기간은 투자자, 회사의 임직원, 기타 이해 당사자에

게 막대한 손실을 입힌 일련의 대형 비즈니스 스캔들과 파산으로 특징지어졌다. 이 여파로 새로운 법률, 감독 규정과 상장 기준이 기업 거버넌스와 리스크 관리를 강화하라고 요구하게 되었다.[9)]

한 대형 소매 회사가 설명한 바와 같이, 기업의 성과는 감독 규정 준수 성과와 병행한다.

우리의 규모와 전 세계 시장에의 진출은 이례적인 기회를 제공해 주지만, 계속해서 변하는 다양한 법률과 감독 규정을 다루는데 있어서 추가적인 복잡성도 제공합니다. 감독 환경에서의 변화 따라 잡기는 경영진에게 하나의 도전 과제이지만, 우리는 그렇게 할 것을 서약합니다. 우리는 우리의 법률과 감독 규정 준수 성과를 지속적으로 모니터링하고, 법규 준수를 확보하기 위해 필요할 경우 내부 시스템을 향상시키거나, 비즈니스 수행 방식을 바꿀 것입니다.[10)]

사명

리스크 관리 프레임워크는 조직이 달성하고자 하는 바에 의해 작동되는 데 이의 가장 상위에 위치하는 것이 사명使命이다. 예를 들어, 포드 자동차의 사명은 다음과 같이 진술되어 있다.

우리는 전 세계의 사람들에게 개인적인 이동성mobility 제공에 열정적으로 진력盡力, commit하는 자랑스러운 유산을 지닌 글로벌 가족이다. 우리는 고객의 필요를 예기하고, 사람들의 삶을 개선시키는 뛰어난 상품과 서비스

를 전달한다.[11]

한편, 이 회사의 미래 비전은 다음과 같다.

> 자동차 제품과 서비스 분야에서 세계적 선도 기업leading company이 된다.[12]

많은 기업 거버넌스 법령은 회사의 목표가 보다 넓은 사회적 관심사도 다루도록 함으로써 풍부해져야 한다고 주장한다.

> 기업들은 상업적 목표 이외에도, 기업 윤리, 환경과 기타 공공 정책에 대한 진력commitment에 관한 정책도 공개하도록 권장된다.[13]

민간 부문, 공공 부문과 비영리기관의 실제 환경은 사명이 언제나 완전하게 달성되고 비전이 현실이 되리라는 절대적인 확신은 결코 가질 수 없음을 의미한다. 리스크는 이러한 확실성의 결여에 관한 것이며, 다음과 같이 정의되어 왔다.

> 리스크는 목표에 영향을 줄 무언가가 발생할 가능성이다. 그러므로 중요한 모든 리스크를 포착하기 위해서는, 조직의 목표 또는 조사되는 활동을 알 필요가 있다. … 조직의 성공 여부 판단 기준이 목표 달성을 측정하는 근거이며, 따라서 이 기준이 이러한 목표를 위험에 처하게 할 수 있는 리스크의 영향 또는 결과 파악과 측정에 사용되어야 한다.[14]

CEO와 이사회

CEO와 이사회는 기업의 동인動因 역할을 한다. 이곳에서 사명을 확고한 결과로 전환시킬 전략에 관한 핵심 의사 결정이 내려진다. IIA는 위원회board를 다음과 같이 정의한다.

> 위원회는 이사회board of directors, 감독 위원회, 행정 기관 또는 입법 기관의 수장, 비영리기관의 관리인 또는 수탁인 위원회 또는 감사위원회 등 달리 지정된 조직의 기구로서 최고 감사 책임자chief audit executive; CAE가 기능상 보고할 수 있는 감독 기구governing body이다.[15]

이사회는 전략을 수립하며, 이 전략을 실행하기 위해 임원, 관리자, 직원과 적절한 자원을 채용한다. 건전한 이사회의 필요성에 대해서는 다음과 같이 언급되었다.

> 엔론Enron의 주요한 세 가지 문제는 이사회가 수용적이고 수동적이었으며, 이익 목표 달성을 불건전하게 독려했고, 가장 치명적인 특질로서 최고로 똑똑한 사람들만 채용하고 그들이 혁신하고, 혁신하고, 또 혁신할 수 있음을 입증할 경우 그들에게 과도하게 보상을 지급했다는 점이다. 불행하게도 혁신의 어두운 이면은 사기fraud이다.[16]

더욱이, 이사회는 리스크 관리 프로세스 감독에 있어서 핵심적인 역할을 한다. COSO ERM은 아래와 같은 감독 책임을 제안함으로써 이 역할을 명확히 하도록 다소의 방향을 제시하였다.[17]

- 경영진이 조직의 효율적인 전사 리스크 관리를 어느 정도 확립했는지 알기
- 조직의 리스크 성향risk appetite에 대해 인지 및 동의하기
- 조직의 리스크에 대한 포트폴리오적 견해를 검토하고 이를 조직의 리스크 성향에 비추어 숙고하기
- 가장 중요한 리스크와 경영진이 이에 적절히 대응하고 있는지 여부에 대해 보고받기

전략 수립

우리의 모델은 공식적인 전략 개발의 맥락은 글로벌 시장 환경과 각 조직에 대한 감독 프레임워크 안에서 발견됨을 시사한다. 퇴직 수당과 건강 수당benefit을 제공하는 캘리포니아 종업원 퇴직 시스템 CalPERS로부터 전략 수립의 간단한 예를 살펴보기로 하자.

> 우리의 전략 계획은 140만 명이 넘는 회원들과 참여 고용주들의 퇴직 및 건강 수당을 충족시키기 위한 로드맵을 제공한다. 이 전략 계획은 우리의 비즈니스 관계와 상호 작용을 인도한다. 우리의 비즈니스 철학은 확실하다. 우리는 고객에게 초점을 맞추며, 의사 결정 과정은 가치와 품질에 의해 인도된다.[18)]

고위 경영진

이 모델의 다음 측면은 고위 경영진즉, 일이 이루어지도록 하기 위해 최선봉에서 지휘하는 사람들과 관련이 있다. 회사의 전략으로부터 조직을 성공적으로 즉, 전반적인 사

명을 달성하도록 만들기 위해 달성할 필요가 있는 다양한 목표들이 도출될 것이다. 고위 경영진은 비즈니스 라인을 이끌며, 일반적으로 핵심 성과 지표Key Performance Indicator: KPI로 알려진 핵심 성과 목표들을 달성할 책임을 진다. COSO ERM은 이 토대 위에 수립되었기 때문에 고위 경영진에게 핵심적인 책임을 부여한다.

> 경영진은 자신의 책임 영역 내에서 ERM의 구성 요소들의 적용을 이끄는데, 이러한 적용이 리스크 용인 수준risk tolerance과 부합하도록 해야 한다. 이 점에서 각각의 임원은 자신의 관할 영역에 대해서는 사실상 CEO가 되는 단계적 책임이 존재한다.[19)]

전략 실행

경영진은 수립된 전략을 수행하도록 직원, 시스템과 예산들을 적용할 책임이 있다. 그들은 회사의 장기 전략을 보다 관리하기 쉬운 단기 전략들로 쪼개서 이를 부하 직원들에게 전달함으로써 이를 수행한다. 직원들은 사실상 조직의 기관실이다. 하부에 권한을 부여하는 조직은 직원들에게 일선에서 결정을 내리고 고객의 필요에 신축적으로 대응할 수 있게 해 준다. 해법 실행 면에서의 고위 경영진의 책임은 바젤의 운영 리스크 관리 프레임워크에 다음과 같이 요약되어 있다.

> 고위 경영진은 이사회에서 승인받은 운영 리스크 관리 프레임워크를 실행할 책임을 져야 한다.[20)]

리스크 관리 프레임워크 모델: 2단계

지금까지는 전략을 수립하고, 보다 자세한 계획들의 다양한 측면을 실행하여 종업원들이 생산적이 되도록 한다는 기본 견해를 가지고 전반적인 회사의 조직 체계를 설명해 왔다. 이와 같이 다소 1차원적인 비즈니스 운영 방식은 훨씬 더 다채롭고 계층화될 필요가 있다. 과거 수년 동안 출현한 추가적인 측면들은 리스크를 떼어내 이해할 필요가 있다는 점과 관련이 있다. 그림 1.2에서는 이 점에 대한 인식을 보다 강화시킨다.

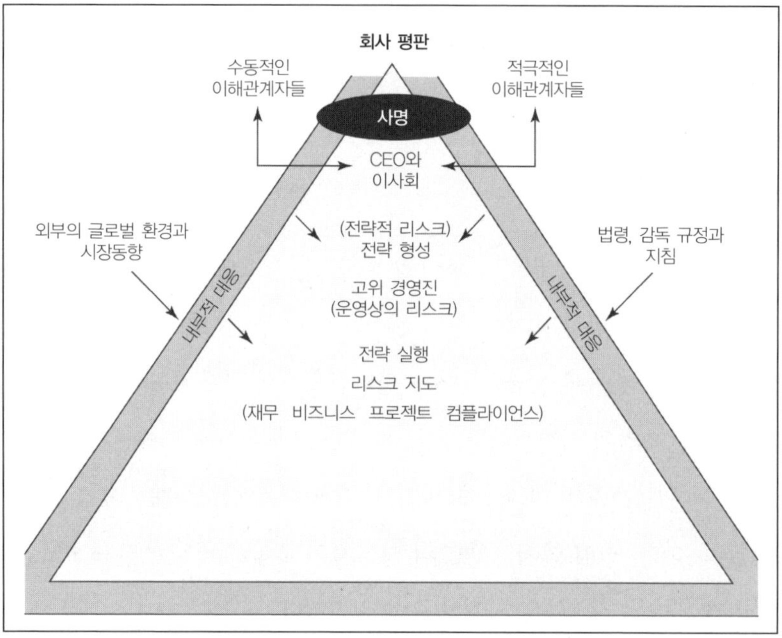

[그림 1.2 리스크 관리 프레임워크 모델: 2단계]

이 모델에 등장하는 각각의 새로운 측면들에 대해 설명하기로 하자.

적극적인 이해관계자

지난 몇 년 동안에 우리는 회사에서 이해관계자의 역할을 받아들이게 되었다. 적극적인 이해관계자들은 조직에 직접적인 영향을 주기 때문에, 회사에서는 이사회 위원을 선출하고 그들의 서비스에 대한 보수를 정할 수 있는 주주들이 이에 해당한다. 투자자, 채권자, 관계 회사, 파트너, 거래 은행과 기타 당사자들도 조직에 중요한 영향을 준다. 마찬가지로 기관 투자자들은 많은 대기업의 투표권에 있어서 중요한 역할을 하고 있는 반면, 공공 부문의 기관들은 일반 대중으로부터 자신의 역할을 수행하되 이를 잘 수행하라는 압력을 받는다. 리스크 관리 맥락에서의 이해관계자들은 호주/뉴질랜드 리스크 관리 기준에 다음과 같이 설명되어 있다.

> 의사 결정, 활동 또는 리스크에 영향을 주거나, 이에 의해 영향을 받거나, 자신이 영향을 받는다고 인식하는 사람 및 조직들.[21]

수동적인 이해관계자들

기업과 직접적인 상호 작용을 하지 않는 이해관계자들이 점점 증가하고 있는데, 이들이 바로 수동적인 이해관계자들이다. 지역 사회, 언론, 환경 운동가와 대규모 조직의 행동에 관심을 가지고 있는 사람들은 이사회에 명시적인 영향력을 행사하지는 않지만, 그들은 조직이 다른 사람의 눈에 어떻게 보일지에 관해 집합적으로 다소의 영향력을 보유하고 있다. 그러한 압력 집단은 처신을 잘못하거나 지역 사회에서 자신의 영향력을 제대로 평가하지 않는 기업들에게 점점 더 많은 영향을 주고 있다. 호주/뉴질랜드 리스크 관리 기준은 이에 대해 다음과 같이 말한다.

의사소통과 협의consultation는 리스크 관리 각 단계의 중요한 고려 사항이다. 의사소통과 협의는 의사 결정자로부터 다른 이해관계자로의 일방적인 정보 흐름이라기보다는 협의에 초점을 두고 이해관계자와 대화하려는 노력이 되어야 한다.[22]

기업의 사회적 책임이라는 개념을 둘러싼 주제가 대두되어 모든 유형의 이해관계자들의 중요성을 강조하기 시작하였다.

전략적 리스크

우리의 모델은 전략적 리스크를 확고한 회사의 의제로 삼는다. 시장의 변화에 기인한 리스크와 다양한 법규를 준수하지 못하거나 또는 이해관계자들의 필요를 충족시키지 못할 리스크는 표명된 사명이 달성되지 못할 수도 있음을 의미한다. 전략은 이러한 다양한 리스크를 충분히 이해하고, 수립된 목표를 달성할 수 있도록 이들 리스크가 다루어지게 한다. 이러한 연결 관계는 호주/뉴질랜드 기준에 명확히 정의되어 있다.

리스크를 효과적이고 효율적으로 관리하는 조직들은 이를 달성할 가능성이 보다 높으며, 또 이를 전반적으로 보다 낮은 비용으로 달성할 수 있다.[23]

전략적 리스크 개념은 전략적 해법을 강조한다. 모든 조직들은 ERM에 포함된 여러 사안들을 고려할 필요가 있다.[24]

- 리스크 성향과 전략의 정렬
- 리스크에 대응하는 의사 결정 강화
- 오퍼레이션상의 예기치 않은 사건과 손실 축소
- 기업 전 부문에 걸친 리스크 파악과 관리
- 다수의 리스크에 대한 통합된 반응 제공
- 기회 포착
- 자본 배치 개선

모든 종류의 조직은 큰 리스크에 직면해 있는 데, 보험업자들은 테러리즘, 급속한 기술 변화, 양질의 직원 채용/유지에 대해 항상 보험을 받아 주지는 않는다. 많은 조직들은 지속 가능한 비즈니스 기반을 유지하기 위해 훌륭한 리스크 관리라는 형태로서의 내부적 보험 가입으로 옮겨가고 있다. COSO 프레임워크로 돌아와 보면, 여러 사건들이 특정 조직에 영향을 줄 수 있는데 이 사건들은 외부 요인 또는 내부 요인으로 분류할 수 있다.

- 외부 요인들
  - 경제적 요인
  - 자연 환경
  - 정치적 요인
  - 사회적 요인
  - 기술적 요인
- 내부 요인들[25)]

◦ 기간 시설infrastructure

◦ 인력

◦ 프로세스

◦ 기술

운영 리스크

전략은 궁극적으로는 일선front-line의 오퍼레이션에 여과되어지는 상위 개념이다. 이들 오퍼레이션은 대부분의 중간 관리자와 직원들의 업무의 기초를 형성하는, 보다 상세한 목표들에 대한 리스크를 다룰 필요가 있다. 운영 리스크는 매일의 오퍼레이션상 목표들에 영향을 주며, 각각의 조직은 조직 전체에 걸친 오퍼레이션을 정렬하는 중요한 과업을 다뤄야 한다.

> 오퍼레이션에 대한 전사 리스크 관리는 주로 조직 전체에 걸친 목표들 사이의 일관성 확보에 중점을 둔다.[26)]

국제 업무를 수행하는 은행들은 운영 리스크의 중요성을 이미 인식하고 있으며, 국제결제은행이하 'BIS' 은행 감독에 관한 바젤 위원회이하 'BCBS'는 은행업에 적용될 운영 리스크 관리에 관한 지침을 마련하였다. 바젤 원칙 I은 운영 리스크의 중요성을 다룬다.

> 이사회는 은행의 운영 리스크를 관리해야 할 별도의 리스크 범주로 인식해야 하며, 은행의 운영 리스크 관리 프레임워크를 승인하고 이를 주기적으로 검토해야 한다.[27)]

리스크 지도(재무, 비즈니스, 프로젝트와 컴플라이언스)

우리의 모델에 첨가할 필요가 있는 다음 요소는 일반적인 리스크가 조직이 세상을 바라보는 방식에 어떻게 부합하는지와 관련이 있다. 조직에 대한 리스크를 다양한 방식으로 인식할 수 있는데, 우리는 리스크를 재무, 비즈니스, 프로젝트와 컴플라이언스 리스크라는 범주로 나누었다. 이런 방식으로, 이 다양한 유형의 리스크가 어떻게 조직의 상하 좌우로 움직이는지에 관한 지도를 그릴 수 있다. COSO ERM은 리스크가 다음과 같이 분류될 수 있다는 입장을 보인다.

> 조직이 수립한 사명 또는 비전의 맥락 안에서 경영진은 전략적 목표를 수립하고, 전략을 선택하며, 조직의 하부에 정렬된 목표들을 부여한다. 이 전사 리스크 관리 프레임워크는 아래와 같은 네 가지 범주로 설정된 조직의 목표 달성에 부합하도록 설계되었다.[28]
>
> 1. **전략** 사명과 정렬되고 사명을 지원하는 상위 목표
> 2. **오퍼레이션** 효과적이고 효율적인 자원 사용
> 3. **보고** 보고의 신뢰성
> 4. **컴플라이언스** 관련 법률과 규정 준수

리스크 지도는 전략적 리스크와 운영 리스크가 조직의 다양한 부분에 어떻게 영향을 주는지를 추적하고자 한다. 호주/뉴질랜드 기준은 리스크가 비즈니스의 모든 부분에 어떻게 영향을 주는지를 설명한다.

리스크 관리는 조직의 많은 수준에 적용될 수 있다. 조직의 전략 수준에서 적용될 수도 있고 전술 또는 오퍼레이션 수준에서 적용될 수도 있다. 특정 프로젝트에 적용될 수도 있고, 특정 부문을 지원하거나 특별히 인식된 리스크 분야를 관리하기 위해 적용될 수도 있다. 의사 결정이 지속적인 개선 프로세스의 일부로 이해되게 하기 위해 이 프로세스의 각 단계에 대해 기록이 유지되어야 한다.[29]

리스크 관리 프레임워크 모델: 3단계

우리의 모델은 그림 1.3에 계속된다. 이 모델의 새로운 측면 각각은 아래와 같다.

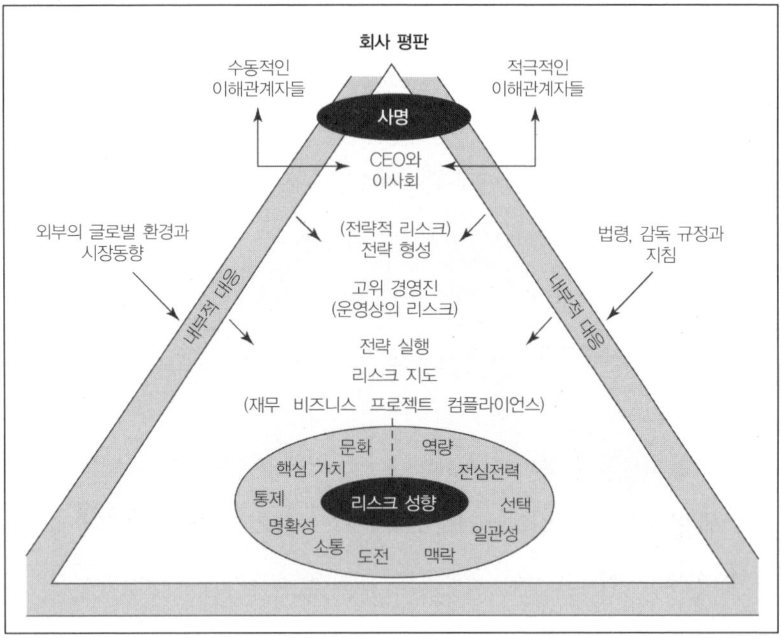

[**그림 1.3** 리스크 관리 프레임워크 모델: 3단계]

리스크 성향

리스크 성향은 모든 리스크 관리 프레임워크에서 중심 역할을 하므로, 모델의 다음 측면에 이 개념이 등장한다. 리스크 성향이 이처럼 중요하므로, 이에 대해 별도의 장章을 할애할 가치가 있다. 이에 대해서는 4장에서 다룬다. 여기에서는 리스크가 조직에 인식되는 방식을 이해하는 데 중요한 11개의 C들에 중점을 둔다. 이 C들에 대해 살펴보기 전에 본질적으로 리스크 성향은 기회 활용과 기업과 그 평판 보호 사이의 균형에 관한 조직과 이해관계자들 사이의 성문화하지 않은 계약을 만들어 낸다는 점을 분명히 해둘 필요가 있다. 경영진이 어느 분야에서 선두가 되기 위해 너무 빨리 움직이면 장기적으로는 패배할 수도 있는 반면 너무 느리면 장기적으로 기회를 놓쳐 버릴 수 있다. 리스크 성향이라는 개념은 많은 리스크 관리 기준에 등장하며, 은행들에게는 리스크 성향이 중요한 고려 사항 중 하나로 여겨진다.

> 은행은 주요 운영 리스크를 통제 및/또는 경감하기 위한 정책, 프로세스와 절차를 갖고 있어야 한다. 은행은 자신의 리스크 제한과 통제 전략을 정기적으로 검토하고, 자신의 전반적인 리스크 성향에 비추어 적절한 전략을 사용하여 운영 리스크 프로필을 조정해야 한다.[30)]

역량Capability

첫 번째 C는 조직의 리스크 이해와 관리 능력과 관련이 있다. 아래의 간단한 예가 이 점을 보여줄 것이다.

사례 연구

낮은 역량의 대가

어느 비영리기관에 리스크 관리 시스템이 없고, 중요한 의사 결정이 어떻게 내려지며 계획들이 어떻게 승인되는지에 관한 기록이 없었다. 실상은, 이 문제를 제기했던 사람은 동료들에게 조롱을 당했고 그의 말은 무시되었다. 역할이 제대로 정의되지 않았고 명확한 목표가 없다는 점이 이 조직 기업 문화의 주된 특징이었다. 이 조직은 오랫동안 팀들이 따로 놀고, 서비스는 모호하며 잘 정의되지 않았다는 세간의 평판에 시달렸다.

전심전력commitment

다음의 C는 아래의 예에서 보는 바와 같이 리스크 관리 개념 신봉즉, 상부에서부터 모든 직원들까지의 전심전력에 대한 필요에 관한 것이다.

사례 연구

이사회 차원의 후원

어느 공공 기관에서는 통제 리스크 자체 평가Control Risk Self-Assessment; CRSA 프로세스를 감독하고 CRSA가 효과적이며 도전적이도록 하기 위해 이사회 구성원이 CRSA를 후원한다. CRSA 담당 이사는 리스크 워크샵이 잘 설계되었으며 CRSA가 조직의 핵심 부분들에 최상의 효과를 미치도록 적용된다는 점에 대해 만족해야 한다. 성공 기준은 직원들이 자신의 비즈니스 프로세스와 상품들에 대해 더 많은 주인 의식을 지니게 되는 방향으로 행동이 변하는 것으로 정의된다.

선택choice

리스크 성향은 조직의 성공 등에 중요한 영향을 미치는 이슈들에 대해 '어떤 의사 결정을 내릴 것인가' 하는 선택과 통제를 실행한 뒤에도 남아 있는 리스크 수준의 선택에 달려 있다. 의사 결정은 리스크 수준이 허용가능한지에 입각해야 되기 때문에 이에 대해서는 다음과 같이 설명된다.

> 잔여 리스크residual risk는 조치 대안들이 파악되고 조치 계획이 실행된 뒤에도 남게 되는 리스크이다. 이해 당사자들과 의사 결정자들이 잔여 리스크의 성격과 정도를 이해하는 것이 중요하다. 따라서 잔여 리스크에 대해 문서화하고 이를 모니터링 및 검토해야 한다.[31)]

일관성consistency

다음번 C는 조직이 리스크를 관리하는 방식에 있어서 일관적인 접근법을 적용해야 한다즉, 리스크 관리 방법이 사람들의 업무 수행 방식에 들어맞아야 한다고 제안한다.

> 리스크 관리 프로세스는 검토 프로세스를 감안하여 조직, 조직의 정책, 절차와 문화에 맞춰 특화되어야 한다.[32)]

맥락context

리스크 성향은 조직이 운영되는 방식과 고객과 기타 이해관계자들을 다루는 방식의 맥락 안에서 살펴보아야 한다. 그러므로 올바른 맥락 파악은 올바른 리스크 성향을 정하는 선결 조건이다.

의사소통과 협의는 리스크 관리 프로세스에 내재되어 있는데, 각 단계마다 이를 고려해야 한다. '맥락 파악'의 중요한 한 가지 측면은 이해관계자들을 파악하고 그들의 필요를 고려하는 것이다. 그 후에 의사소통 계획을 세울 수 있다. 이 계획은 의사소통의 목적 또는 목표, 소통 대상, 소통 시기, 소통 프로세스, 소통에 대한 평가 방법 등을 정해야 한다.[33)]

도전challenge

리스크 관리는 참호 속에 틀어 박혀 비즈니스에 별 영향이 없는 많은 리스크들에 사로잡히게 되는 식으로 나아가서는 안 된다. 리스크 관리는 아래의 예에서 보는 바와 같이, 권한을 부여 받은 직원들이 우선순위에 대한 책임을 지고 무엇이 가장 효과가 있을지를 결정할 수 있도록 인도되어야 한다.

사례 연구

리스크 관리의 도전 과제

어느 민간 기업에서는 리스크 관리가 각각의 지사가 본사의 통제로부터 어느 정도의 자율성을 확보할 수 있는 기회로 설명되었다. 기본적인 통제와 컴플라이언스 시스템을 준수하는 한, 지사는 공식적인 리스크 검토를 받은 후 자유롭게 자체적으로 주도권을 발휘할 수 있었다. 팀 단위로 리스크를 평가하는 관리자들이 있는가 하면, 기본적인 검토나 분석적 조사를 수행하는 관리자도 있었다. 팀 기반의 CRSA 워크샵은 한 번에 한 시간을 초과하지 않도록 설계되었다. 내부 감사인들은 지사의 관리자들의 업무를 검토할 뿐만 아니라, 그들이 정해진 기준을 이해하고 이를 충족하도록 도와주었다. CRO는 정기적으로 이들 관리자들과 면담한 후 리스크 지도와 리스크 상세 목록을 작성했다. 진정으로 훌륭한 관리자는 이 일을 잘했으며, 신통치 않은 관리자는 오래 견디지 못했다. 중간 관리자들은 그들이 당면하고 있는 리스크를 이해함에 있어서 CRO와 최고 감사 책임자로부터 많은 지원을 받았다.

의사소통communication

회사의 리스크 성향은 조직 구성원들이 서로에 대해서 및 서로의 우선순위에 대해 이해할 때에만 이해될 수 있다. 이사회가 무엇이 받아들여질 만한 행동인지에 관한 견해를 갖고 있을 경우, 리스크 성향에 대한 공통의 이해를 지원하기 위해 이사회는 이해관계자와 직원들에게 이를 생생하게 표현할 필요가 있다.

조직과 조직의 외부 이해관계자 사이의 의사소통은 조직이 이해 공동체와의 유대를 발전시키고 신뢰에 바탕을 둔 관계를 확립하게 해 준다. [34)]

명확성clarity

목표의 명확성, 분명한 책임 관계와 리스크 트리거trigger는 모두 리스크 인식과 처리 방식을 뒷받침한다. 리스크 오너와 리스크 성향을 명확하게 하기 위해서는 아래의 예에서 보는 바와 같이 책임 관계accountability가 정해지고 적용되는 방식을 검토할 필요가 있다.

> 사례 연구
>
> **자신의 과제 수행하기**
>
> 어느 전국적 부동산 회사에서는 많은 시간을 들여서 고객 관리와 거래 협상에 관한 본사의 정책에 기초하여 각 지점에 대한 권한 위임 수준을 정했다. 효과적인 리스크 관리 시스템이 확립되기 전에 이러한 작업이 필요한 것으로 생각되었다.

통제 control

통제는 리스크 성향을 정함에 있어서 중요한 고려 대상이다. 높은 수준의 고유 리스크 inherent risk에 대해 이 리스크를 수용할 만한 수준으로 낮추기 위해 통제 조치들이 정해진다. 오퍼레이션이 어느 정도로 통제될지는 수용 가능한 리스크에 대한 조직의 인식에 의존한다. 시장 점유를 늘리기 위해 리스크를 떠안는 것을 더 많이 강조할수록 정해진 통제를 덜 강조하게 된다. 요즘에는 통제들이 보다 유연하고 유기적이며 변화하는 리스크에 대해 충분히 반응하는 방향으로 움직이고 있다. 통제는 다음과 같이 정의된다.

> 리스크를 관리하고 확립된 목표와 목적이 달성될 가능성을 높이기 위해 경영진, 이사회와 기타 당사자들이 취하는 모든 조치. 경영진은 그러한 목표와 목적이 달성되리라는 합리적인 확신을 제공하기에 충분한 조치의 실행을 계획하고, 조직하며 이를 인도한다.[35)]

통제는 리스크에 반응하기 때문에 COSO ERM은 통제를 시행하기로

결정할 때 다음과 같은 몇 가지 사항들이 검토되어야 한다고 제안한다.[36)]

- 리스크의 가능성과 영향에 대한 대응 조치 대안들의 효과와 어느 대응이 조직의 리스크 용인 수준과 정렬되는가
- 대응 조치 대안들의 비용 대 효익
- 특정 리스크를 다루는 것을 뛰어 넘어 조직의 목표를 달성할 수 있는 기회가 있는가

핵심 가치core value

리스크 성향은 회사의 가치들과 밀접하게 연결되어 있다. 일하는 방식에 있어서 무엇이 받아들여질 수 있는지를 결정할 때, 가치 판단을 필요로 한다. 수용 가능성은 적절성즉, 특정 상황 하에서 무엇이 어울리는가에 관한 것이다. 많은 시간과 노력을 들여 핵심 가치를 정의한 조직은 자신의 리스크 성향을 더 잘 정의할 가능성이 있다.

리스크 관리가 조직의 문화의 일부가 되어야 가장 효과적이다. 리스크 관리는 별개의 활동으로 여겨지거나 실행되기 보다는 철학, 관행과 비즈니스 프로세스에 내면화되어야 한다. 이렇게 되면 조직의 모든 사람들이 리스크 관리에 관여하게 된다.[37)]

문화culture

리스크 성향 모델의 다음 부분은 이미 언급된 사안인 문화에 관련된다. 많은 비평가들이 거버넌스를 실적에 기초를 둔 성공 기준과 법규 준

수에 기반한 제약사항즉, 바르고 적절한 방식으로 재화와 서비스를 판매하는 것을 충족하는 것으로 여긴다. 이러한 균형은 기업 문화의 유형에 의해 영향을 받는다.

> 리스크의 근원根源은 리스크 발생또는 재발을 성공적으로 다루기 위해 변화될 필요가 있는 뿌리 깊은 프로세스와 관행 또는 틀paradigm과 같은 조직 문화의 측면을 포함할 수도 있다. 조직 문화 안에서의 태도로부터 흘러나오는 리스크의 원천들은 이러한 측면들에 대한 변화 없이는 성공적으로 다룰 수 없다.[38)]

기업 문화의 중요성은 아래의 예에서 보여주는 바와 같이 리스크가 인식되고 다루어지는 방식에 광범위한 영향을 줄 수 있다.

사례 연구

문화 안에서의 작동 Working within the Culture

어느 상장 회사에서는 리스크, 통제 또는 리스크 관리라는 용어를 사용하지 않으면서도 리스크 관리가 적용되었다. 동인動因, driver은 실적 개선에 기초를 두었으며 이는 더 나은 결과를 달성하고 보다 대응을 잘하는 팀들이 되어 업무를 보다 전향적으로 관리하도록 하는 데 초점이 맞춰졌다. 사람들이 일하는 방식과 서로 의사소통하는 방식에 적합하게 리스크 개념을 적용하도록 의사 결정이 이루어졌다. 주된 이슈는 학습과 개선에 중점이 주어졌으며, 리스크 평가는 이를 염두에 두고 적용되었다즉, 니어 미스(near miss)와 향후 이를 어떻게 회피할 수 있는지가 많은 부분을 차지하였다.

리스크 관리 프레임워크 모델: 4단계

우리의 모델은 그림 1.4에 계속된다. 이 모델의 새로운 각 측면이 아래에 설명된다.

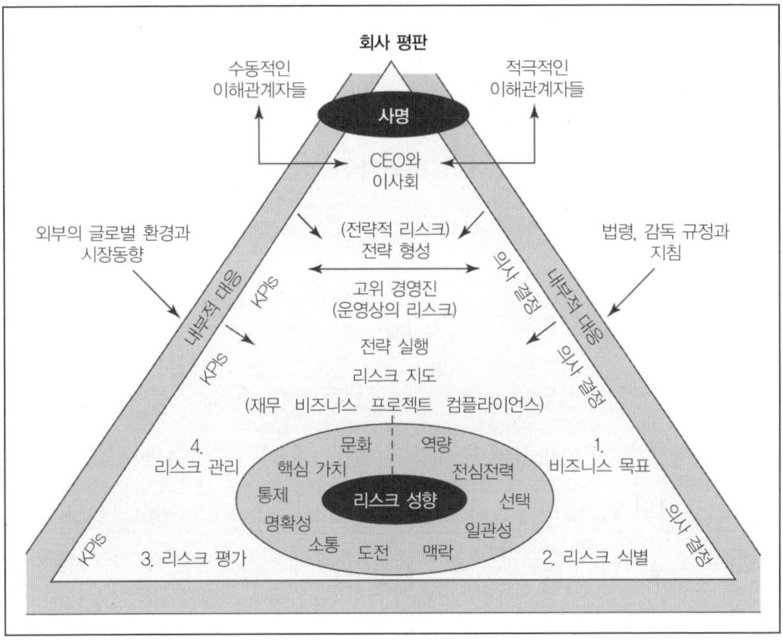

[**그림 1.4** 리스크 관리 프레임워크 모델: 4단계]

고위 경영진

대부분의 조직들에서 경영진은 회사의 목표 달성 여부에 가장 큰 영향을 준다. 고위 경영진이 리스크 관리 개념을 전폭적으로 수용하지 않는다면 기업이 암초를 뚫고 나가기 위해 리스크를 체계적으로 분석하여 이를 관리할 가능성이 별로 없다. 이 점은 호주/뉴질랜드 기준에 다음과 같이 언급되어 있다.

이사들과 고위 경영진은 조직의 리스크를 관리할 궁극적인 책임이 있다. 모든 사람들이 자신의 담당 분야에서 리스크를 관리할 책임이 있다. 이는 다음과 같은 조치들에 의해 촉진될 수 있다.[39]

- 특정 리스크 또는 특정 범주의 리스크 관리에 대해 처리 전략 실행과 리스크 통제 유지를 담당할 책임자 지정
- 성과 측정 및 보고 프로세스 확립과 적정한 수준의 인정 · 보상 · 승인 및 제재 실시

비즈니스 목표

모든 리스크 프레임워크는 목표라는 용어를 중심 요소의 한 부분으로 삼는다. 이것은 매우 중요한 요점이다. 조직 위를 떠다니는 공허한 개념으로서의 리스크는 흔히 재해와 사고즉, 마른하늘에 날벼락처럼 대체로 통제 불가능한 것들로 치부된다. 이런 관점에서 리스크는 예측하고 관리할 수 있는 것이 아니라 조용히 감수하는 것이다. 목표에 영향을 주는 모든 것을 리스크로 볼 수 있는 데, 이 경우 많은 리스크를 통제할 수 있거나 적어도 최소화할 수 있다고 봄으로써 사람들이 자신의 일에 대해 책임을 지도록 격려하게 된다. IIA는 ERM을 사용한 목표 달성 증진을 다음과 같이 언급한다.

ERM은 조직이 목표 달성에 있어서의 리스크를 관리하는 데 크게 기여한다. 이의 효용은 다음 사항들을 포함한다.[40]

- 이들 목표를 달성할 가능성이 높아짐
- 여러 종류의 리스크들에 대한 이사회에의 보고를 통합함
- 핵심 리스크들과 이들의 시사점에 대한 이해를 개선시킴
- 여러 사업 부문에 걸친 리스크를 파악하고 공유함
- 경영진이 참으로 중요한 문제들에 더 집중하게 됨
- 뜻밖의 사태 또는 위기가 적어짐
- 내부적으로 옳은 일을 옳은 방식으로 하는 데 대해 더 집중하게 됨
- 변화를 위한 조치들change initiatives이 달성될 가능성이 높아짐
- 더 큰 보상을 위해 더 큰 리스크를 떠안을 역량이 배양됨
- 보다 정보에 입각한 리스크 부담과 의사 결정

리스크 식별

효과적인 리스크 관리의 필요성을 인식하고 나면, 가능한 모든 리스크를 구별해 낼 과업과 마주치게 된다. 이는 각각의 리스크가 중요한지 아닌지를 결정하기에 앞서 해야 할 일이다. 리스크 식별은 비즈니스 목표들에 영향을 미치는 모든 리스크들을 찾아내는 절차이다. 우리의 모델에서 이 과업은 조직을 더 잘 운영하도록 증진함에 있어서 중요한 단계로서 포함되었다. 아래의 짧은 예가 이 점을 보여 주는 데 도움이 될 것이다.

사례 연구

리스크에 대해 현명해지기 Being Risk Smart

어느 사업 부문에서는 직원들이 리스크에 대해 현명해지도록 한다는 목표

를 세웠다. 팀 회의에 리스크 개념이 도입되었으며, 사람들은 자신의 행동의 영향을 미리 생각하고 이에 대한 계획을 세우기 시작했다. 직원들은 자신의 책임이 아닌 문제들에 대한 비난을 받아들이지 말고, 교정에 필요한 조치를 찾아내서 이를 조치를 취할 책임이 있는 사람에게 위임하라는 지시를 받았다. 예를 들어, 직원 숫자의 부족은 정원 확보와 결원 대비 계획 담당자에게 책임이 있었다. 문제의 대부분은 자원 계획 팀과 일선 관리자 사이의 소통이 원활하지 못하기 때문이었다. 이러한 리스크, 리스크의 영향, 필요 조치를 파악하기 위해 두 팀 간의 워크샵이 개최되었다. 지금은 인터페이스에 기반한 문제가 서비스 제공에 영향을 줄 때마다 이러한 접근법이 사용된다. COSO ERM은 사건event이라는 개념을 사용하여 리스크 관리 주기risk management cycle 중 리스크 파악 단계를 실행한다.

사건event은 전략 실행이나 목표 달성에 영향을 주는, 내부 또는 외부의 원천으로부터 발생하는 우발 사건accident or occurrence이다. 사건은 긍정적일 수도 있고, 부정적일 수도 있으며, 그 양자일 수도 있다.[41)]

리스크 평가

이 모델의 다음 부분은 파악된 리스크들이 조직의 목표 달성에 미칠 수 있는 영향 평가와 관련된다. 리스크 평가에 관한 가장 보편적인 접근법은 리스크가 실현될 경우의 잠재적 영향을 판단하고 이 리스크가 발생할 가능성을 판단하는 것이다. 이 결과는 일반적으로 영향과 가능성을 축으로 하는 그래프 위에 표시되는 데, 리스크를 다음과 같이 정의하는 호주/뉴질랜드 기준에 언급된 바와 같이, 우측 상단에 속하는 리스크들은 목표에 큰 영향을 주며, 적절히 관리되지 않는 한 발생 가능성도 높다 그림 1.5를 보라.

목표에 영향을 줄 무언가가 발생할 가능성;[42]

- 리스크는 흔히 이로부터 흘러나올 수 있는 사건 또는 상황의 관점에서 정의된다
- 리스크는 특정 사건의 결과와 그 가능성의 결합이라는 관점에서 측정된다.
- 리스크는 긍정적 또는 부정적 영향을 줄 수 있다. 리스크는 부정적 영향을 줄 사건만을 의미한다는 강력하고 설득력 있는 반론에 대해서는 역자의 다른 번역서 『리스크 관리 펀드멘탈』을 참조하기 바란다 – 역자 주.

영향					
	높음	공유	축소	축소	회피
	중상		축소	축소	축소
	중하	이용?	수용	축소	축소
	낮음	이용?	이용?		?????
		낮음	중하	중상	높음
	발생 가능성				

[그림 1.5 리스크 관리 반응들]

리스크 관리

이 모델은 일단 리스크를 평가하고 나면 우려를 자아내는 사안즉, 중대하고 발생 가능성이 높은 리스크을 다루기 위해 취해야 할 조치를 결정할 수 있다고 제안한다는 점에서, 리스크 관리를 모델의 구성 요소로 삼는다. COSO ERM은 양호한 리스크 관리의 적용을 지지한다.

> 최근 수년 동안 리스크에 대한 우려와 관심이 높아졌으며, 리스크를 효과적으로 파악, 평가 및 관리할 탄탄한 프레임워크가 필요하다는 점이 점점 더 분명해졌다.[43)]

다양한 유형과 수준의 리스크에 대한 대응 방법이 많이 있는데, COSO ERM에는 다음과 같은 대안들이 나와 있다.[44)]

- 회피avoidance
- 축소reduction
- 공유sharing
- 수용acceptance

회피 또는 축소 전략은 큰 영향/고빈도 리스크에 적용되는 경향이 있다. 반면에, 공유는 큰 영향/저빈도 리스크에 더 잘 들어맞는다. 수용은 작은 영향/저빈도 리스크 또는 통제 비용이 과도한 경우에 중점을 두는 경향이 있다. COSO ERM 리스크 관리 수단을 이용하여, 영향/가능성 차트를 만들고 적절한 회피, 축소, 공유 또는 수용 전략의 적용 대상을 정할 수 있다.

그림 1.5의 차트의 좌측 하단에 위치한 작은 영향/저빈도의 리스크에 대해서는 리스크 관리 수단 한 가지가 추가되어 있다. 이는 이용으로 표시되어 있는데, 이곳에서는 비즈니스 오퍼레이션이 조직의 리스크 성향보다 훨씬 낮으므로 비즈니스 부문들은 규모를 늘리고 보다 혁신적이 되도록 장려된다.

핵심 성과 지표들KPIs

리스크 관리를 이용하여 통제를 개선하거나 업무 계획과 수행 방식을 정교화하기 위한 실천 계획action plan을 작성하고 나면, 이러한 조치들을 통합할 필요가 있다. 리스크 평가로부터 도출한 실천 계획에 대한 성과 지표를 부가함으로써 이 모델의 내용이 풍부해진다. 실제 기업 운영에 있어서 비즈니스를 성장시키기 위해 필요한 모든 행동들이 실제로 수행되려면 이러한 조치들이 개인 또는 팀의 성과 목표에 포함되어야 한다. 그러나 목표들은 주의하여 설정되어야 한다.

> 현실적인 목표 수립은 건전한 동기부여 관행인데, 이를 통해 비생산적인 스트레스와 사기적인 보고 유인을 감소시킨다.[45)]

COSO ERM은 주된 지침에 부가된 적용 기법 지침에서, 성과를 뒷받침하기 위한 정보 요건을 결정함에 있어서 조직들이 사용할 수 있는 12가지 고려 사항들을 열거한다.[46)]

- 비즈니스에 대한 KPIs는 무엇인가?

- 어떤 KPIs가 잠재적인 리스크에 대한 하향식top-down 관점을 제공해 주는가?
- 모니터링에 어떤 성과 매트릭스가 요구되는가?
- 성과 매트릭스에 어떤 데이터가 요구되는가?
- 어느 정도로 상세한 정보가 필요한가?
- 해당 정보는 얼마나 자주 수집될 필요가 있는가?
- 어느 정도의 정확성 또는 엄밀함이 필요한가?
- 데이터 수집 기준은 무엇인가?
- 데이터를 어디에서 그리고 어떻게 구해야 하는가?
- 현존하는 프로세스로부터 어떤 데이터/정보가 있는가?
- 데이터 보관소는 어떻게 구성되어야 하는가?
- 어떤 데이터 복구 메커니즘이 필요한가?

공시

이 모델은 이제 조직으로부터의 공식적 공시의 필요로 향한다. 투명성은 회사의 책임성으로부터 부담하는 의무와 관련이 있는데, 이 점은 호주/뉴질랜드 기준에 다음과 같이 설명되어 있다.

> 건전한 리스크 관리는 양호한 거버넌스에 기여할 뿐 아니라, 불리한 결과를 가져오는 사건이 발생할 경우 이사와 책임자들에 어느 정도의 보호를 제공해 주기도 한다. 이 기준에서 제시한 프로세스에 따라 리스크가 관리될 경우 보호는 두 가지 차원에서 일어난다. 첫째, 리스크 관리를 잘하지 못했을 경우에 비해 불리한 결과가 그리 심하지 않을 수 있다. 둘째, 책임

이 있는 사람이 자신은 적절한 수준의 주의를 기울였음을 입증하여 자신을 방어할 수 있다.[47)]

미국의 경우, IIA는 최근 몇 년 동안 성문 인증서의 형태로 대두된 책임성 제도에 대해 다음과 같이 설명한다.

모든 금융 시장의 튼튼함은 투자자의 신뢰에 근거한다. 회사의 임원, 독립적인 감사인과 기타 시장 참여자가 비위사건에 연루될 경우 그러한 신뢰가 훼손된다. 이러한 위협에 대응하여, 미국의 의회 및 다른 국가들의 입법 기구와 규제 당국들은 회사의 공시와 보고에 영향을 주는 법률 규정을 제정했다. 특히 미국에서는 추가적인 공시를 하고 최고 경영자와 재무 책임자들이 재무제표를 인증하도록 요구하는 2002년 사베인-옥슬리법이라는 전면적인 개혁 법안을 제정하였다.[48)]

리스크 관리 프레임워크 모델: 최종

그림 1.6에 우리의 완전한 모델이 나와 있다. 아래에 이 모델의 새로운 측면 각각에 대해 설명한다.

전사 리스크 관리 프레임워크

이 모델의 한 가지 중요한 측면은 지금까지 이 모델에 등장한 모든 이슈들을 다루는 ERM 프레임워크이다. ERM은 다음과 같은 여러 활동들로 구성되어 있다.[49)]

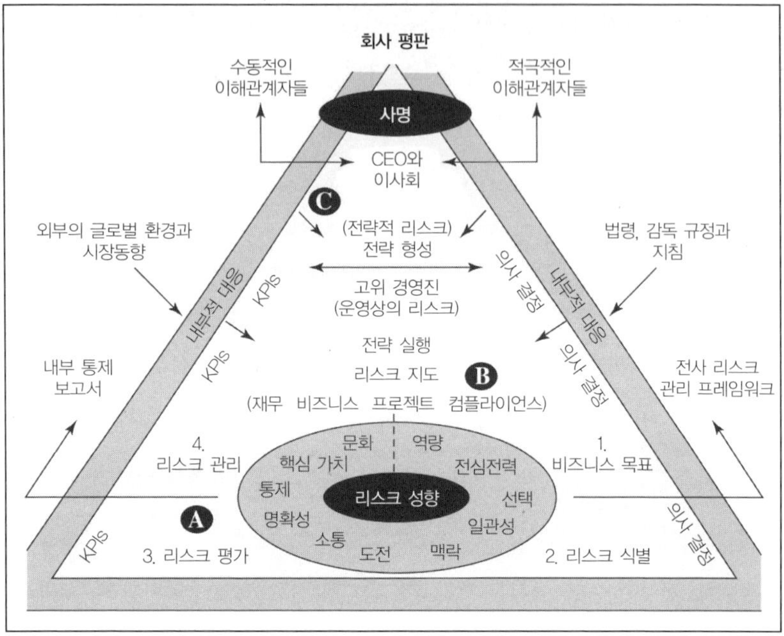

[그림 1.6 완성된 리스크 관리 프레임워크 모델]

- 조직 목표의 명확한 표명과 소통
- 조직의 리스크 성향 결정
- 리스크 관리 프레임워크를 포함한 적절한 내부 환경 확립
- 목표 달성에 대한 잠재적인 위협 파악
- 리스크즉, 위협의 영향과 발생 가능성 평가
- 리스크에 대한 대응 방법 선택과 실행
- 통제와 기타 대응 활동 수행
- 모든 직급의 조직 구성원에 대한 일관된 리스크 정보 소통
- 리스크 관리 프로세스에 대한 본부의 모니터링 및 조정과 리스크가 효과적으로 관리된다는 확신 제공

양호한 ERM은 조직이 외부의 감독 규정을 준수하는 한편 수립된 목표를 달성하기에 보다 나은 위치에 있음을 의미한다. 이는 불확실한 환경에 기인하는 모든 형태의 문제들에 맞서서 강력하지만 현명하게 기업의 연속성을 유지하는 것이다. 미 연방 기업체 양형 가이드라인에서도 컴플라이언스와 신뢰할 수 있는 의사 결정을 내릴 시스템 확립과 더불어 양호한 리스크 관리를 요구한다. ERM은 달성해야 할 목표가 있고, 이러한 목표 달성에 항상 어느 정도의 리스크가 있는 곳에서는 언제나 중요한 역할을 담당하는 비즈니스 도구이다. 리스크는 무서워할 대상이 아니지만 비웃을 대상도 아니다. 아래에서 설명하는 바와 같이 이 양극단 사이에 세심한 균형이 있어야 한다.

> 기업 운영에서의 리스크는 말할 것도 없고 일상생활에서 발생할 수 있는 모든 리스크를 인식, 예측, 평가 및 관리할 수 있다면, 인생은 현재보다 상당히 쉬워질 것이다. 그러나 그렇게 될 수는 없다. 그것은 불가능한 꿈이다. 더구나, 영리 기관은 리스크를 부담함으로써 번창하고 목표를 달성한다. 자본주의가 계속 유지되게 하는 많은 기업가들의 존재는 최소한 대부분의 경우 리스크를 좋은 기회로 전환한다는 증거이다.[50]

주목해야 할 중요한 점은 리스크 및 리스크 관리의 핵심을 파악하려면 일정한 프레임워크가 필요하다는 것이다. 리스크 프레임워크는 다음과 같이 정의되어 왔다.

> 리스크 관리에 관한 조직의 경영 시스템의 일련의 요소들: 경영 시스템의

요소들에는 전략 기획, 의사 결정과 리스크를 다루는 기타 전략, 프로세스 및 관행들이 포함될 수 있다.[51]

내부 통제 성명서

우리의 모델은 CEO의 내부 통제 성명서가 조직이 적용하는 ERM 프로세스에 관여하도록 제안한다. 한편 COSO ERM은 내부 통제에 관한 배경으로부터 시작한다.

> 그 결과 미국에서는 2002년의 사베인-옥슬리법이 제정되었고, 다른 나라들에서도 유사한 법률이 제정되었거나 고려되고 있다. 이 법은 상장 회사들에게 오랫동안 요구되어 왔던 내부 통제 시스템 유지 요건을 확대하여, 경영진이 이러한 시스템의 효과성을 보증하고 독립적인 감사인이 이를 인증하라고 요구한다. 검증된 내부 통제-통합 프레임워크Internal Control-Integrated Framework는 이러한 보고 요건을 만족시키는 널리 인정된 기준 역할을 한다.[52]

여기서의 등식은 명확하다. 리스크는 목표 달성에 있어서의 불확실성 요소를 야기한다. 통제는 조직의 목표 달성 능력을 위협하는 리스크로부터 조직을 지키는 데 도움을 준다. 양호한 ERM 프로세스는 양호한 내부 통제 시스템과 리스크의 유형, 영향 또는 가능성이 변함에 따라 통제를 업데이트시키는 메커니즘을 통합한다. 더구나 상장 회사를 검사할 때 증권거래위원회SEC는 운영 중인 리스크 관리 시스템에 대한 감사로부터 시작할 것이다. 우리의 모델의 최종 결론은 먼저 효과적인 ERM 프로세스를 구축하지 않고서는 건전한 내부 통제 시스템 확립이 불가능하다는 것이다.

모니터링

전체 리스크 관리 프로세스는 최신으로 유지되고 생동감이 있어야 한다. 또한 일이 애초에 의도된 대로 되고 있는지 검토해야 한다. 검토의 중요성에 대해서는 다음과 같이 설명되고 있다.

> 관리 계획이 계속 적절성을 유지하게 하기 위해서는 지속적인 검토가 필수적이다. 어떤 사건의 가능성과 그 결과에 영향을 줄 수 있는 요인들과 리스크 관리 대안들의 적합성이나 비용에 영향을 줄 수 있는 요인들은 변할 수도 있다. 따라서 리스크 관리 주기를 반복할 필요가 있다.[53)]

검증validation

우리의 리스크 관리 모델의 또 다른 측면 중 하나는 리스크 관리 활동들은 필요할 경우 검증될 수 있는 방식으로 수행될 필요가 있다는 점이다. 이는 문서화가 잘 되어 있어야 함을 의미한다. 검증은 이사회로 하여금 효과적인 리스크 관리 프로세스가 갖추어지도록 지시하고, 다음과 같은 리스크 관리 정책에 대해 확고하게 진술할 수 있게 해 준다.[54)]

- 리스크 관리에 사용할 프로세스
- 특정 리스크를 관리할 책임 관계
- 리스크 관리 책임자가 이용할 수 있는 지원과 전문성에 대한 상세 내용

- 리스크 관리 성과에 대한 측정과 보고 기준
- 리스크 관리 시스템의 정기적 검토에 대한 의지
- 정책에 대한 이사회와 임원들의 굳은 서약 표명

공식적인 문서화와 검증은 주의 깊게 다뤄져야 한다. 직원들에게 미칠 수 있는 영향이 적절히 관리되어야 한다. 기록은 필수적이지만 이의 사용에 대해서는 주의할 점이 있다.

소통과 협의 기록은 활동의 규모 및 민감도와 같은 요인에 좌우된다.[55]

개선

리스크 관리가 유용하려면 학습 환경 안에서 설정되어야 한다. 따라서 우리의 모델에는 진정한 리스크를 의미 있게 포착하는 프로세스에 지속적인 개선을 제공할 필요가 포함되어 있다.[56]

사건, 사고와 성공은 리스크와 이에 대한 대처 방안들을 검토하고 어떻게 리스크 관리 프로세스가 개선될 수 있는지에 대한 통찰력을 얻는 데 유익한 기회를 제공해 준다. 성공, 실패와 니어 미스의 원인에 대한 체계적인 프로세스를 채택하여 조직에 유익한 교훈을 배우겠다는 의향이 있어야 한다. 체계적인 분석 프로세스가 사용되는 것이 이상적이다. 성공과 실패가 분석되고 나면 다음과 같은 질문을 해야 한다.

- 이전에 관련 리스크에 대해 파악하고 분석했는가?

- 리스크 파악 시 실제 이유를 파악했는가?
- 리스크와 통제가 정확하게 평가되었는가?
- 통제가 의도한 대로 작동하였는가?
- 대응 계획이 효과적이었는가?
- 그렇지 않았다면, 개선이 이루어질 수 있었던 부분은 어디인가?
- 모니터링과 검토 프로세스는 효과적이었는가?
- 전반적으로 리스크 관리 프로세스가 어떻게 개선될 수 있는가?
- 이러한 교훈을 알 필요가 있는 사람은 누구인가? 이러한 교훈이 가장 효과적이 되게 하기 위해서는 이를 어떻게 알려줘야 하는가?
- 실패 사건은 반복되지 않고, 성공 사건은 반복되게 하려면 무엇을 할 필요가 있는가?

계속적인 통합

이 모델의 마지막 부분은 리스크 관리를 실제 비즈니스 시스템과 업무 수행 방식 안으로 통합할 필요가 있다는 점을 포착한다. 기업은 리스크에 반응하는데, 위협과 기회를 업무 수행 방식 안으로 통합함으로써 리스크에 반응한다.

> 경영진은 조직, 사람, 프로세스와 인프라스트럭쳐를 정렬시켜 전략의 성공적인 실행을 증진하고 기업이 자신의 리스크 성향 내에 머무를 수 있게 하고자 한다.[57]

결론

리스크 관리는 이제 모든 조직의 모든 측면을 다루는 기업 운영의 중요한 부분이다. 아래의 다섯 단계를 거치는 것이 리스크 관리를 고려하는 하나의 방법이 될 수 있다.

1. 리스크 관리를 소위 전사 리스크 관리(ERM)라는 가장 넓은 형태로 고려한다.
2. ERM을 이해관계자와 조직의 평판에 대한 영향을 통합하는 거버넌스 프레임워크에 정렬시킨다.
3. 전략 수립과 실행을 조직의 임원진들이 리스크를 이해하고 다루는 프로세스로 활용한다.
4. 비즈니스 목표, 리스크 파악, 리스크 평가와 리스크 관리라는 운영 리스크 주기를 조직의 ERM 프레임워크와 경영 구조 내에서 수립한다.
5. 이러한 사안들(위의 1-4)에 대한 내부 통제에 ERM 프레임워크와 보고를 겹쳐 놓고, 이 두 항목이 공식적으로 문서화되고 이해관계자들에게 보고되도록 한다.

부록은 ERM 시스템의 전반적인 품질을 평가하고, ERM 프로세스 지원과 검토에 적용될 수 있는 감사 접근법의 유형을 판단하는 데 사용할 수 있는 체크 리스트들을 포함하고 있다.

Notes

1. IIA, 영국&아일랜드, Position Statement 2004, 전사 리스크 관리에 있어서의 내부 감사의 역할, 결론.
2. IIA, 내부 감사의 정의.
3. IIA, www.theiia.org, 2004년 10월.
4. IIA, 용어 설명(Glossary of Terms).
5. IIA, 영국&아일랜드, 용어 설명.
6. COSO, 전사 리스크 관리(Enterprise Risk Management), 2004년 9월, Executive Summary 서문.
7. 위의 글, 13쪽.
8. IIA, 용어 설명(Glossary of Terms).
9. COSO, 전사 리스크 관리, 2004년 9월, Executive Summary 서문.
10. 월마트 사, www.walmart.com, 이사회 의장 서한, 2004년 10월.
11. 포드 사, www.ford.com, 2004년 10월.
12. 위의 글.
13. OECD 기업 거버넌스 원칙, '경제 협력 개발 기구(OECD)' (2004년), 50쪽.
14. 호주/뉴질랜드 기준: 리스크 관리 지침 AS/NZS 4360:2004, 30쪽.
15. IIA, 용어 설명(이사회가 일반적인 점을 감안하여 본 역서에서는 이후 '이사회' 로 번역함).
16. 샤론 와트킨스(Sharron Watkins), 낸시 할라(Nancy Hala)와의 인터뷰, '자본주의자들이 천사라면', The Internal Auditor (2003년 4월): 38-43쪽.
17. COSO, 전사 리스크 관리, 2004년 9월, Executive Summary 서문. 83쪽.
18. 캘리포니아 종업원 퇴직 시스템, www.calpers.ca.gov, 2004년 10월.
19. COSO, 전사 리스크 관리, 2004년 9월, Executive Summary 서문. 85쪽.
20. 은행 감독에 관한 바젤 위원회, 국제 결제 은행, 2003년 2월, 원칙 3.
21. 호주/뉴질랜드 기준: 리스크 관리 지침 AS/NZS 4360:2004, 6쪽.
22. 위의 글, 11쪽.
23. 위의 글, 서문.
24. COSO, 전사 리스크 관리, 2004년 9월, Executive Summary 서문. 14-15쪽.
25. 위의 글, 42쪽.
26. 위의 글, 39쪽.
27. 은행 감독에 관한 바젤 위원회, 국제 결제 은행, 2003년 2월, 원칙 1.
28. COSO, 전사 리스크 관리, 2004년 9월, Executive Summary.
29. 호주/뉴질랜드 기준: 리스크 관리 지침 AS/NZS 4360:2004, 8쪽.
30. 은행 감독에 관한 바젤 위원회, 국제 결제 은행, 2003년 2월, 원칙 6.
31. 호주/뉴질랜드 기준: 리스크 관리 지침 AS/NZS 4360:2004, 86쪽.
32. 위의 글, 27쪽.
33. 위의 글, 21쪽.
34. 위의 글, 23쪽.
35. IIA, 용어 설명.
36. COSO, 전사 리스크 관리, 2004년 9월, Executive Summary 서문, 56쪽.
37. 호주/뉴질랜드 기준: 리스크 관리 지침 AS/NZS 4360:2004, 서문.
38. 위의 글, 74쪽.
39. 위의 글, 27쪽.
40. IIA, 영국&아일랜드, Position Statement 2004, 전사 리스크 관리에 있어서의 내부 감사의 역할, 결론.

41. COSO, 전사 리스크 관리, 2004년 9월, Executive Summary 서문.

42. 호주/뉴질랜드 기준: 리스크 관리 지침 AS/NZS 4360:2004, 4쪽.

43. COSO, 전사 리스크 관리, 2004년 9월, Executive Summary 서문.

44. 위의 글, 55쪽.

45. 위의 글, 30쪽.

46. 위의 글, 75쪽.

47. 호주/뉴질랜드 기준: 리스크 관리 지침 AS/NZS 4360:2004, 11쪽.

48. IIA, 업무수행 권고(Practice Advisory) 2120. A1-3.

49. IIA, 영국&아일랜드, Position Statement 2004, 전사 리스크 관리에 있어서의 내부 감사의 역할, 결론.

50. 네일 코완(Neil Cowan), 효과를 발휘하는 기업 거버넌스 (Prentice Hall, Pearson Education South Asia Pte Ltd., 2004년), 37쪽.

51. 호주/뉴질랜드 기준: 리스크 관리 지침 AS/NZS 4360:2004, 5쪽.

52. COSO, 전사 리스크 관리, 2004년 9월, Executive Summary 서문.

53. 호주/뉴질랜드 기준: 리스크 관리 지침 AS/NZS 4360:2004, 22쪽.

54. 위의 글, 27쪽.

55. 위의 글(발췌에 한함), 11쪽.

56. 호주/뉴질랜드 기준은 이 점에 대해 매우 유익한 권고를 제공해 준다. 위의 글, 93쪽.

57. CO, 전사 리스크 관리, 2004년 9월, Executive Summary 서문, 40쪽.

Auditing the Risk
Management Process

Chapter 2
리스크 관리 성숙도 판단
Determining Risk Management Maturity

Chapter 2

리스크 관리 성숙도 판단

> 내부 감사인은 자신이 이전에 담당하였던 분야에 대한 평가를 삼가야 한다. 내부 감사인이 과거 1년 이내에 담당했던 업무에 대해 어슈어런스 서비스를 제공할 경우 객관성이 손상된 것으로 간주된다.
>
> IIA 기준 1130.A1

개요

리스크 관리에 있어서 감사의 역할을 명확히 할 필요가 있는데, 이는 보기보다 수월하지 않은 일이다. 감사의 역할은 다양하게 해석되고 있다. 내부 감사와 외부 감사는 조직의 리스크 관리 체제 수립과 이의 성공적 운영에 지대한 영향을 줄 수 있다. 이 점에 대해서는 다음과 같이 설명된다.

> 내부 감사 활동은 최고 경영진이 조직의 리스크 관리와 통제 프로세스를 모니터하기 위해 설치한 기능이다. 내부 감사인은 중요한 통제 시스템과 리스크 관리 프로세스를 검토함으로써 조직의 경영진에게 중요한 도움을 줄 수 있다.[1]

실제로는 감사의 역할은 다음 사항을 포함할 수 있다.

- 리스크 관리에 대한 옹호자가 됨
- 교육과 지침을 제공함
- 리스크 기반 통제를 증진하는 공식 권고사항을 제공함
- 리서치와 모범 관행 센터가 됨
- 조직 전체의 리스크 관리 활동을 조정함
- 리스크 관리 상태에 대한 객관적인 어슈어런스를 제공함내부 감사가 수행하는 서비스를 어슈어런스와 컨설팅으로 나누는데, 어슈어런스는 내부 통제의 적정성과 효과성에 대해 독립적이고 객관적인 감사 의견을 제공하는 업무를 말한다. 이는 전통적인 감사 업무에 해당하며, 여기서의 핵심은 독립성이다 – 역자 주
- 특정 감사 기간 중일 때나 감사 후의 운영 리스크 수준을 정기적으로 공개함
- 변화 프로그램에 대한 저항자 처리를 주도하고 리스크에 현명하게 대처하는 관행에 도움을 줌
- 모든 비즈니스 부문에 대하여 리스크 워크샵 프로그램을 촉진함
- 적절한 기준과 실제적인 도구들을 개발함

발표된 대부분의 지침들은 내부 감사인들이 리스크 관리 책임을 맡아서는 안 된다고 명시하고 있지만, 이것만으로는 충분하지 않다. 감사인들은 리스크가 잘 관리되도록 할 막중한 과제에 대해 일정한 역할을 할 책임을 수행해야 한다. 감사인들은 역사적으로 리스크에 기반한 활동에 관여했기 때문에 이 점에 대해서는 다음과 같이 언급되어 왔다.

의심할 나위 없이 감사인들은 감사 업무의 초창기부터 리스크 평가에 관여해 왔다. 내부 감사인들은 언제나 "무엇이 잘못될 수 있는가?"라는 질문을 해 왔다. 잠재적인 오류 및/또는 이상irregularity의 파악은 어떤 통제 절차가 갖춰져 있어야 하는지를 결정함에 있어서 절대적으로 필요한 사항이었다. 결국, 아무런 리스크도 없다면 통제가 존재하겠는가? 리스크가 파악 및 평가되지 않는다면, 감사인들이 어떻게 특정 통제가 효과적인 통제인지를 판단할 수 있겠는가?[2)]

리스크 관리에 있어서 감사의 역할에 대한 토론을 시작하려면, 내부 감사에 관한 공식적인 정의를 다시 살펴볼 필요가 있다.

내부 감사 활동은 가치를 증대시키고 조직의 운영을 개선하기 위해 고안된 독립적이고 객관적인 어슈어런스와 컨설팅 활동이다. 내부 감사는 리스크 관리 · 통제와 거버넌스 프로세스의 효과성을 평가 및 개선하기 위한, 체계적이고 훈련된 접근법을 채택함으로써 조직이 목표를 달성하는데 도움을 준다.[3)]

이의 요체要諦는 감사 활동은 리스크 관리 프로세스를 평가하고 개선할 필요가 있다는 점이다. 감사인들은 평가를 통해 경영진에게 공식적인 어슈어런스를 줄 수 있는데 어슈어런스 서비스는 다음과 같이 정의된다.

어슈어런스 서비스는 특정 프로세스, 시스템 또는 사안에 대해 객관적인 의견이나 결론을 제공하기 위해 내부 감사인이 증거에 대해 객관적으로 평가하는 것이다. 이의 성격과 범위는 내부 감사인에 의해 결정된다. 어슈어런스 서비스에는 일반적으로 다음과 같은 세 당사자가 관여한다. (1) 해당 프로세스, 시스템 또는 사안과 직접 관련이 있는 사람 또는 그룹—프로세스 오너, (2) 평가를 하는 사람 또는 그룹—내부 감사인, (3) 평가 결과를 사용하는 사람 또는 그룹—사용자.[4]

이에 반하여 컨설팅 서비스는 다음과 같이 설명된다.

컨설팅 서비스는 본질상 조언적이며 일반적으로 감사 대상 고객engagement client의 구체적인 요청에 의해 수행된다. 컨설팅 작업의 성격과 범위는 고객과의 합의에 따른다. 컨설팅 서비스에는 일반적으로 두 당사자가 관여한다. (1) 조언을 제공하는 사람 또는 그룹—감사인, (2) 조언을 원하고 이를 받는 사람 또는 그룹—감사 대상 고객. 컨설팅 서비스를 수행할 때 감사인은 객관성을 유지하고, 관리·책임을 떠안지 않아야 한다.[5]

감사의 역할은 이사회, 감사위원회와 고위 경영진에게 리스크 관리 상태에 관한 어슈어런스를 제공하는 측면과, 비즈니스 관리자들에게 컨설팅을 제공하여 그들이 적절한 개선을 이루도록 하는 두 측면 사이를 오갈 것이다. 여기에서는 아래의 인용문에 암시되어 있는 바와 같이 양호한 리스크 관리 개발이라는 점에서 해당 조직이 어느 곳에 위치해 있느냐에 크게 의존한다.

내부 감사인은 조직의 거버넌스, 리스크 관리와 통제 프로세스를 개선시키는 컨설팅 서비스를 제공할 수 있다. ERM에서 내부 감사인의 컨설팅 정도는 이사회가 이용할 수 있는 내부 및 외부 감사인이라는 다른 자원들과 해당 조직의 리스크 관리 성숙도에 의존하며, 시간이 지남에 따라 변할 가능성이 높다. 리스크 고려, 리스크와 거버넌스 사이의 연결 관계와 촉진에 대한 이해에 있어서의 감사인의 전문성은 감사인이 ERM의 옹호자 및 특히 ERM 도입 초기에는 심지어 이의 프로젝트 매니저 역할을 할 자격이 잘 갖춰져 있음을 의미한다.[6]

이번 장에 적용된 모델은 리스크 성숙도라는 기본적인 주제 위에 수립되어 있다.

리스크 관리 성숙도 모델: 1단계

리스크 관리에 있어서 감사의 역할은 평가와 개선 필요라는 맥락에서 무엇이 가장 많은 가치를 부가하는지에 달려 있다. 리스크가 어느 정도로, 그리고 어떻게 다루어지는가, 리스크가 조직이 일하는 방식에 어떻게 스며들어 있는가라는 점에서 조직이 어떤 상태에 있는지에 많은 부분이 좌우된다. 우리의 모델은 먼저 조직이 그림 2.1의 리스크 관리를 어느 정도나 실행하고 있는가로부터 시작한다.

모든 조직은 리스크 관리가 잘 실행되는가라는 관점에서 자신이 어디에 위치해 있는지에 대하여 벤치마크를 정할 필요가 있다. 리스크 성숙도에 대한 다양한 레벨을 설정하고 이 레벨상의 진보를 표시하는 것이 하나의 방법이다. COSO는 조직들이 리스크 관리 성숙도에 있어서 서로 다른 단계에 있을 수 있음을 인식한다.

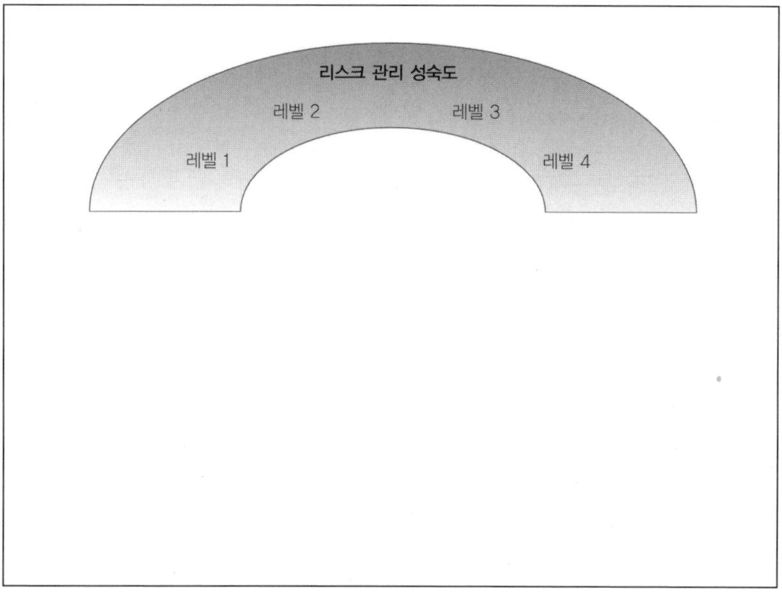

[**그림 2.1** 리스크 관리 성숙도 모델: 1단계]

리스크 관리 철학이 잘 개발되어 있고, 조직 구성원들에게 잘 이해되고 수용되어 있으면, 해당 조직은 리스크를 효과적으로 인식하며 관리하고 있다고 할 수 있다. 그렇지 않은 곳에서는 비즈니스 부문, 부서 등에 ERM을 용인할 수 없을 정도로 불규칙하게 적용하고 있을 수도 있다.[7)]

우리의 모델에서는 4개의 주요 레벨을 제시하는데, 이에 대해서는 이번 장의 뒤에 설명한다. IIA의 지침은 리스크 관리 상태의 중요성에 대해 다음과 같이 인식하고 있다.

조직이 아직 리스크 관리 프로세스를 확립하지 않은 경우 내부 감사인은 이 점에 대해 경영진에게 언급하고, 그러한 프로세스를 확립하라고 제안해야 한다. 내부 감사인은 리스크 관리 프로세스에서 감사 부서의 역할에 관해 경영진과 이사회로부터의 인도를 구해야 한다. 감사 부서와 감사위원회 규정charter은 리스크 관리 프로세스에서의 그들의 역할에 대해 문서화해야 한다.[8)]

감사의 역할은 리스크 관리 성숙도를 반영하며, 감사인들은 이 프로세스에 시동을 걸도록 행동을 취할 필요가 있을 수도 있다. IIA 지침은 이러한 일이 어떻게 일어날 수 있는지 설명한다.

요청 받을 경우, 내부 감사인은 조직이 리스크 관리 프로세스를 최초로 확립하도록 지원함에 있어서 전향적인 역할을 할 수 있다. 보다 전향적인 역할은 근본적인 프로세스 개선에 대한 컨설팅적 접근법으로 전통적인 어슈어런스 활동을 보완할 수 있다. 그러한 지원이 내부 감사인이 수행하는 통상적인 어슈어런스나 컨설팅 활동을 넘어설 경우 독립성이 훼손될 수 있다. 그러한 경우 내부 감사인은 국제 내부 감사 업무 수행 기준의 공시 요건을 준수해야 한다.[9)]

간단히 얘기하자면 감사인들은 상황에 가장 적합한 역할을 맡게 된다는 것인데, 이는 아래의 활동들 사이에서 활동하게 되는 것으로 설명되어 왔다.[10)]

- 아무런 역할도 하지 않음
- 내부 감사 계획의 일부로서 리스크 관리 프로세스를 감사함
- 감시 위원회 참여, 모니터링 활동과 현황 보고 등과 같은 리스크 관리 프로세스에 있어서 적극적이고 지속적인 지원을 제공하고 이에 관여함
- 리스크 관리 프로세스를 관리하고 조정함

조직이 리스크 관리를 확립함에 있어서 어디까지 진전했는지를 평가하는 데에는 많은 방법이 있다. 바실 오르시니Basil Orsini는 조직 행태의 성숙도에 관해 다섯 개의 레벨을 포함하는 진단 도구tool를 개발했다. 다섯 개의 성과 지표들로 리스크 성숙도를 가늠하는 다양한 레벨들이 설정되었다.[11)]

- 조직 문화
- 리더십과 의지commitment
- 부서 관리 관행과 시스템과의 통합
- 리스크 관리 역량
- 보고와 통제

리스크 관리 성숙도 모델: 2단계

우리의 모델은 그림 2.2에 계속된다. 이 모델의 새로운 측면 각각에 대해 아래에 설명한다.

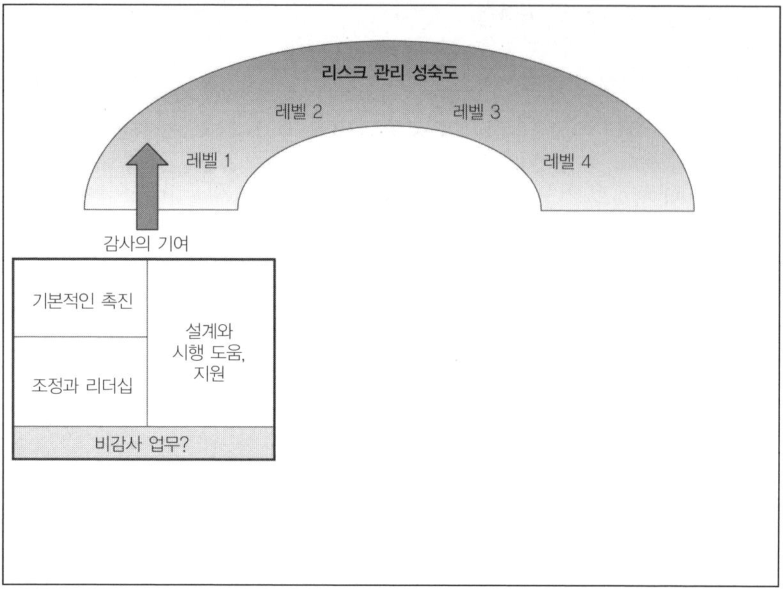

[**그림 2.2** 리스크 관리 성숙도 모델: 2단계]

감사의 기여

우리의 모델에서리스크 관리에 대해 성숙하지 않은 레벨 1을 살펴보면, 감사의 기여는 리스크 관리 프로세스를 시작하도록 도와준다는 관점에서 정의될 수 있다. 리스크관리 발달 초기의 감사의 역할을 확립함에 있어서는 많은 유연성이 있지만, 이 역할은 이사회와 감사위원회와의 협상에 의해 결정되는 것이 중요하다. 따라서 감사 규정audit charter은 이 역할을 기대사항을 정의하는 방식으로서 설정할 필요가 있다. 감사 규정은 내부 감사의 역할을 정함에 있어서 핵심 문서인데 이는 다음과 같이 정의된다.

내부 감사 활동의 규정은 이 활동의 목적, 권한과 책임을 정하는 공식 문서이다. 이 규정은 (a) 조직 내에서 내부 감사 활동의 위치를 정하고 (b) 내부 감사 업무 수행에 관련이 있는 기록, 사람과 물리적 설비에 대한 접근 권한을 부여하며 (c) 내부 감사 활동의 범위를 정의해야 한다.[12]

내부 감사의 역할은 리스크 관리 성숙도 단계에 대응하여 변하므로, 감사 규정은 이러한 변화를 반영하기 위하여 업데이트될 필요가 있다. 리스크 관리 성숙도risk maturity라는 개념은 전문 지침에서도 연구되어 왔다.

조직의 리스크 관리 성숙도가 진전되고 리스크 관리가 비즈니스 오퍼레이션에 보다 더 내재화되어 감에 따라, 감사의 ERM 후원자 역할은 축소될 수 있다. 이와 유사하게, 조직이 리스크 관리 전문가 또는 부서의 서비스를 이용하게 되면 내부 감사는 컨설팅 서비스를 더 많이 수행하는 대신 어슈어런스 역할에 보다 더 집중함으로써 가치를 부가할 가능성이 높다. 그러나 내부 감사가 핵심 어슈어런스 활동에 아직 리스크 기반 접근법을 채택하지 않은 경우에는 내부 감사가 컨설팅 활동을 할 준비가 되지 않았다고 할 수 있다.[13]

기본적인 촉진

우리의 모델은 리스크 성숙도의 초기 단계에서는 내부 감사의 역할이 4개의 주요 요소로 나뉠 수 있다고 제안한다. 첫 번째 요소는 기본적인 촉진basic facilitation이다. IIA 지침은 이 촉진 역할에 대해 명확히 설명한다.

요약하자면, 내부 감사인은 리스크 관리 프로세스를 촉진하거나 이를 가

능하게 할 수 있지만, 파악된 리스크 관리를 소유하거나 책임을 져서는 안 된다.[14)]

내부 감사인은 프로세스 차원에서의 리스크 관리의 성장을 촉진하고 특정 워크샵에 관여함으로써 리스크 관리에 도움을 주게 된다. 아래 사례는 촉진이 어떻게 채택되고 다듬어질 수 있는지 보여 준다.

사례 연구

리스크 교육

어떤 정부 조직은 매월 수십 개의 리스크 워크샵을 개최했었지만, 지금은 필요할 때마다 짧은 리스크 워크샵을 개최하여 리스크 프로필을 업데이트 한다. 처음에는 직원들에게 리스크 관리 방법과 도구들에 대해 많은 연수를 실시했지만, 조직의 리스크 관리가 성숙해짐에 따라, 이 연수는 지금은 신입 직원에 대한 오리엔테이션 프로그램의 일부로 운영되고 있다.

감사인이 촉진 역할을 수행할 때에는 감사인에게 필요한 역량이 변하게 된다. 감사인들이 이 새로운 역할을 수행할 채비가 되도록 할 필요가 있다. 워크샵을 이용하여 리스크 관리를 비즈니스의 일부가 되도록 함에 있어서 감사인은 소극적이거나 적극적인 촉진 역할을 수행할 수 있다. 소극적 촉진은 비즈니스 라인과 지원 부서에 리스크 관리라는 아이디어를 전파하고, 각각의 팀들이 자신의 리스크를 식별 및 평가하도록 하고, 리스크가 관리되는 방식을 검토하는 것을 말한다. 각 팀들은 워크샵 리더를 임명하고 워크샵 프로그램과 평가를 언제, 어떻게 수행할지 결정할 수 있다. 적극적 촉진에서는 감사인이 보다 깊숙이 개입하여 짧은 소책자를 만들고 각 팀들이 리스크 관리 주기를 거침에 있어서 그 방법에 관해 각 팀을 인도할 수도 있다. 내부 감사가 촉진자 역할에 착수할 때 몇 가지 주의할 점이 있다.

- 촉진은 조직의 모든 사람들이 리스크 관리 개념에 대해 이해하도록 도와주는 것을 의미한다.
- 팀 워크샵은 적절한 프로그램과 자원을 갖춰야 한다.
- 내부 감사인은 주최자, 워크샵 리더, 기록자 역할을 하거나, 리스크 정책을 설명하고 이 워크샵이 통제 설계와 공식적인 공시에 어떻게 들어맞는지 설명할 수 있다.
- 감사 부서에서 위의 역할의 전부 또는 일부를 맡을 경우 궁극적으로는 현업 부서에서 적절한 시기에 이 역할들을 수행하게 하는 방식으로 진행되는 것이 좋다. 그렇게 하지 않는다면 이는 각 팀들이 적절하게 개발되지 못했으며, 리스크 관리를 포함한 자신의 업무에 대한 책임을 지지 않는다는 것을 의미한다.
- 촉진 행사들facilitated events에는 높은 에너지, 양호한 참여도, 양호한 팀워크, 열린 소통, 경영진의 지원과 결과에 바탕을 둔 행동 계획 등과 같은 동인driver에 기초한 주제가 있어야 한다.
- 워크샵이 문서화되고, 믿을 수 있는 리스크 대장risk resister과 내부 통제 공시 보고서를 이끌어 내게 하기 위해 일정 유형의 표준이 있어야 한다.

촉진은 워크샵에만 머물 필요는 없으며, 아래의 짧은 예에서 볼 수 있는 바와 같이, 사람들이 자신의 비즈니스 목표 관련 리스크를 이해하고 이를 다룰 수 있게 해 주는 것과 관련될 수도 있다.

사례 연구

통제 조치 취하기

가장 성공적인 조치는 사람들이 문제가 발생할 때마다 자동차 불빛에 갇혀 꼼짝 못하는 사슴처럼 느끼기 보다는, 그들이 자신의 업무의 많은 측면에 대해 어느 정도의 통제 수단을 갖고 있음을 깨닫게 하는 데 입각하였다. 사람들은 자신들이 조치를 취할 수 있는 대상 중 우선순위가 높은 이슈들을 다루도록 촉구되었다. 조직의 다른 부분으로부터의 의견input이 필요한 고위험 분야가 언급되었고, 중요하다고 표시되었으며, 이에 대해 후속 조치를 취했다.

조정과 리더십

이 모델에서 제안하는 두 번째 역할은 조정과 리더십과 관련이 있다. 여기에서는 감사인들이 리스크 옹호자risk champion가 된다. 이 역할은 아래와 같이 정의되는, 어려운demanding 과업이다.

> 옹호자는 어떤 사람 또는 대의명분을 지지하고 방어하는 사람이다. 그러므로 리스크 관리 옹호자는 이의 효용을 선전하고, 리스크 관리를 실행하기 위해 취할 필요가 있는 조치에 대해 조직의 경영진과 직원들을 교육시키며, 그들이 이러한 조치를 취하도록 격려하고 지원한다.[15]

조직 내에서 리스크 관리가 성숙하지 않은 곳의 감사 역할의 이러한 측면을 설명하는 가장 좋은 방법은 짧은 예를 살펴보는 것이다.

사례 연구

시간 경과에 따른 역할 변화

어느 금융 회사에서는 내부 감사인이 운영 리스크 관리 프로젝트를 시작했으며, 광범위한 컨설팅 서비스를 제공했다. 리스크 관리자가 이 업무를 인계하였으며, 리스크 관리자는 리스크 보고 시스템을 설계하고 리스크 핸드북을 제작했다이 책자는 회사의 인트라넷에 올려놓았다. 그러자 내부 감사인은 어슈어런스 역할을 맡아서 운영 리스크 관리의 적정성에 대한 의견을 제시했다. 회사의 리스크 관리가 성숙 단계에 접어들어 리스크 관리 프로세스가 비즈니스를 수행하는 방식이 되기 시작하자, 리스크 관리자는 손을 떼고 비즈니스 라인 관리자가 이 프로세스를 떠맡게 되었다. 내부 감사인은 이제 품질 평가quality assurance 역할을 개발하였는데, 이를 통해 내부 감사인은 리스크를 잘 관리하기 위해 적용된 기준과 이 기준이 조직의 모든 부분에서 이해되고 적절히 적용되는지를 검사했다. 감사인은 리스크 관리와 내부 통제에 관한 조언 헬프 라인을 운영했으며, 또한 직원들이 리스크 평가와 통제 보고 프로세스에 결함이나 남용을 인식할 경우 이에 대해 보고하게 하는 내부 고발자 핫라인도 운영했다. 감사팀 내에서는 컨설팅 업무와 어슈어런스 업무를 분리하였으며, 그들은 현재 경영진, 이사회와 감사위원회에 지원, 조언 및 어슈어런스 서비스의 전 범위를 제공할 수 있다.

독려, 인도, 옹호와 지원은 모두 양호한 리스크 관리에 대한 감사의 훌륭한 기여지만, 어느 저자가 강조한 바와 같이 이에는 한 가지 주의할 점이 있다.

> 리스크 관리자의 역할은 리스크를 관리하는 것이 아니라 조직 전체에 공통의 절차와 관행이 채택되고, 비즈니스 라인 관리자가 자기 분야의 리스크를 파악하고 관리할 책임을 지도록 하며, 이사회에 통일성이 있는 개요와 보고 라인을 제공하는 것이다.[16)]

도움, 지원, 설계와 실행

덜 성숙한 조직에서는 처음에는 내부 감사부서가 주도적인 역할을 할 수 있다.

> 경영진은 리스크 파악과 내부 통제 환경에 대해 책임이 있다. 현존하는 리스크 평가와 내부 통제가 효과적으로 되기 위해 내부 감사가 이들을 검토한다. 리스크 평가가 명시적이지 않거나 문서화되지 않은 경우, 내부 감사인은 리스크 평가가 문서화되고, 명시적이 되도록 하기 위해 경영진과 협력할 수 있다.[17)]

리스크 관리는 사람들이 자신의 리스크를 평가한 뒤에 자신의 내부 통제를 재고하는 것과 관련이 있다. 그러면 관리자는 자신의 통제를 검토했다고 보고할 수 있게 되며, 이 보고서는 공식적인 분기 공시에 사용될 것이다. 이 프로세스는 사리에 맞고 신뢰할 수 있는 프로세스가 갖춰져 있고, 이에 대해 문서화된 경우에만 효과가 있다. 내부 감사는 뒷전으로 물러나, 어슈어런스 업무 책임의 일환으로서 단순히 리스크 관리 상태가 취약하며 개선할 필요가 있다고 보고하기만 할 수도 있다. 다른 대안으로는, 감사 부서가 리스크 관리에 필요한 개선을 자극하도록 돕기 위해 무엇을 할 수 있는지 물어볼 수도 있다. 이는 양호한 리스크 관리, 따라서 양호한 비즈니스 관리의 기반이 되는 올바른 구조, 정책, 소통 경로와 특정 프로세스 수립 지원에 관한 것이다. 이러한 토양에서는, 감사 부서는 완전한 책임을 지는 것에는 미치지 않는 많은 과업과 조치들에 착수할 수도 있다.

> 리스크 관리 프로세스의 개발과 관리에 있어서의 전향적 역할은 '리스크 소유ownership of risks'와는 다르다. '리스크 소유' 역할을 피하기 위해 내부 감사인은 리스크 식별, 경감, 모니터링과 소유에 대한 자신의 책임에 대해 경영진으로부터 확인을 받아야 한다.[18]

감사인은 본질적으로 감사인이며 다음과 같은 내부 감사인의 핵심 역할이 중심이 되어야 한다는 기본적인 견해가 있다.[19]

- 리스크 관리 프로세스에 대한 어슈어런스 제공
- 리스크가 정확하게 평가되고 있다는 어슈어런스 제공
- 리스크 관리 프로세스 평가
- 핵심 리스크 보고 평가
- 핵심 리스크 관리 검토

이 모델의 도움, 지원, 설계와 실행 부분은 리스크 관리가 진정으로 확립되지 않은 곳에서는 감사 부서가 다른 것들도 고려할 수 있음을 시사한다. 다행히도, 이 점에 대해서는 적법한 감사 역할에 관한 IIA의 공식적인 지침이 있다이에는 주의할 점도 있다.[20]

- 리스크 파악과 평가 촉진
- 리스크에 대한 대응에 있어서 경영진 코치
- ERM 활동 조정
- ERM 프레임워크 유지와 개발
- ERM 확립 옹호
- 이사회의 승인을 받기 위한 리스크 관리 전략 수립

객관적인 어슈어런스 제공이라는 감사의 핵심 업무 범위를 넘어서는 역할에 대해서는 중요한 주의사항이 있다. 감사 부서는 다음과 같은 조건이 충족되는 한 추가적인 컨설팅 업무를 수행할 수 있다.[21]

- 경영진에게 리스크 관리 책임이 있음을 확실히 해야 한다. 내부 감사의 책임의 성격이 감사 규정에 문서화되고, 감사위원회의 승인을 받아야 한다.
- 내부 감사는 어떠한 리스크도 경영진을 대신하여 관리해서는 안 된다.
- 내부 감사는 리스크 관리에 대한 의사 결정을 내리는 것이 아니라, 경영진의 의사 결정에 조언, 도전과 지원을 제공해야 한다.
- 내부 감사는 ERM 프레임워크 중 자신이 책임을 담당하는 부분에 대해

객관적인 어슈어런스까지 제공할 수는 없다. 그러한 어슈어런스는 적절한 자격이 있는 다른 당사자에 의해 제공되어야 한다.

- 어슈어런스를 넘어서는 활동은 모두 컨설팅 업무로 인식되어야 하며, 그러한 업무에 관한 업무 수행 기준이 준수되어야 한다.

감사 이외의 업무

이 모델에서 다루는 마지막 부분은 감사 이외의 업무이다. 이사회 구성원은 COSO ERM으로부터 실제적인 도전을 받고 있다.

> 이사회는 전사 리스크 관리에 중요한 감독을 제공하며, 조직의 리스크 성향에 대해 알고, 이에 동의한다. 고객, 벤더, 비즈니스 파트너, 외부 감사인, 감독 당국, 재무 분석가와 같은 많은 외부인들은 전사 리스크 관리가 효과를 발휘하게 함에 있어서 유용한 정보를 제공할 때도 있지만, 그들은 조직의 ERM에 책임이 있는 것도 아니고, 이의 일부인 것도 아니다.[22]

이사회 구성원들은 내부 감사에게 뭔가를 하라고 말한 것으로 자신의 일을 다 했다고 생각할 수도 있다. 감사인은 자신이 리스크 관리 프로세스를 소유하고 이의 진전에 책임을 지게 되는 함정에 빠질 수 있다. IIA는 내부 감사인이 떠맡아서는 안 되는 역할에 관한 지침을 발표함으로써 이러한 함정에서 벗어나야 함을 분명히 했다.[23]

- 리스크 성향 설정
- 리스크 관리 프로세스 집행

- 리스크에 관한 경영진의 어슈어런스 제공
- 리스크에 대한 대응에 관한 의사 결정
- 경영진을 대신하여 리스크에 대한 대응 조치 실행
- 리스크 관리에 대해 책임짐

이런 방식으로, 감사인은 자신의 영역 밖에 있는 리스크 관리 프로세스의 범위를 정의할 수 있다. IIA 윤리강령은 내부 감사 서비스는 국제 내부 감사 직무수행 기준International Standards for the Professional Practice of Internal Auditing에 부합하게 수행되어야 한다고 말한다. 감사인은 분명하지 않은 부분이 있을 경우에는 IIA의 지침을 살펴볼 수 있으며, 감사 업무가 아닌 업무에 대하여 책임을 맡을 기회가 주어질 경우 몇 가지 요소를 고려할 수 있다.[24]

- IIA 윤리강령과 기준은 내부 감사 활동이 독립적이어야 하고, 내부 감사인은 업무 수행에 있어서 객관적이어야 한다고 요구한다.
- 가능하면 감사 이외의 업무나 정기적인 내부 감사 평가를 받게 되는 의무에 대하여 책임지는 것을 피해야 한다. 이것이 불가능할 경우에는 아래에서 설명하는 바와 같이 해야 한다.
- 독립성 및 객관성 손상은 적절한 당사자에게 공개되어야 하는데, 이러한 공개의 성격은 손상 정도에 좌우된다.

리스크 관리 성숙도 모델: 3단계

이 모델의 다음 부분은 조직 내에서의 리스크 성숙도라는 아이디어를 탐구한다. 리스크 성숙도를 측정하기 위해 4개의 레벨을 사용하는 데, 각각의 레벨에 대해 상황 변화를 반영하기 위해 감사의 역할이 조정될 필요가 있다. 우리의 모델은 그림 2.3에 계속된다. 이 모델의 새로운 측면 각각에 대해 아래에서 설명한다.

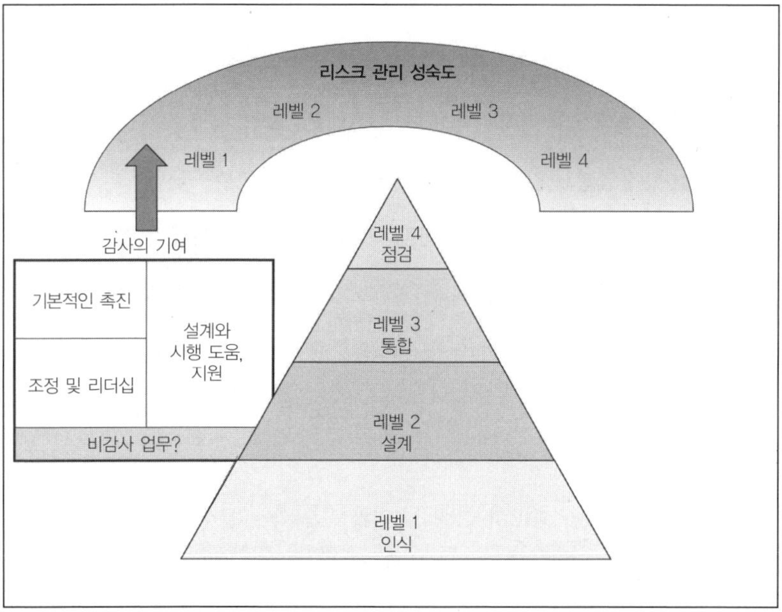

[**그림 2.3** 리스크 관리 성숙도 모델: 3단계]

레벨 1: 인식

리스크 관리의 출발점은 리스크를 조직적으로 다루기 위해서는 일정 형태의 시스템이 필요하다는 것에 대한 인식이다. 내부 감사는 이 메시지를 임원들과 전 부서에 확산시킬 수 있는 좋은 위치에 있다. 전문 지침에서는 이러한 초기 단계에 대해서와 컨설팅 업무가 도움이 될 수 있는 방식에 대해 다루고 있다.

> 리스크 관리는 경영진의 핵심적인 책임이다. 비즈니스 목표를 달성하기 위해서는 경영진이 건전한 리스크 관리 프로세스가 존재하게 하고 이 프로세스가 제대로 기능을 발휘하도록 해야 한다. 이사회와 감사위원회는 적절한 리스크 관리 프로세스가 존재하며 이 프로세스가 적정하고 효과적인지를 결정하는 감독 역할을 수행한다. 내부 감사인은 경영진의 리스크 관리 프로세스의 적정성과 효과성에 대해 조사, 평가, 보고, 개선 권고를 통해 경영진과 감사위원회에 도움이 되어야 한다. 경영진과 이사회는 자기 조직의 리스크 관리와 통제 프로세스에 대한 책임이 있다. 그러나 컨설팅 역할을 하는 내부 감사인은 리스크 관리 방법론과 이러한 리스크를 다루기 위한 통제의 파악, 평가, 실행에 있어서 조직에 도움을 줄 수 있다.[25)]

내부 감사 역할의 이러한 발전은 사례를 통해 가장 잘 설명될 수 있다.

사례 연구

단계적 접근법

어느 연방 정부 조직은 내부 감사팀을 활용하여 리스크 관리 개념을 도입하기 위해 이를 관리할만한 부분들로 나눠서 시작했다. 리스크가 무엇을 의미하는지와 왜 이에 대해 적절히 대응할 필요가 있는지에 대하여 설명하는 간략한 문서가 모든 직원들에게 배포되었다. 효과적인 리스크 관리의 진정한 유익이 문서화되었으며, 모든 임직원이 자신의 비즈니스 라인에서의 진정한 전문가이므로 모든 임직원이 자신의 역할을 이해하고 리스크를 관리하는 것이 중요하다는 점이 강조되었다. 이러한 아이디어에 싹이 날 시간을 준 뒤에, 각각의 관리자를 방문하여 소관 분야의 리스크에 대한 그들의 최초의 견해와 아울러 이 문서에 대해 토론하였다. 대부분의 관리자들은 좋은 반응을 보였으며, 자신의 목표, 리스크, 가능한 대응 조치들에 대해 생각해 볼 책임을 떠맡았다. 각 사람은 자신의 속도에 따라 일을 했으며, 예외 없이, 리스크 관리 개념은 궁극적으로 조직에 스며들게 되었고, 이치에 합당하게 되었다. 관리자들은 고위 경영진이 조치를 취하기를 기다리지 말고, 자신이 나서서 책임을 떠맡도록 격려되었다. 팀 리더들과 중간 관리자들은 자신의 부하 직원들과 이야기하고 자신의 리스크와 현행 대응 방안 중 상부 또는 관련 부서에 보고할 수 있는 것들에 대해 고려하도록 허용되었다. 여기에서의 주된 기법은 사람들에게 자신의 분야에서 뭔가를 하도록 하는 의무와 동기를 주는 것이었다. 사고가 성숙해짐에 따라, 이 프로세스는 보다 체계적인 방법론으로 발전하였다. 본질적으로, 사람들은 자신에게 가장 적합하게 짜인 방식으로 일을 진행하도록 권장되었다.

레벨 2: 설계

이 모델의 다음 부분은 CEO, 이사회와 고위 경영진들이 리스크에 관한 새로운 조치를 취하고 난 뒤에는 적절한 해법이 마련되어야 한다고 제안한다. 여기에서도 사례가 이 점을 명확히 하는 데 도움이 될 것이다. 여기서는 감사인이 시작하지만 관리자들이 활발히 참여한다.

사례 연구

리스크 관리 전개

어느 지방 정부 기구는 일련의 공식적인 시범 프로젝트를 이용하여 자신의 리스크 관리 프로그램을 출범시켰다. 내부 감사가 모든 지방 정부 기구와 다른 형태의 기관들의 모범 관행을 조사하는 프로젝트를 수행했다. 리스크 관리 프로세스의 목적과 향후 18개월 동안 성취해야 할 로드맵들이 명확하게 정의되었다. 프로젝트의 진전 상황이 측정되었으며, 워크샵 과부하overload, 직원의 무사안일 및 공식적인 리스크 파악 프로세스에서 중요한 이슈들의 제외 등 실패 징후들에 주의를 기울였다. 이 프로젝트가 진행되어지는 동안 각각의 관리자들은 공식적인 리스크 관리의 유익을 발표하고 다른 부서의 관리자들과 아이디어를 공유하도록 요청되었다.

리스크 관리가 설계되는 방식, 따라서 감사되는 방식은 조직마다 다를 것이다. 이는 부분적으로는 리스크 관리 성숙도 수준의 결과이지만, 조직 형태와 운영 방식의 결과이기도 하다. 이 점은 감사 지침에 다음과 같이 강조되고 있다.

> 내부 감사인은 다양한 조직들의 리스크 관리 관행에 상당한 차이가 있을 수 있음을 인식해야 한다. 리스크 관리 프로세스는 조직의 성격에 맞게 설계되어야 한다. 조직의 비즈니스 활동의 규모와 복잡성에 따라 리스크 관리 프로세스는 다음과 같이 달라질 수 있다.[26]
>
> • 공식적 또는 비공식적

- 계량적 또는 주관적
- 각 비즈니스 부문에서 책임 관리 또는 전사 차원의 본부 집중 관리

레벨 3: 통합

우리의 모델에서 레벨 3은 리스크 시스템을 비즈니스 수행 방식 안으로 통합하는 것이다. 리스크가 낯설고 전문가들만 사용하는 개념이 아니라 자신의 업무와 관련이 있는 것으로 여겨질 때 보다 성숙한 이 단계에 도달했다고 여겨진다. 이런 의미에서 리스크 관리는 아래의 인용문에 설명되어 있는 바와 같이, 올바른 구조와 문화 수립에 의존하는 기본 개념이 된다.

> 리스크 관리는 적절한 인프라스트럭쳐와 문화를 확립하고, 조직이 손실을 최소화하고 이익을 최대화할 수 있게 해 주는 방식으로 모든 활동, 기능 또는 프로세스와 관련된 리스크를 파악, 분석, 평가, 처리, 모니터링, 소통하는 논리적이고 체계적인 맥락 확립 방법 적용과 관련된다.[27]

통합은 리스크 관리를 명확한 책임 관계와 효과적인 의사 결정을 강화하기 위해 체계적으로 적용되는 총체적인 접근법으로 보는 것과 관련이 있다. 이는 적절한 사고 과정을 거친 좋은 전략 수립에 관한 것이다. 양호한 거버넌스는 정책을 수립하고 다음에 성과 목표를 수립하며 이를 실행할 수 있는 건전한 가치 체계를 통해 비즈니스의 가치를 세우고 유지하기에 관한 것이다. 즉, 명확한 책임 관계와 공시에 기초하여 건전한 성과와 분별 있는 의사 결정 사이에 균형이 존재한다.

레벨 4: 검토

리스크 성숙도의 마지막 레벨은 통합된 비즈니스 시스템에 리스크 개념이 내면화되는 단계이다. 이는 검토 프로세스와 관련된다. 리스크 관리 프로세스를 수립하는 것과 리스크 관리를 조직이 업무를 수행하는 방식 안에 내면화시키는 것은 별개의 문제이다. 이 프로세스가 어떻게 이루어지는지와 이 프로세스가 신뢰할 만한지 여부에 대해 외부에 알리는 방법도 필요하다. 시스템이 갖춰지면 검토, 모니터링, 경영진의 인증이 확립될 수 있으며, 이 단계에서 감사인은 컨설팅 서비스에서 손을 떼고 본연의 핵심 업무인 어슈어런스 역할로 돌아갈 수 있다. 전반적인 모니터링과 검토 프로세스는 3개의 주요 요소로 구성된다고 설명되어 왔다.[28]

1. 특정 파라미터들에 대한 일상적 측정 또는 점검을 통한 지속적인 또는 최소한 빈번한 모니터링
2. 리스크와 이의 처리에 대한 비즈니스 라인 경영진의 검토통제 자체 평가라고 불리기도 함
3. 내부 및 외부 감사 직원을 이용한 감사. 가능하면, 이러한 감사는 상태 condition가 아니라 시스템을 테스트해야 한다.

내부 감사의 검토는 성공적인 리스크 관리에 매우 중요한데, 성숙한 조직에서는 리스크를 막 의제에 올리기 시작한 조직과는 달리 실제로 검토할 사안이 있게 마련이다. 어슈어런스 수행 면에서 내부 감사는 어슈어런스가 제공할 수 있는 세 가지 영역이 있다고 제안하는 IIA 지침을 참고할 수 있다.[29]

- 리스크 관리 프로세스 — 설계와 효과성 모두에 대해
- 핵심적이라고 분류된 리스크의 관리 — 통제와 리스크에 대한 다른 대응조치들의 효과성 포함
- 신뢰할 만하고 적절한 리스크 평가와 리스크와 통제 현황에 대한 보고

지금까지 논의해 온 이슈들을 요약하기 위해 발표된 리스크 관리 기준을 찾아볼 수 있다.

> 조직이 표준적인 리스크 평가 프레임워크를 갖추고 있으면 내부 감사인은 이를 이용할 수 있다. 조직의 핵심 리스크들에 초점을 맞춤으로써 내부 감사인은 최대의 가치를 부가한다. 그러한 프레임워크가 없을 경우 내부 감사인의 작업이 고위 경영진에게 조직의 리스크에 관한 귀중한 정보를 제공할 것이다.[30)]

리스크 관리 성숙도 모델: 4단계

우리는 레벨 1에서 레벨 4에 걸치는 리스크 성숙도 단계에 관한 호弧arc를 설정함으로써 이 모델을 시작했다. 레벨 1에 해당하는 조직에서는 감사인이 주로 컨설팅 역할을 수행함을 설명하였다. 레벨 4에 이르면, 감사인의 역할 평가 기준을 세우기 위한 조각 그림 맞추기jigsaw puzzle로 변한다. 그림 2.4에 우리의 모델이 계속 설명된다.

이 모델의 새로운 측면 각각들에 대해 아래에서 설명한다.

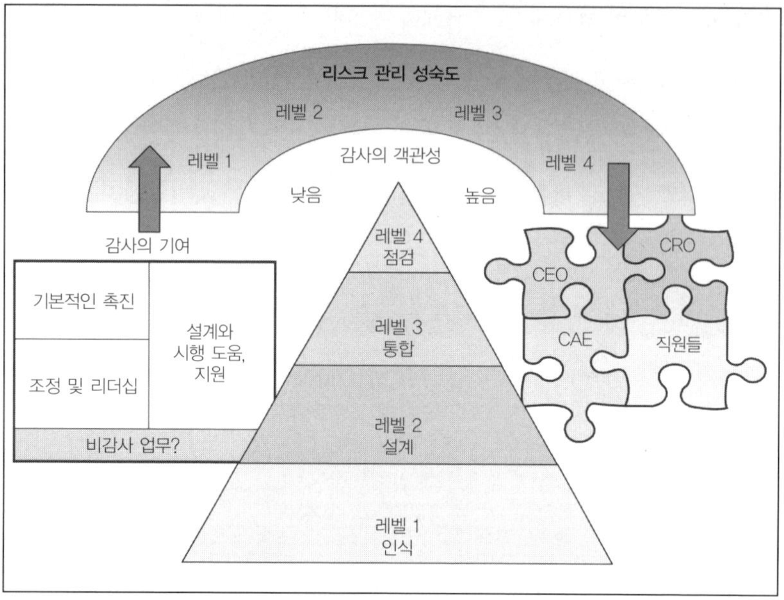

[**그림 2.4** 리스크 관리 성숙도 모델: 4단계]

CEO

CEO와 이사회는 리스크 관리에 대한 궁극적인 책임이 있으며 전반적인 리스크 관리 정책을 수립할 필요가 있다. 또한 CEO는 이 정책의 효과성을 모니터하고 그 영향에 대해 이해관계자들에게 보고할 책임이 있다. 앞에서 건전한 내부 통제는 양호한 리스크 관리에 의존하며, 공표된 보고서는 ERM과 내부 통제를 포함해야 한다고 언급한 바 있다. 책임이 조직의 상층부에 있다는 견해는 전문적인 지침에서도 강조되고 있다.

리스크 관리는 경영진의 핵심적인 책임이다. 경영진은 비즈니스 목표를 달성하기 위해 건전한 리스크 관리 프로세스가 갖춰져 있고 제대로 기능을 발휘하도록 해야 한다. 이사회와 감사위원회는 적절한 리스크 관리 프로세스가 갖춰져 있고 이러한 프로세스가 적정하며 효과적인지를 판단할 감독 역할을 수행한다.[31)]

이 책임과 함께, CEO는 조직을 해칠 수도 있는 중요한 이슈들에 대해 지속적으로 정보를 제공받을 필요가 있다.

최고 경영자는 일반적으로, 예를 들어 심각한 정책이나 절차 위반 등에 대해 보고받기를 원할 것이다. 그(녀)는 또한 중대한 재무적 영향을 미치거나 전략적 의미를 지니는 사안 또는 조직의 평판에 영향을 줄 수 있는 사안에 대한 보강 정보도 알기 원할 것이다.[32)]

리스크가 다루어지는 방식 견인drive과 검토라는 이중의 역할은 ERM에 CEO의 의견을 반영하는 중요한 측면을 구성한다.

CEO의 책임에는 ERM의 모든 구성 요소들이 갖춰지도록 하는 책임이 포함된다. CEO는 일반적으로 다음과 같은 의무를 수행한다.[33)]

- 고위 경영진에 대한 리더십과 방향 제공
- 주요 부문 담당 고위 경영진과 주기적인 면담을 통해 그들이 리스크를 어떻게 관리하는지를 포함한 그들의 직무 수행 검토

CRO

대다수의 조직들은 감사인이 리스크 관리 프로세스 조정에 너무 밀접하게 관여하지 않게 할 필요가 있음을 이해하고 있다. 이는 최고 리스크 책임자CRO 임명으로 귀결된다. 한편, COSO ERM은 리스크 책임자의 역할을 인식한다.

> 조직에 속한 모든 사람은 ERM에 대해 어느 정도의 책임이 있다. 최고 경영자는 이에 대해 궁극적인 책임이 있으며 이에 대한 오너십을 지닌다. 다른 경영진은 조직의 리스크 관리 철학을 지원하고, 리스크 성향 준수를 증진하며, 자신의 소관 영역에서의 리스크를 리스크 용인 수준에 부합하게 관리한다. 리스크 책임자, 내부 감사인 등은 일반적으로 핵심적인 지원 책임을 진다.[34)]

아래의 짧은 예에서 CRO 고용으로 귀결되는 리스크 관리 발달 주기를 볼 수 있다.

사례 연구

모멘텀 유지하기

어느 대규모 조직은 리스크 관리 프로세스를 시작하기 위해 일단의 컨설턴트들을 고용했다. 그들은 미리 만들어진 소프트웨어와 최고 수준의 컨설팅 기량을 갖추고 있었다. 이 컨설팅팀은 또한 다른 조직과의 경험으로부터 많은 정보를 갖고 있었다. 얼마 후에 이사회는 소규모 자체 팀을 신설하여 컨설턴트들과 밀접하게 협력하며 그들의 기술 중 일부를 흡수하게 했다. 이는 효과가 좋았으나 컨설턴트들의 열성을 유지하고 리스크 관리 개념을 조직 내부에 전파할 능력 문제를 해결할 필요가 있었다. 궁극적으로는 이러한 특성을 지닌 CRO가 임명되었으며 새로 임명된 CRO는 비즈니스 라인의 책임자들과 협의하여 모든 비즈니스 부문에 리스크 관리 프로세스를 확산시켰다.

누군가가 리스크 관리 프로세스의 운영 측면을 주관하는 것이 중요하다. 관리 책임이 CEO에게 있다는 점을 언급하였지만, CEO가 비즈니스 담당 경영진에게 이 일을 수행하라고 말하는 것만으로는 충분하지 않다. 정책을 현실로 전환시킬 수 있는 조언과 전문성의 원천이 있을 필요가 있다. 아래의 지침에서 명시하고 있는 바와 같이 내부 감사인이 자신의 리스크 평가와 관련하여 무엇을 하든 이것이 회사의 리스크 관리 프로세스로 간주될 수 있다고 말하기에는 충분하지 않다.

> 비즈니스와 관련된 전 범위의 리스크를 다루는, 건전하게 기능을 발휘하고 있는 리스크 관리 시스템의 산출물은 내부 감사 계획 수립 프로세스에서 내부 감사인에게 도움이 될 수 있다. 그러나 내부 감사 계획 수립 프로세스에 있어서의 리스크 평가 프로세스는 조직의 적절한 리스크 관리 프로세스를 구성하기에 충분하지 않다.[35)]

CRO는 조직의 다양한 부분에서 수행하는 다양한 리스크 평가의 결과들을 조정하고 통합할 필요가 있다.

이사회는 리스크가 관리되어지도록 할 전반적인 책임이 있다. 실무상으로 이사회는 리스크 관리 프레임워크의 운영을 경영진에게 위임하고, 경영진이 아래의 활동들을 수행할 책임을 지게 될 것이다. 이러한 활동들을 조정하고 관리하며, 전문 기량과 지식을 갖는 별도의 조직을 둘 수도 있다.[36]

직원들

이 모델의 조각 그림 퍼즐의 다음 부분은 직원들즉, 조직에 고용되었거나, 관련이 있거나, 제휴 관계가 있는 모든 사람이다. 리스크라는 메시지가 아주 중요한 부분은 바로 이곳이다. 조직 구성원들이 리스크라는 개념을 신봉한다면, 그들은 자신이 하는 모든 일에 리스크 개념이 작동하도록 할 것이다. 이사회는 리스크 정책을 수립하고 경영진은 이 정책을 시행하며 관리자들은 자신의 업무 영역에서의 리스크를 관리하게 되는데, 이의 최종적인 측면은 직원들이 리스크 프로세스를 이해하고 이와 관련하여 정해진 기준을 준수할 수 있고, 준수할 의지가 있게 될 필요가 있다는 점이다. ERM에서 경영진과 직원의 역할은 명확하게 정의되어 있다.

> 성공적인 전사 리스크 관리가 이루어지도록 함에 있어서 조직의 모든 사람들이 일정한 역할을 수행하지만 리스크를 파악하고 관리할 일차적인 책임은 경영진에게 있다.[37]

어떤 조직은 모든 사람이 리스크 개념을 증진시키는 일의 중요성을 이해했는데, 아래의 예에서 이 조직의 접근법을 보여 준다.

사례 연구

리스크 관리/변화 관리의 정렬

어느 정도의 저항이 예상되는 영역인 리스크 관리와 변화 관리를 정렬시키는 것이 유용한 접근법 중의 하나인데, 이로 인한 가치 증대를 설명하는 강력한 사례들이 수집되었다. 많은 관리자들이 자신의 리스크를 파악하기 시작하는 것을 어려워했으며, 자신들이 이를 떠맡을 수 있게 되기 전에 많은 온라인 도움을 필요로 했다. 참여자들은 머지않아 나름대로의 방법을 발견했으며, 자신들의 리스크와 이를 어떻게 관리할지에 대해 어느 정도까지는 이해하기 시작했다. 리스크의 긍정적 측면concept of upside risk이라는 개념을 주목한 사람들도 있었는데, 이곳에서는 현재의 전략에 개선할 수 있는 여지가 있었다. 이로 인한 한 가지 유용한 부산물은 리스크를 억제하지 않고 특별한 규칙예. 법률 등에 의해 요구되지 않는 전통적인 통제들은 신속하고 효율적으로 업무를 처리하기 위해 이를 완화할 수 있다는 점을 이해하게 된 점이었다. 리스크의 긍정적 측면이라는 말은 개념의 혼란일 뿐이다. 경영 관리, 또는 경영 의사 결정 시 긍정적인 면과 부정적인 면을 모두 고려해야 한다는 말은 타당하나, 그렇다고 리스크에 좋은 면도 있다는 주장은 어불성설이다. 이에 관한 자세한 내용은 역자의 다른 번역서 『리스크 관리 펀드멘탈』을 참조하기 바란다 – 역자 주.

CAE

최고 감사 책임자Chief Audit Executive; CAE가 조각 그림 퍼즐에 어떻게 들어맞는지가 특별한 관심 대상이다. CAE의 역할이 어떻게 정의되든, 이 역할은 아래의 전문 지침에 묘사된 바와 같이 감사 규정에 명확히 규정되고 적절히 협상될 필요가 있다.

궁극적으로 리스크 관리 프로세스에서 내부 감사의 역할을 정하는 것은 경영진과 감사위원회의 역할이다. 내부 감사의 역할에 관한 경영진의 견해는 조직의 문화, 내부 감사 부서 직원의 역량, 소속 국가의 상황 및 관습 등과 같은 요소들에 의해 결정될 것이다.[38]

역할을 결정하고 나면 조직 전체적으로 이의 시사점을 잘 이해하도록 증진할 필요가 있다. 내부 감사 역할의 진화에 대해서는 감사 분야의 선도자가 자주 언급한 바 있다.

리스크와 관련한 내부 감사인의 역할과 책임은 최근에 낯익은 토론 주제가 되었다. 내부 감사인들이 리스크를 관리하거나 리스크 관리에 관련된 자원 배분에 관한 결정을 내리지는 않지만 리스크 관리와 내부 감사 사이의 보다 밀접한 관계가 오랫동안 옹호되어 왔다. 내부 감사 계획 수립의 출발점은 조직의 리스크 또는 비즈니스 목표 달성에 대한 위협이라고 주장하는 사람들도 있다.[39]

어슈어런스 역할은 조직에 가치를 부가하는 좋은 예로 여겨져 오기는 했지만 아래의 내용 또한 명심해야 한다.

내부 감사는 독립적이고 객관적인 어슈어런스와 컨설팅 활동이다. ERM과 관련한 내부 감사의 핵심 역할은 리스크 관리의 효과성에 대해 이사회에 객관적인 어슈어런스를 제공하는 것이다. 실로 많은 리서치들이 이사회의 이사들과 내부 감사인들은 내부 감사가 조직에 가치를 제공하는 가장 중요한 두 가지는 주요 비즈니스 리스크들이 적절하게 관리되고 있다는 객관적인 어슈어런스 제공과 리스크 관리 및 내부 통제 프레임워크가 효과적으로 작동하고 있다는 어슈어런스 제공이라는 점에 대해 동의한다는 것을 보여 준다.[40)]

한편 리스크 관리가 상당히 성숙한 곳에서는 어슈어런스와 컨설팅 역할이 서로 긴장 관계에 있는 경향이 있다. 또한 IIA 지침은 컨설팅 서비스가 어떻게 전향적이 될 수 있는지를 설명한다.

리스크 관리는 경영진의 핵심적인 책임이다. 비즈니스 목표를 달성하기 위해서 경영진은 건전한 리스크 관리 프로세스를 갖추고, 기능을 발휘하게 해야 한다. 이사회와 감사위원회는 적절한 리스크 관리 프로세스가 갖춰져 있는지, 이러한 프로세스들이 적정하고 효과적인지를 결정하는 감독 역할을 하고 있다. 내부 감사인은 리스크 관리 프로세스의 적정성과 효과성에 관한 조사, 평가, 보고에 의해 경영진과 감사위원회를 도와야 한다. 경영진과 이사회는 자기 조직의 리스크 관리와 통제 프로세스에 대한 책임이 있다. 그러나 컨설팅 역할을 수행하는 내부 감사인은 리스크 관리 방법론과 이러한 리스크를 다루기 위한 통제의 파악, 평가, 실행을 도와 줄 수 있다.[41)]

어떤 형태가 선택되든 그저 우연에 맡겨둬서는 안 된다는 것이 공통적인 견해이다. 감사 부서의 지위를 명확히 하고 문서화할 때 비로소 감사 업무 계획과 수행 방식의 근거가 형성된다. 이 기준을 다루는 전문적인 기준들은 특정 접근법과 스타일에 대한 찬반 비교 시 유용한 조언과 지원의 원천이 될 수 있다. 어떤 면에서는 덜 성숙한 조직에서 감사의 역할을 리스크에 대한 옹호자와 리스크 전문가로서 도움 및 지원을 제공하는 것으로 정의하기가 더 쉽다. 조직의 리스크 관리가 한층 발달한 곳에서는 감사의 새로운 역할을 설명하기가 더 어렵다. 감사의 역할은 다시금 어슈어런스와 의문 제기로 되돌아오기 때문에 여기에서는 CAE가 리스크 관리에 관해 충분한 내용이 수행되고 있는지, 수행되고 있는 내용들이 사리에 맞으며 엄밀한 조사를 견뎌낼 수 있는지에 관한 견해를 표명하게 될 것이다. 이러한 의문 제기 요소는 리스크 기준에서도 발견된다.

> 내부 감사인이 있다 해서 책임 있는 관리자가 자신의 소관 영역 내의 리스크나 그러한 리스크를 다루기 위해 설계된 경감 전략을 모니터할 의무가 감소하는 것은 아니다. 내부 감사인은 경영진의 리스크 평가 근거에 의문을 제기하고 리스크 관리 전략의 적정성과 효과성을 평가할 의무가 있다.[42]

한 가지 더 살펴볼 사항은 특정 정책 제정과 실행을 도와준 사람은 이 정책에 대해 객관적으로 감사할 수 있다고 주장할 수 없다는 점이다. 내부 감사인들이 리스크 관리 프로세스를 제정하고 조정할 책임을 지게 되는 경우 그들이 효과적인 어슈어런스 서비스를 제공할 능력에 영향을 받을 수도 있다. 감사 기준은 이러한 상황이 있을 수 있는 극단적인 경우를 다룬다.

감사인이 1년 이내에 담당하고 있던 업무에 대해 어슈어런스 서비스를 제공한 경우 객관성이 손상된 것으로 간주된다. 경영진이 때때로 내부 감사인들에게 감사가 아닌 업무를 수행하게 할 경우 그들은 내부 감사인으로서의 기능을 발휘하고 있는 것이 아니라는 점이 이해되어야 한다.[43]

리스크 관리 성숙도 모델: 최종

우리는 조직에 공식적인 리스크 관리 프로세스가 없을 경우 감사팀이 어떻게 이를 조금이라라도 시작할 수 있는지를 보여 주기 위한 모델을 수립했다. 다른 사람들이 합류함에 따라 조직 전체에 걸쳐 각각의 역할과 책임이 명확해지며, 내부 감사는 전체 조각 그림 퍼즐 속에서 자기의 위치를 찾아 갈 수 있다. 이 모델의 마지막 부분은 리스크 성숙도 레벨 1, 2, 3, 4를 거쳐 온 여정즉, 조직 내의 사람들이 리스크에 대해 잘 모르는(risk-naive) 상태에서 리스크에 대해 잘 아는(risk-smart) 상태로 전환하는 여정을 반영하는 새로운 감사 입력 상자Audit Input Box를 보여 준다. 우리의 완성된 모델이 그림 2.5에 나와 있다.

이 마지막 모델의 각각의 측면에 대해 아래에서 설명한다.

컨설팅 역할

리스크에 대해 성숙한 조직에서는 컨설팅 역할이 새로운 모습을 띄게 된다. 이에 대해 살펴보기 전에 컨설팅 서비스에 대한 공식적인 정의로 되돌아가 볼 필요가 있다.

성격 및 범위를 고객과 합의하고, 내부 감사인이 경영진의 책임을 떠안지 않으면서 가치를 부가하고 조직의 거버넌스, 리스크 관리와 통제 프로세스를 개선시킬 의도로 수행되는 조언과 이와 관련된 고객 서비스 활동. 이의 예로는 카운슬링, 조언, 촉진, 훈련 등이 있다.[44)]

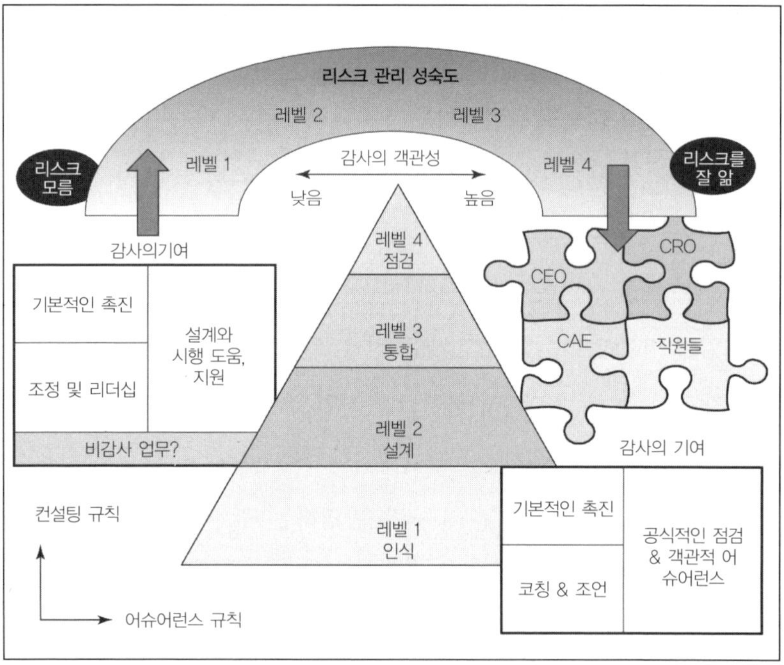

[**그림** 2.5 완성된 리스크 관리 성숙도 모델]

호주/뉴질랜드 리스크 관리 기준은 감사의 기여input를 다룬다.

내부 감사인은 통제 시스템과 경감 전략 설계 및 개선에 조언을 제공함으로써 조직에 도움을 줄 수 있다. 통제와 전략의 실행은 여전히 경영진의 책임이다.[45)]

IIA에서 발표한 지침은 또한 내부 감사가 어떤 컨설팅 활동을 수행할 수 있는지 분명히 한다.

- 내부 감사가 리스크 및 통제를 분석하기 위해 사용하는 경영 관리 도구와 기법을 이용할 수 있게 함
- 리스크 관리와 통제에 관한 전문성과 조직에 대한 전반적인 지식을 활용하여 ERM 도입에 옹호자가 됨
- 다음 사항들을 통해서 조언을 제공하고, 워크샵을 촉진하며, 리스크와 통제에 관해 조직을 코치하고 공통의 언어, 프레임워크와 이해의 개발을 증진함
  - 리스크에 관한 조정, 모니터링, 보고의 중심점이 됨
  - 관리자들이 리스크를 가장 잘 경감시킬 수 있는 방법을 찾아내도록 지원함[46)]

내부 감사인은 이와 같은 방식으로 리스크 관리 프로세스에 대한 오너십을 지니지는 않으면서 이를 도와주고, 지원하며, 부추기고 조정할 수 있다.

어슈어런스 역할

컨설팅 업무와 마찬가지로 어슈어런스 업무도 공식적으로 정의되었다.

조직의 리스크 관리, 통제 또는 거버넌스 프로세스에 관한 독립적인 평가 제공을 위한 증거에 대한 객관적인 조사. 이의 예로는 재무 감사, 성과 감

사, 컴플라이언스 감사, 시스템 보안 감사, 자산 실사due diligence 감사 등이 있다.[47]

아래의 간단한 사례가 조직 안에서 감사의 역할이 어떻게 적용되는지 보여 준다.

> **사례 연구**
>
> **리스크가 보상받다**
>
> 어느 감사 부서는 리스크 옹호자라는 칭찬을 받았다. 그들은 리스크 메시지를 계속적으로 전파했다. 모든 감사는 수검 대상 부문의 임직원에 대한 리스크 워크샵으로 시작해서, 실제로 발생하고 있는 리스크에 대한 준거terms of reference를 세웠다. 감사 작업은 소프트 컨트롤과 비즈니스 부문의 협력 정도에 대한 검토를 포함하였으며, 긍정적인 가치를 발전시켰다. 현지 감사 후에는 개선 여지가 있는가라는 관점에서 경영진과의 워크샵을 통해 감사 발견 사항, 통제, 컴플라이언스 이슈, 재무 보고, 직원의 가치 시스템에 대해 논의했다. 감사인들은 일련의 1시간짜리 통제 인식 교육 과정을 개발하여, 요청에 의하거나 최근의 감사로부터 통제에 대한 인식이 낮다는 점이 명백한 경우 동 교육을 실시했다. 전체적인 리스크 관리, 감사, 통제 컴플라이언스 개념은 올바른 문화 권장, 행동에 합당한 보상 실시, 위협 억제, 리스크 부담 관리, 컴플라이언스 관리를 중심으로 수립되었다. 리스크 관리를 효과적인 내부 통제 시스템에 연결시켜 분기마다 자체적으로 인증을 실시했다.

감사의 기여 Audit Input

아직 리스크 관리를 파악하지 못한 조직에 대한 모델의 초기 부분에서 기본적인 촉진 역할에 대해 이미 논의한 바 있다. 아래에 하나의 사례가 나와 있다.

사례 연구

감사의 첫 부분으로서의 촉진

어느 감사 관리자는 감사 임무audit assignment로 들어가는 출입구로 CRSA통제 리스크 자체 평가 기법을 결합하여 사용한다. 감사 대상 부서의 관리자에게 설문지를 송부하여 실무자들에게 설문서를 작성하게 하고, 이를 사용하여 통제 환경 평가에 도움을 받는다. 그 후에 면담을 실시하여 명백하게 취약한 부분을 조사하고 감사 프로세스를 소개한다. 다음에 감사 관리자가 촉진자로서 리스크 워크샵을 개최하는데, 이 워크샵에는 감사 대상 부서의 핵심 직원들이 참여한다. 이 워크샵으로부터의 피드백을 사용하여 감사가 위험이 높은 분야와 알려진 문제들에 초점을 맞출 수 있도록 해 주는 준거를 조정한다.

감사 부서가 리스크 관리의 초창기에 선도 역할을 할 경우, 조직에 전문 역량이 축적됨에 따라 장기적으로 이 역할은 타 부서로 이전되어야 한다고 주장하는 사람들이 있다.

실제로 위원회는 일부 은행특히 소형 은행에서의 감사 부서가 운영 리스크 관리 프로그램을 최초로 개발하는 책임을 질 수도 있음을 인식하고 있다. 이

경우, 은행은 일상적인 운영 리스크 관리 책임이 적시에 다른 곳으로 이전되도록 해야 한다.[48]

코칭과 조언

우리의 모델에서 감사의 컨설팅 역할의 새로운 측면은 코칭 및 조언과 관련이 있다. 감사 부서는 자신의 역할이 CRO 등 다른 이들의 역할과 분명하게 구별되는 한 확립된 리스크 관리 프로세스에 지원을 제공해 줄 수 있다. 회사 리스크 정책의 일부로서의 ERM에 대한 설명 자료와 ERM이 비즈니스 부문에 어떻게 적용될 수 있는지에 관한 ERM 설명 자료를 작성하는 것이 이러한 지원에 대한 하나의 예가 될 것이다.

공식적인 검토와 객관적 어슈어런스

이 모델은 공식적인 어슈어런스를 제공하는 감사의 핵심 역할을 포함하고 있다. 전체적인 검토 프로세스는 아래의 지침에서 설명하는 다섯 개의 핵심 영역에 초점을 맞출 수 있다.[49]

- 비즈니스 전략과 활동들로부터 발생하는 리스크들이 파악되고, 이의 관리에 대한 우선순위가 정해져 있는가?
- 경영진과 이사회가 조직의 전략 계획을 달성하기 위해 설계된 리스크 수용을 포함하여 조직에서 수용할 수 있는 수준의 리스크를 결정하였는가?
- 리스크를 경영진과 이사회가 수용할 만하다고 결정될 수 있는 수준으로 감소시키거나, 달리 관리하기 위한 리스크 경감 활동들이 설계되어 실행되고 있는가?

- 리스크와 리스크 관리 통제의 효과성을 정기적으로 재평가하기 위한 지속적인 모니터링 활동이 수행되고 있는가?
- 이사회와 경영진이 리스크 관리 프로세스의 결과를 주기적으로 보고 받고 있는가? 조직의 거버넌스 프로세스는 리스크, 리스크 전략과 통제에 관해 이해관계자들에게 정기적인 소통을 제공해야 한다.

감사는 조직의 다른 부문과는 달리 리스크 관리 프로세스 검토를 지지하는 탄탄한 증거를 제공한다. 이에 관한 지침은 이러한 평가가 어떻게 이뤄지는지를 설명한다.

> 리스크 관리 프로세스의 적정성에 관한 의견을 표명하기 위해서는 내부 감사인이 리스크 관리 프로세스의 다섯 가지 핵심 사항이 충족되고 있음에 대한 만족할 만한 충분한 증거를 획득해야 한다.[50)]

감사의 객관성

감사의 객관성과 컨설팅이 어슈어런스와 균형을 이룰 필요가 있다는 점에 대해 다소 자세하게 다룰 필요가 있다. 먼저 감사의 독립성이 무엇을 의미하는지를 정해 둘 필요가 있다. IIA 지침은 이 문제에 대해 몇 가지 확고한 방향을 제시한다.

110.A1 내부 감사 활동은 내부 감사의 범위 결정, 감사 활동 수행과 결과 소통에 있어서 간섭을 받지 않아야 한다.

1120 내부 감사인들은 공정하고, 편향偏向되지 않은 자세를 지녀야 하

며 이해 상충conflicts of interest을 피해야 한다.

1130 독립성 또는 객관성이 사실상 또는 외관상 손상된 경우, 그러한 손상에 관한 상세한 내용이 적절한 당사자에게 공개되어야 한다. 공개의 성격은 손상 정도에 좌우된다.

1130.A1 내부 감사인들은 자신이 이전에 담당했던 특정 업무에 대한 평가를 삼가야 한다. 내부 감사인이 과거 1년 이내에 담당했던 분야에 대해 어슈어런스 서비스를 제공할 경우 객관성이 손상된 것으로 간주한다.

1130.A2 최고 감사 책임자가 관장하고 있는 분야에 대한 어슈어런스는 내부 감사 부서 외부의 당사자에 의해 감독되어야 한다.

1130.C1 내부 감사인은 자신이 이전에 담당했던 업무에 관한 컨설팅 서비스를 제공할 수 있다.

1130.C2 내부 감사인이 제안 받은 컨설팅 서비스와 관련하여 객관성이나 독립성에 손상 가능성이 있으면 해당 서비스를 수용하기 전에 컨설팅 대상 부서에 그 사실을 공개해야 한다.[51)]

일부 감사 부서에서는 CRO의 역할을 떠맡고 효과적인 리스크 관리 프로세스를 조직화하는 책임을 지게 될 수도 있음을 이미 언급한 바 있다. 추후에 별도로 임명된 CRO가 이 역할을 떠맡고 감사인들은 리스크 관리와 내부 통제에 관한 공식적인 어슈어런스를 제공하도록 요청 받을 때 문제가 발생한다. IIA는 감사 부서에서 과거에 어느 정도 책임을 맡았던 분야에 대해 검토하게 되는 상황에 대한 지침을 발표했다.

> 운영 책임이 내부 감사 부서에 할당된 경우 관련 운영 분야에 대한 후속 어슈어런스가 실시될 때 객관성을 확보하기 위해 특별한 주의를 기울여야 한다. 내부 감사 부서가 과거 1년 이내에 자신이 권한이나 책임을 보유하고 있던 업무에 대해 감사할 경우 객관성이 손상된 것으로 간주된다. 감사 부서가 운영 책임을 지고 있던 분야에 관한 감사 수행 결과를 소통할 때 이 사실이 분명히 명시되어야 한다.[52]

적정 수준의 독립성이 감사 부서에 필수적인데, 이 점에 대해서도 자주 언급되어 왔다.

> 전문 내부 감사인은 객관적이고, 편향되지 아니하며, 제한을 받지 않은 의견을 제출하고 사안을 특정 임원이나 다른 사람이 보고 싶어 하는대로가 아닌, 있는 그대로 보고한다는 전문가로서의 의무를 수행할 독립성을 지녀야 한다. 내부 감사인은 그들의 감사에 대한 제한, 즉 조사 대상과 방법에 관한 제한으로부터 자유로워야 한다. 그럴 경우에만 내부 감사인들이 전문가답게 감사를 수행하는 것으로 간주된다.[53]

리스크를 잘 모름

이 모델의 마지막 두 가지 측면은 양극단즉, 리스크에 대한 이해와 우선순위가 높은 리스크에 대한 대응 능력 면에서 잘 모르는 직원과 잘 아는 직원 사이의 연속체continuum와 관련이 있다. 리스크에 대해 잘 모르는 사람들은 목표에 영향을 주는 리스크에 대한 진정한 이해가 없으며, 자신의 통제를 검토하고 중요한 변화를 가할 권한을 부여 받지 않는다. 이러한 환경에서는 내부 감사인들은 타 부서 직원들과 협력하여 연수 세미나, 인트라넷 발표, 팀 브리핑 등모두 내부 감사인들이 컨설팅 업무로서 수행할 수 있는 업무임을 통해 직원들의 인식을 제고하도록 요청받을 수도 있다. 직원들이 성숙해짐에 따라 감사의 역할은 아래의 예에서 볼 수 있는 바와 같은 리스크를 잘 모르는 조직에서의 감사의 역할과는 대조적으로 지원과 조언으로, 그리고 궁극적으로는 공식적인 검토로 바뀌게 된다.

사례 연구

ERM 온라인 교육

어느 운수 회사는 내부 감사인들에게 인트라넷 기반 ERM 교육 자료를 준비해 달라고 요청했다. 이 자료는 본부와 차고의 직원들에게 ERM에 대한 기본 개념과 이 회사가 다음 연도에 이를 어떻게 도입하려 하는지를 설명하는 데 사용되었다.

리스크에 대해 잘 앎

다른 극단에는 리스크를 잘 아는 직원들이 있다. 그들은 아래의 예에서 보는 바와 같이 광범한 상황과 프로젝트들에 대한 리스크 파악, 평가, 통제 기법을 적용할 수 있는 지식과 도구들을 갖고 있다.

사례 연구

당신에게는 힘이 있다.

어느 회사는 공식적인 워크샵을 폐기하고 직원들에게 자신의 업무 영역을 검토하고 자체적으로 리스크 평가를 수행하도록 격려하였다. 어떤 아이디어가 있으면 비즈니스 관리자들이 조치를 취할 수 있도록 그들에게 전달되었다. 이로써 과거와는 달리 직원들이 주도적으로 일하게 되었다.

직원들이 확립된 리스크 프로세스에 대해 충분히 숙달되면 감사의 역할이 변하게 되리라는 점을 이미 설명한 바 있다. 감사인들은 건전해 보이는 프로세스와 지식을 갖추고 있는 듯한 직원들이 실제로 믿을 만하며 이사회가 그러한 프로세스로부터의 인증certificate과 보고에 의존할 수 있는지 평가하기를 원할 것이다. 이러한 필요를 다루기 위한 하나의 전략이 다음과 같이 설명되어 있다.

> 컨설팅 서비스가 어슈어런스 역할과 양립할 수 있는지를 결정하는 핵심 요인은 내부 감사인이 경영진의 책임을 맡는지 여부를 결정하는 것이다. ERM의 경우 내부 감사는 실제로 리스크를 관리하는 역할이는 경영진의 책임임을 맡지 않는 한 그리고 고위 경영진이 ERM을 적극적으로 지지하고 지원하는 한, 컨설팅 서비스를 제공할 수 있다. 우리는 내부 감사가 경영진이 리스크 관리 프로세스를 수립하거나 이를 개선하는 것을 도와줄 때마다 감사 부서의 업무 계획에 이러한 활동에 대한 책임을 경영진에게 이전할 명확한 전략과 시한이 포함되도록 권장한다.[54)]

리스크와 통제의 책임 개념은 많은 혼란을 야기할 수 있다. 경험이 많은 어느 감사인은 이 이슈를 다음과 같이 묘사했다.

> 회사가 전사적으로 리스크를 평가하고 경감하는 방식을 재고再考해야 하

며 총체적이고 종합적인 접근법을 취해야 한다. 최고 리스크 책임자 채용을 고려하는 회사들도 있기는 하지만, 대부분의 회사에서는 내부 감사가 공식적으로 리스크를 평가하는 유일한 집단이다. 내부 감사는 비즈니스에서의 상위 리스크top risk와 각각의 리스크가 언제, 어떻게, 그리고 어느 부서에 의해 다뤄지는지 정의함으로써 감사위원회를 도와줄 수 있다. 내부 감사 부서가 경영진과 감사위원회의 리스크와 통제 평가를 도와줄 수는 있지만 경영진이 내부 통제를 책임진다.[55)]

조직의 부서마다 리스크 성숙도가 다를 수 있어서 문제가 더 복잡해진다. 이는 감사의 접근법은 각각의 감사를 수행하는 다양한 상황에 따라 다차원적일 필요가 있을 수 있음을 의미한다.

요약

리스크 관리에 있어서 감사의 역할은 조직마다, 그리고 조직의 부서마다 다르다. 그러므로 감사팀이 다양한 가능성을 평가하지 않은 채 이 역할에 대한 한 가지 해석에 빠져들지 않는 것이 중요하다. 리스크 관리에 있어서 감사의 역할을 고려하는 한 가지 방법은 아래의 다섯 가지 단계를 거치는 것이다.

1. 리스크 관리 성숙도 레벨의 특성으로 사용될 수 있는 사항을 정해두고, 해당 조직의 현황이 각 레벨의 어디에 해당하는지를 살펴봄으로써 조직의 리스크 관리 성숙도 레벨을 판단한다.

2. 현재의 성숙도 레벨에서부터 감사의 역할을 시작하되, 초기 단계에서는 감사팀이 구조와 접근법을 수립하도록 도움을 제공하는 좋은 지원자가 되도록 한다.
3. 조직이 성숙해 감에 따라 조직의 리스크 관리 구조에 있어서 각각의 역할에 관한 조각 그림 퍼즐을 만들되, 이 구조에서 감사의 역할이 명확하게 확립되도록 한다.
4. 조직이 ERM이 발전되고 비즈니스 시스템 내에 체화되는 방식에 대해 보다 자신을 갖게 됨에 따라 촉진과 코칭 역할과 대비되는 객관적 어슈어런스에 더 중점을 둔다.
5. 직원들이 ERM을 자신의 업무 관행과 기법 안으로 통합하라는 도전과제에 반응하는 방식 면에서 ERM의 진전을 측정한다.

부록에는 ERM 시스템의 전반적인 품질 평가와 ERM 프로세스 지원과 검토에 적용될 수 있는 감사 접근법의 유형을 판단하는 데 사용할 수 있는 체크리스트가 나와 있다.

Notes

1. 호주/뉴질랜드 기준: AS/NZS 4360 내부 감사 프로세스 안에서의 리스크 관리 활용에 대한 지침- HB 158 2002년, 3쪽.
2. 로렌스 B. 소이어(Lawrence B. Sawyer), 모티머 A. 디텐호퍼(Mortimer A. Dittenhofer), H. 샤이너(H. Scheiner), 소이어의 내부 통제(Sawyer' s Internal Control), 5판(올란도, 플로리다: IIA, 2003년), 121쪽.
3. IIA, 직무 수행 방안(Professional Practices Framework) 서문.
4. 위의 글.
5. 위의 글.
6. IIA, 영국&아일랜드, Position Statement 2004, 전사 리스크 관리에 있어서의 내부 감사의 역할.
7. 호주/뉴질랜드 기준: AS/NZS 4360 내부 감사 프로세스 안에서의 리스크 관리 활용에 대한 지침- HB 158 2002년, COSO, 전사 리스크 관리, 2004년 9월, 28쪽.
8. IIA, 업무 수행 권고 2100-4: 리스크 관리 프로세스가 없는 조직에서의 내부 감사인의 역할.
9. 위의 글.
10. IIA, 수행 권고 2100-3.
11. 바실 오르시니, '성숙한 리스크 관리', The Internal Auditor (2002년 8월): 66-67쪽.
12. IIA, 용어 설명.
13. IIA, 영국&아일랜드, Position Statement 2004, 전사 리스크 관리에 있어서의 내부 감사의 역할.
14. IIA, 업무 수행 권고 2100-4: 리스크 관리 프로세스가 없는 조직에서의 내부 감사인의 역할.
15. IIA, 영국&아일랜드, 용어 설명.
16. 네일 코완(Neil Cowan), 효과를 발휘하는 기업 거버넌스 (Prentice Hall, Pearson Education South Asia Pte Ltd., 2004년), 49쪽.
17. 호주/뉴질랜드 기준: AS/NZS 4360 내부 감사 프로세스 안에서의 리스크 관리 활용에 대한 지침- HB 158 2002년, 4쪽.
18. IIA, 업무 수행 권고 2100-4: 리스크 관리 프로세스가 없는 조직에서의 내부 감사인의 역할.
19. IIA, 영국&아일랜드, Position Statement 2004, 전사 리스크 관리에 있어서의 내부 감사의 역할.
20. 위의 글.
21. 위의 글.
22. 호주/뉴질랜드 기준: AS/NZS 4360 내부 감사 프로세스 안에서의 리스크 관리 활용에 대한 지침- HB 158 2002년, COSO, 전사 리스크 관리, 2004년 9월, Executive Summary.
23. IIA, 영국&아일랜드, Position Statement 2004, 전사 리스크 관리에 있어서의 내부 감사의 역할.
24. IIA, 업무 수행 권고 1130.A1-2.
25. IIA, 업무 수행 권고 2100-4: 리스크 관리 프로세스가 없는 조직에서의 내부 감사인의 역할.
26. IIA, 업무 수행 권고 2110-1: 리스크 관리 프로세스의 적정성 평가.
27. 호주/뉴질랜드 기준: AS/NZS 4360 내부 감사 프로세스 안에서의 리스크 관리 활용에 대한 지침- HB 158 2002년, 서문.
28. 호주/뉴질랜드 기준: AS/NZS 4360 내부 감사 프로세스 안에서의 리스크 관리 활용에 대한 지침- HB 158 2002년, 89쪽.
29. IIA, 영국&아일랜드, Position Statement 2004, 전사 리스크 관리에 있어서의 내부 감사의 역할.
30. 호주/뉴질랜드 기준: 내부 감사 프로세스 안에서의 AS/NZS 4360 리스크 관리 활용에 대한 지침- HB 158 2002년, 4쪽.
31. IIA, 업무 수행 권고 2100-3.
32. 호주/뉴질랜드 기준: AS/NZS 4360 내부 감사 프로세스 안에서의 리스크 관리 활용에 대한 지침- HB 158

2002년, COSO, 전사 리스크 관리, 2004년 9월, 81쪽.
33. 위의 글, 85쪽.
34. 위의 글, Executive Summary.
35. 호주/뉴질랜드 기준: AS/NZS 4360 내부 감사 프로세스 안에서의 리스크 관리 활용에 대한 지침- HB 158 2002년, 4쪽.
36. IIA, 영국&아일랜드, Position Statement 2004, 전사 리스크 관리에 있어서의 내부 감사의 역할.
37. 위의 글.
38. IIA, 업무 수행 권고 2100-3.
39. 로렌스 B. 소이어, 모티머 A. 디텐호퍼, H. 샤이너, 소이어의 내부 통제, 5판(올란도, 플로리다: IIA, 2003년), 200쪽.
40. IIA, 영국&아일랜드, Position Statement 2004, 전사 리스크 관리에 있어서의 내부 감사의 역할.
41. IIA, 업무 수행 권고 2110-1: 리스크 관리 프로세스의 적정성 평가.
42. 호주/뉴질랜드 기준: AS/NZS 4360 내부 감사 프로세스 안에서의 리스크 관리 활용에 대한 지침- HB 158 2002년, 4쪽.
43. IIA, 업무 수행 권고 1130. A1-2.
44. IIA, 용어 설명.
45. 호주/뉴질랜드 기준: AS/NZS 4360 내부 감사 프로세스 안에서의 리스크 관리 활용에 대한 지침- HB 158 2002년, 4쪽.
46. IIA, 영국&아일랜드, Position Statement 2004, 전사 리스크 관리에 있어서의 내부 감사의 역할.
47. IIA, 용어 설명.
48. 은행 감독에 관한 바젤 위원회, 국제 결제 은행, 2003년 2월, Principle 2, paragraph 17.
49. IIA, 업무 수행 권고 2110-1: 리스크 관리 프로세스의 적정성 평가.
50. 위의 글.
51. IIA, 직무 수행 방안(Professional Practices Framework).
52. IIA, 업무 수행 권고 1130.A1-1.
53. 로렌스 B. 소이어, 모티머 A. 디텐호퍼 및 H. 샤이너, 소이어의 내부 통제, 5판(올란도, 플로리다: IIA, 2003년), 38쪽.
54. IIA, 영국&아일랜드, Position Statement 2004, 전사 리스크 관리에 있어서의 내부 감사의 역할.
55. 신시아 쿠퍼(Cynthia Cooper), MCI(공식적으로는 월드콤으로 알려져 있음)의 내부 감사 담당 부사장, '하나의 바른 길(One Right Path)', The internal Auditor (2003년 12월): 52-57쪽.

Auditing the Risk Management Process

Auditing the Risk Management Process

Chapter 3

전사 리스크 관리

Enterprise-Wide Risk Management

Chapter 3

전사 리스크 관리

조직의 목표 달성에 관한 합리적인 어슈어런스를 제공하기 위해 잠재적인 사건 또는 상황을 파악, 평가, 관리, 통제하기 위한 프로세스.

IIA 용어 설명—리스크 관리

개요

리스크 관리 종사자들은 현재 새로운 용어를 사용하여 공통적인 분야를 묘사하고 있다. 이 용어는 지금껏 전사 리스크 관리Enterprise Risk Management로 일컬어져 왔는데, 이는 다음과 같이 정의된다.

> 전사 리스크 관리ERM은 조직 전체에 걸쳐 조직의 목표 달성에 영향을 주는 기회와 위협을 파악 및 평가하고, 이에 대한 대응 방안을 결정하며, 이에 대해 보고하는 조직적이고, 일관적이며, 계속적인 프로세스이다.[1)]

IIA의 지침에 이러한 발전의 배경이 요약되어 있다.

지난 수년 동안, 리스크 관리에 관한 강력한 기업 거버넌스의 중요성이 점점 더 인식되어 왔다. 조직들은 재무 리스크와 운영상의 리스크뿐만 아니라 사회적, 윤리적, 환경상의 리스크들을 망라하여 그들이 직면하는 모든 비즈니스 리스크를 파악하고, 이를 어떻게 수용할 만한 수준으로 관리하는지 설명하라는 압력을 받고 있다. 한편, 조직들이 조정 정도가 덜한 리스크 관리 방법론 대비 전사 리스크 관리 프레임워크의 장점을 인식함에 따라 이 프레임워크의 사용이 늘어나고 있다.[2)]

ERM은 다음과 같은 몇 가지 핵심적인 특징을 지니는 넓은 개념이다.[3)]

- 지속적이고 조직 전체적으로 적용되는 프로세스
- 조직의 모든 사람들에 의해 영향을 받음
- 전략 수립에 적용됨
- 리스크에 대해 전체 조직 차원의 포트폴리오 관점에서 조직의 모든 직급, 모든 부서에 적용됨
- 발생할 경우 조직에 영향을 줄 수 있는 잠재적 사건을 파악하고, 리스크를 조직의 리스크 성향 이내로 관리하기 위해 설계됨
- 조직의 경영진과 이사회에 합리적인 확신assurance을 제공해 줄 수 있음
- 별개의 그러나 중첩되는 다수의 목표 달성을 추구함

1장에서 리스크 관리의 기본 개념을 살펴보았으며, 2장에서는 ERM의 성숙도와 내부 감사의 지원과 검토 역할, 그리고 이러한 역할들에 내재된 긴장 관계로 인한 몇 가지 도전 과제들에 대해 살펴보았다. 이번 장

에서는 ERM에 대해서, 그리고 ERM이 어떻게 비즈니스에서 중요한 새로운 특징으로 부상하였는지를 보다 자세히 살펴보기로 한다.

전사 리스크 관리 모델: 1단계

이 모델은 먼저 그림 3.1에서와 같이 조직 전체적으로 리스크에 대해 단편적으로 평가하는 단계에서부터 시작한다.

이 모델의 각각의 측면에 대해 아래에서 설명한다.

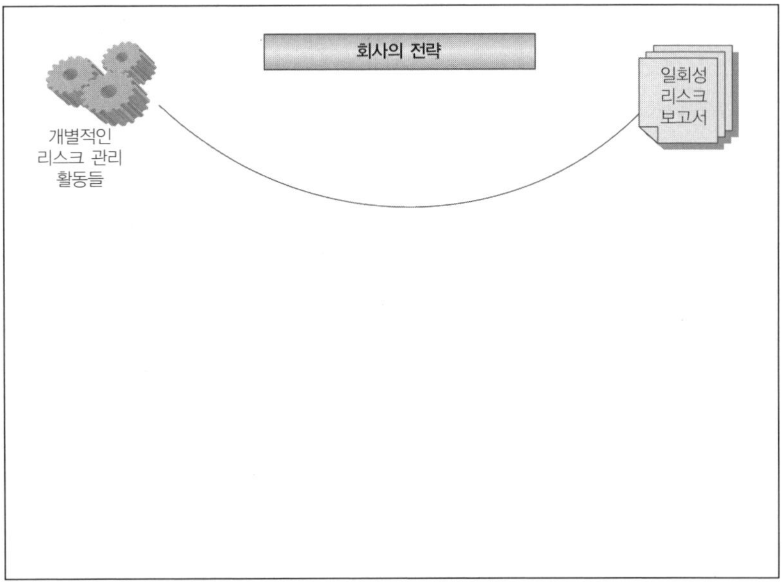

[그림 3.1 ERM 모델: 1단계]

별개의 리스크 관리 활동silo risk activity

리스크 관리는 전혀 새로운 것이 아니다. 많은 전문가들이 리스크에 대한 상세한 고려에 관여해 왔으며, 이 정보를 이용하여 의사 결정에 도움을 주었다. 문제는 이러한 리스크 관리 활동들은 상호 관련이 없이 개별적으로 수행되었으며, 관리 대상 분야의 전문가들에 의해 적용된 전통적인 관행으로부터 나왔다는 것이다. IT 보안, 건강과 안전, 비상사태 대응 계획, 프로젝트 관리 등에 있어서의 리스크 관리자들은 자기들 나름의 리스크 주기risk cycle를 이용하여 각자의 접근법을 가지고 있다. 그들은 또한 자체의 정의, 용어, 도구와 일반적인 태도 등도 가지고 있는데 이러한 것들이 자신들에게 맞기는 하지만, 합해 놓으면 조직 전체적으로 완전한 시스템을 구성하지는 못한다. 이를 일컬어 사일로 활동silo activity이라 하는데 여기에서는 아래의 사례에서 보는 바와 같이 조직의 각 부분들이 다른 부분들과 독립적으로 일한다.

사례 연구

동일한 접근법의 필요

어느 단체는 자신의 리스크 관리 시스템을 표준화하지 못했으며, 각각의 리스크 관리 패키지는 다른 패키지들과 소통할 수 없었다. 팀들마다 사용하는 용어와 형식이 달랐으며 때로는 모순되기도 했다. 이러한 양상은 리스크에 대한 단편적인 견해를 취하고, 하위 그룹들이 양립할 수 없는 다른 기준들을 가지고 일하는 데서 비롯되었다. 고위 경영진은 데이터 및 보고서의 품질이 양호한지 아닌지를 평가할 벤치마크가 없었다. 그 결과 그들의 리스크 보고 시스템은 조직의 상층부에 어떤 의미도 제공하지 못하는 혼란스러운 것이었다.

일회성 리스크 보고서

리스크에 기반한 사일로 활동들은 상부와 조직 전체에 보고되지만, 이 보고는 리스크 관리 프로세스를 의미하는 것으로 받아들여지지 않는다. 각각의 보고서마다 형식과 상세함의 정도가 다르다. 불행하게도 이러한 보고서들이 합해져서 하나의 통일된 이야기를 구성하지 못한다. 이 보고서들은 공통 주제나 전체적인 관점이 없이 별개의 짧은 이야기들을 그저 모아 놓은 것에 지나지 않는다. 이는 개별 감사 보고서가 특정 비즈니스 부문에 관해 단편적인 일회성 정보를 제공해 주지만, 이를 취합해서 전반적인 리스크 관리 프로세스와 이의 기반을 이루는 내부 통제 시스템에 관한 의견을 표명하기는 어려운 것에 필적한다. 이처럼 특정 분야에 대한 단편적인 감사에 대해서는 다음과 같이 언급되었다.

> 전통주의자들은 '감사의 독립성'을 유지하기 위해서는 사일로 접근방법이 필요하다는 근거에서 현상 유지를 옹호한다. 감사인들이 자신의 일을 리스크 평가 프로세스의 질과 이사회에 대한 경영진의 리스크 현황 발표 내용의 신뢰성에 대해 보고하는 것이 아니라, 전체 리스크 중 일부의 리스크에 대해 무엇이 '적정한' 통제를 구성하는지를 결정하는 것이라고 생각하는 한 진정한 감사의 독립성은 존재하지 않을 것이다.[4]

조직 전반에 걸친 리스크들의 상호 의존성을 인식할 필요는 ERM의 기초 요소 중 하나이며 COSO ERM은 이에 대해 다음과 같이 언급한다.

> 하나의 사건이 다른 사건을 촉발할 수 있으며 사건들이 동시에 발생할 수

도 있다. 사건의 파악에 있어서 경영진은 사건들이 서로 어떻게 관계되는지 이해해야 한다. 관계들을 평가함으로써 리스크 관리 노력을 어디에 집중하는 것이 최선인지를 결정할 수 있다.[5]

회사의 전략

ERM의 출발점은 회사의 전략이다. 과거에는 리스크를 주로 물리적인 위협의 형태로 조직 주위를 떠다니는 위험들로 구성된 공기 같은 개념으로 생각했다. 각각의 위협에 대해서는 비즈니스 주위에 방어용 참호를 만들고 이 참호를 무너뜨릴 만한 것에 대해 비상 대응 계획을 수립함으로써 대응했다. 전략의 관점에서 생각할 때 ERM에 대한 획기적인 발전이 이뤄진다. 전략은 전반적인 사명에 의해 도출되며 전략적 목표들은 회사의 전략으로부터 나온다. 전략적 이슈들과 비즈니스의 진수眞髓에 영향을 주는 요소들에 초점을 맞춤으로써 리스크를 비즈니스에 대한 물리적 위협뿐만 아니라, 운영과 성장에 영향을 줄 수 있는 모든 것으로 보는 총체적인 리스크 관리에 관해 생각하기 시작할 수 있다.

긍정적인 결과에 중점을 둔다는 점에서 리스크 관리는 조직의 성과 향상을 향한 기업 거버넌스 측면에 크게 기여한다.[6]

이는 리스크 보고서가 비즈니스의 일정 부분에 대해 보고하지 못함을 의미하지는 않는다.

그러나 특정 비즈니스 부문에 대해서는 전사 리스크 관리의 효과성이 따로 따로 평가되는 경우도 있을 수 있다.[7]

전사 리스크 관리 모델: 2단계

지금까지는 서로 연결되지 않는 리스크 관리라는 과거의 견해를 보여주는 모델을 살펴보았는데, 조직의 상층부에서 의미가 있으려면 그 결과들을 취합할 필요가 있다. 그림 3.2에 이 모델의 다음 단계가 계속된다.

이 모델의 새로운 측면들 각각에 대해 아래에서 설명한다.

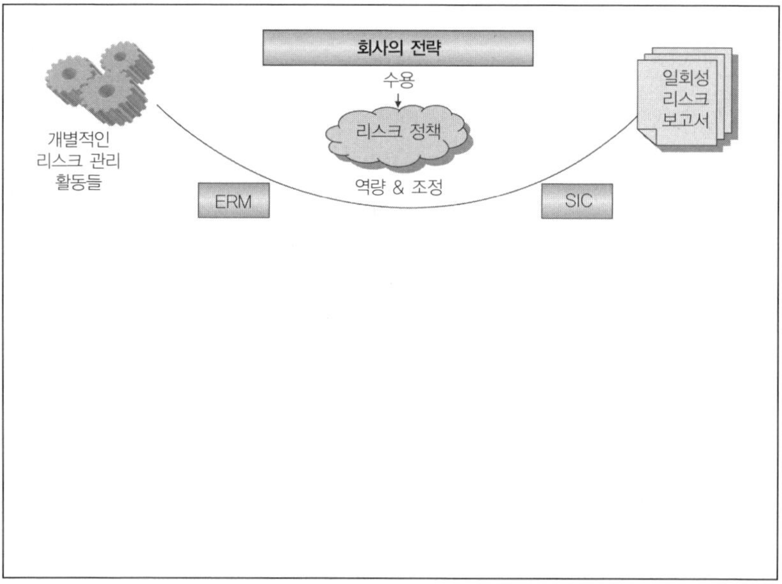

[**그림** 3.2 ERM 모델: 2단계]

리스크 정책

리스크 및 통제에 관한 사고思考와 의사결정을 연결시키는 주요 도구는 리스크 정책에서 발견된다. 이 문서는 리스크에 기반한 모든 활동들을 통합하고 이 기법을 보다 넓은 비즈니스 영역에 확산시킨다. 여러 기관들이 리스크 정책을 지지한다.

> 이러한 유형의 정책 명세서 발간과 소통은 리스크 관리에 대한 임원들의 의지commitment를 보여 준다. 소통에는 다음 사항들이 포함될 수 있다.[8)]
>
> - 리스크 관리와 조직의 정책에 관한 소통을 담당하는, 상위 관리자를 포함하는 팀 설치
> - 조직 전체에 걸쳐 리스크 관리와 리스크 관리 프로세스에 관한 인식 제고
> - 정책은 좋은 관행을 조장해야 하는데, 이는 은행에 대해서는 모든 상품과 비즈니스 시스템에서 리스크가 고려되도록 해야 함을 의미한다.

> 은행은 모든 중요한 상품, 활동, 프로세스, 시스템들에 고유한inherent 운영 리스크를 파악하고 평가해야 한다. 은행은 또한 새로운 상품, 활동, 프로세스, 시스템이 도입되거나 수행되기 전에 이들에 고유한 운영 리스크가 적정한 평가 절차를 거치도록 해야 한다.[9)]

마음으로부터의 수용Buy-In

리스크 정책의 형태로 상층부로부터의 강력한 메시지를 확립한 후에는, 이 메시지를 조직의 하부로 확산시킬 필요가 있다. 모든 사람으로부터

의 진정한 마음으로부터의 수용이 없다면 말, 논평과 제스처들은 일하는 방식에 거의 영향을 주지 못한다. 많은 부분이 양호한 소통에 의존한다.

> 리스크 관리 실무 담당자들과 이에 대해 이해관계가 있는 사람들이 어떤 근거에서 의사 결정이 이루어지며, 왜 특정 행동이 요구되는지 이해하게 하려면 효과적인 대내외 소통이 중요하다.[10)]

양호한 수용은 아래의 요소들로 구성된다.

- CEO와 이사회로부터 직접 나오는, 리스크 관리의 가치에 대한 진정한 신념
- 조직에 잘 들어맞고 전문성 수준을 향상시킬 필요가 있음을 받아들이는 리스크 정책 개발 노력
- 리스크 관리 담당 책임, 어디에서 도움과 조언을 구할 수 있는지, 이러한 장치들이 어떻게 검토되는지 등의 측면에서 역할과 책임의 명확한 정의
- 리스크 정책에 포함된 내용들을 전파하기 위해 채택된 모든 소통 수단
- 리스크 정책에 나와 있는 사안들을 실행하기 위해 심사숙고하여 짜인 프로그램
- 역량, 연수, 인식awareness과 적절한relevant 도구 사용에 대한 강조
- 리스크 성숙도 레벨에 근거한 리스크 관리 목표target를 수립할 필요가 있음에 대한 인식

능력 및 조정

리스크가 사람들이 일하는 방식으로 통합되게 하기 위한 정책을 수립한 뒤에는 이러한 노력들이 시사하는 바를 인식할 필요가 있다. 새로운 도전 과제들을 다룰 자원이 주어져야 하며 이러한 노력들이 일관적이고 조직적인methodical 방식으로 모아질 필요가 있다. COSO는 조직의 리스크 관리 철학을 반영하기 위해 기업의 다양한 문화가 함께 모아져야 할 필요가 있다고 언급한다.

> 예를 들어 공격적인 판매 부서는 감독 규정 준수 문제에는 세심한 주의를 기울이지 않은 채 판매에만 중점을 두는 반면, 계약 담당 부서의 직원은 모든 관련 내부와 외부의 정책과 규정 준수에 상당한 주의를 기울일 수 있다.[11)]

내부자내부 감사나 심지어 외부자외부 감사에게 보고하거나 그들에 의해 검토될 수도 있는 투명한 프로세스를 마련할 필요가 있다는 사실에 의해 ERM은 한층 더 복잡해진다. 조직에 모든 것을 한 곳에 모으고 전문성과 조언의 원천 역할을 할 중심부가 존재할 필요가 있다. 내부 감사 및 임명된 CRO의 역할에 대해서는 이미 논의한 바 있으며, 이사회는 조정이라는 문제에 있어서 이사회가 어느 위치에 있는지를 판단할 필요가 있다. 내부 감사 부서가 이를 인도해야 한다는 주장이 있는데, 리스크 성숙도의 초기 단계에서 이를 어떻게 수행할 수 있는지는 앞장에서 설명하였다.

내부 감사인들은 이사회와 경영진에게 리스크가 파악, 평가, 통제되고 있다는 어슈어런스 제공에 있어서 중요한 역할을 담당하기 때문에 내부 통제에 대해 관심이 있다. 실제로, 내부 감사인들은 목표, 리스크와 통제 사이의 관계에 대해 잘 이해하고 있기 때문에 조직에서 리스크 관리 업무에 대한 촉진자가 되는 경우가 흔하다.[12)]

ERM 프로세스

리스크 정책을 수립하고 이 아이디어를 중심으로 사람들을 모은 뒤에는 실제 ERM 프로세스로 향할 수 있다. 가장 먼저 고려할 사항은 ERM의 정확한 유익을 확고히 하는 것인데, 이는 아래와 같이 열거될 수 있다.[13)]

- 목표 달성 가능성이 커짐
- 별개의 리스크들에 대한 이사회 보고를 통합함
- 핵심 리스크들과 이들의 시사점에 대한 이해가 개선됨
- 복수의 비즈니스 부문에 걸쳐 있는 리스크 파악과 공유
- 경영진이 실제로 문제가 되는 이슈들에 더 잘 집중할 수 있음
- 예기치 못한 뜻밖의 사건 또는 위기가 적어짐
- 올바른 일을 올바른 방식으로 하는 것에 대해 내부적으로 더 많이 강조하게 됨
- 변화 프로젝트의 목표 달성 가능성이 높아짐
- 보다 큰 보상을 위해 보다 큰 리스크를 취할 수 있는 역량이 배양됨
- 보다 사려 깊은 리스크 수용과 의사 결정

지난 몇 년 동안 공공 및 민간 부문 모두 양호한 ERM으로 나아가는 몇 가지 핵심적인 단계를 통과했다. 리스크에 기반한 활동들은 그림 3.3에서 설명하고 있는 바와 같이 리스크 관리로 변화되었으며 이는 나아가 ERM으로 바뀌었다.

요소	리스크 기반 활동들	리스크 관리	ERM
관점	물리적 위협	모든 위협	위협과 기회
초점	특정 프로젝트	특정 오퍼레이션	전체 조직과 파트너
수행자	전문가	일부 관리자	모든 사람
상세함 수준	복잡한 분석	상세한 분석	일반적 평가
시기	일회성	정규적	계속적
용어	다른 용어들을 사용함	용어는 같지만 관점이 다름	공통의 용어와 관점을 사용
강조점	보다 강력한 통제	보다 나은 의사 결정	보다 조정이 잘된 의사 결정과 책임성
보고	상세한 일회성 보고	상부에 단편적으로 보고	통합되고 가속화된 보고
통제의 초점	보안 및 비상사태 대응 계획에 근거함	개별적인 통제 장치에 근거함	총체적인 통제 프레임워크에 근거함
도구	데이터 분석	CRSA 및 설문 조사	ERM을 실무 관행으로 통합하기 위한 문화의 변화
목표	보험료를 낮춤	리스크가 리스크 대장에서 파악 및 관리되도록 함	목표들이 정해진 가치 체계와 조화되게 달성되게 함
범위	컴플라이언스 리스크	운영 리스크	전략 리스크
기준	전문가에 의존	관리자에 의존	이사회의 리스크 정책에 의존
비전	회사의 자원 보호	이사회와 임원진 보호	직원들이 리스크에 대해 똑똑해지도록 하고 회사의 평판을 강화함
동인(Driver)	외부의 위협	CEO와 CRO	이해관계자, CEO와 CRO

[그림 3.3 ERM 개념의 진화]

ERM 프레임워크는 의사 결정, 책임성, 명확한 회사의 방향 감각에 초점을 맞추는데, 이는 다음과 같이 요약할 수 있다.

리스크 관리는 이익 기회 실현과 손실 최소화 사이의 적절한 균형을 이루도록 관리하는 것이다. 이는 양호한 기업 경영의 불가결인 부분이며 양호한 기업 거버넌스의 본질적인 요소이다. 이는 순차적으로 수행될 경우지속적으로 의사 결정을 향상시키고 성과를 지속적으로 개선시키도록 촉진시키는 단계들로 구성된, 반복적인 프로세스이다.

COSO ERM 프레임워크는 조직 전체를 관통하는 8개의 구성 요소와 4개 범주의 목표들로 구성되어 있는데, 이는 그림 3.4에 4개의 차원dimension으로 표시되어 있다.

구성 요소	목표	조직 차원
내부 환경	전략적	실체(entity) 차원
목표 설정		사업 부문(Division) 차원
사건 파악	오퍼레이션	비즈니스 단위 차원
리스크 평가		자회사 차원
리스크 대응	보고	
통제 활동		
정보와 의사소통	컴플라이언스	
모니터링		

[그림 3.4 COSO ERM 목표 및 구성 요소]

내부 통제 보고서

ERM의 다른 측면에는 내부 통제 보고서statement on internal control: SIC가 있다. 이 보고서는 매우 중요하다. 미국 증권거래소와 나스닥 상장 회사, 그리고 대부분의 정부 조직과 비영리 조직은 자신들의 내부통제에 관해 보고하도록 요구된다. 상장회사들은 재무 보고에 관한 내부 통제에 중점을 두지만 컴플라이언스 이슈들과 기업 활동 영위와 성장을 위한 전반적인 사항들에도 관심을 가진다. 핵심 이슈가 다음과 같이 요약되어 있다.

> 양호한 리스크 관리는 이사회와 고위 경영진에게 감내할 수 있을 만한 잔여 리스크 범위 내에서 목표들이 달성될 것이라는 합리적인 어슈어런스를 제공해 줌으로써 양호한 기업 거버넌스에 기여한다.[15)]

리스크와 통제 사이의 매우 중요한 연결 관계가 COSO ERM에서 다음과 같이 설명된다.

> 이 전사 리스크 관리-통합 프레임워크는 내부 통제를 더욱 확장하여 전사 리스크 관리라는 보다 넓은 주제에 관해 보다 견고하고 광범위한 초점을 제공한다. 이 프레임워크는 내부 통제 프레임워크를 대체할 의도도 없고, 이를 대체하지도 않는다. 그보다는 내부통제 프레임워크를 ERM 프레임워크 안으로 통합하는데, 회사들은 이 ERM 프레임워크를 사용하여 자신의 내부 통제 필요를 만족시키고 보다 완전한 리스크 관리 프로세스로 옮겨가기로 결정할 수 있다.[16)]

리스크에 대한 검토를 통해서만 통제가 타당하며 효과가 있는지 결정할 수 있다. 또한 건전한 ERM 프로세스를 통해서만 양호한 내부 통제 프레임워크를 개발할 수 있다. 공표된 내부 통제 보고서가 연례 보고서 사용자들에게 해당 조직의 고결성에 관한 약간의 위안을 제공해 주기를 희망한다. 어느 주요 회사는 내부 통제 시스템을 다음과 같이 설명한다.

우리는 재무제표의 신뢰성에 관한 합리적인 어슈어런스를 제공하고 권한 없는 사용 또는 처분으로부터 자신을 보호하도록 고안된 내부 통제 시스템을 유지합니다. 윤리 강령을 포함한 공식적인 정책과 절차들이 내부 통제를 지원하며, 직원들이 최고의 개인적 및 직업상의 고결성 기준을 준수하도록 하기 위해 설계되어 있습니다. 우리는 이러한 내부 통제의 적정성과 효과성을 독립적으로 평가하기 위한 강력한 내부 감사 프로그램을 설치하였습니다.[17]

전사 리스크 관리 모델: 3단계

그림 3.5에 우리의 모델을 계속 설명한다. 이 모델의 새로운 측면을 아래에서 설명한다.

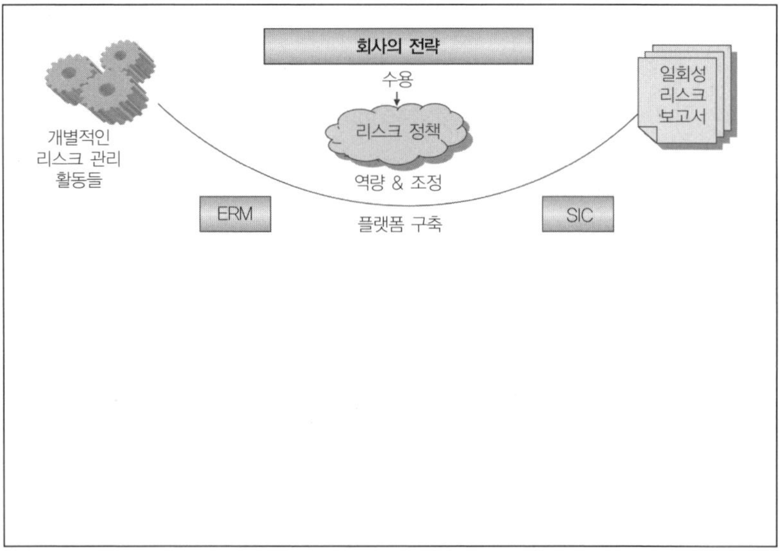

[그림 3.5 ERM 모델: 3단계]

플랫폼 단계

보다 전통적인 단편적 리스크 보고를 대체하려면 ERM을 지원하고 조직이 자신의 내부 통제 시스템에 대해 보고할 수 있게 해 주는 양호한 리스크 정책이 필요하다고 말한 바 있다. 이제 이러한 위치에 도달하는 데 요구되는 플랫폼에 대해 살펴보기로 한다. 이 플랫폼의 상세한 측면들을 다루기 전에 ERM이 효과를 발휘하도록 하기 위해서는 아래와 같은 몇 가지 핵심 사항들이 고려되어야 한다.[18)]

- **리스크 성향과 전략의 정렬** 경영진이 전략적 대안 평가, 관련 목표 설정, 이와 관련된 리스크 관리 수단 개발 시 조직의 리스크 성향을 고려한다.
- **리스크 대응 의사 결정 향상** ERM은 리스크 회피, 축소, 공유, 수용이라는 리스크 대응 대안들의 파악 및 선정에 있어서의 엄밀성을 제공한다.
- **운영상의 서프라이즈**surprise**와 손실 감소** 조직들은 잠재적인 부정적 사건들을 파악하고 이에 대한 대응 조치를 확립하며, 서프라이즈와 관련 비용 또는 손실을 감소시킬 역량을 갖춘다.
- **복수의, 그리고 조직 전체에 걸쳐 나타나는 리스크 파악과 관리** 모든 조직은 해당 조직의 여러 부분에 영향을 주는 많은 리스크에 직면하는데, 전사 리스크 관리는 상호 연관된 영향에 대한 효과적인 대응과 복수의 리스크에 대한 통합된 대응을 촉진한다.
- **기회 포착** 잠재적인 사건들의 전 범위를 고려함으로써, 경영진은 기회를 파악하고 전향적으로 이를 이용할 위치에 놓이게 된다.
- **자본 배치 향상** 견고한 리스크 정보를 입수하게 되면 경영진이 전반적인 자본 필요를 효과적으로 평가하고 자본 할당을 향상시킬 수 있다.

전사 리스크 관리 모델: 4단계

이제 ERM 플랫폼을 지탱하는 것이 무엇인지 좀 더 자세히 살펴보기로 하자. 그림 3.6에서 이 모델을 계속 설명한다.

이 모델의 새로운 측면 각각에 대해 아래에서 설명한다.

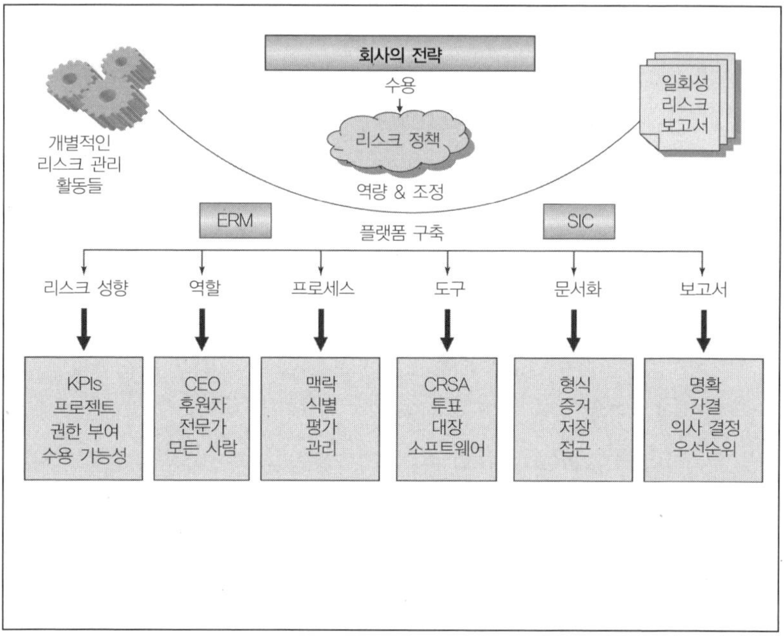

[그림 3.6 ERM 모델: 4단계]

리스크 성향

리스크 성향은 매우 중요하므로 이에 대해 별도의 장4장이 할애되었다는 점을 이미 언급하였다. 여기에서는 이사회가 조직의 리스크 성향을 살펴볼 필요가 있음을 확인하기만 하면 되는데, COSO는 이를 매우 중요한 도전 과제로 여긴다.

> 경영진의 가장 중요한 당면 과제 중 하나는 조직이 가치 창출 활동을 벌이면서 얼마나 많은 리스크를 수용할 용의가 있으며, 또 이를 수용하는지 결정하는 것이다. 이 보고서는 경영진이 이 과제를 보다 잘 수행할 수 있게 해 줄 것이다.[19)]

리스크 성향의 의미는 사람에 따라 다른데, 우리의 모델에서는 아래 사항들에 중점을 둔다.

- 목표의 중대성
- 리스크의 종류category
- 불확실한 사건의 결과가 긍정적인지 또는 부정적인지
- 권한 위임 정도
- 통제 모니터링 정도
- 리스크 트리거

이 항목들에 대해서는 4장에서 보다 자세히 설명한다.

이사회에서 리스크 관리를 보다 더 강화할 필요가 있는 영역 또는 보다 더 많은 리스크를 수용할 여지가 있는 영역에 대한 메시지를 보내기 원할 수도 있기 때문에 조직 전체의 익스포져를 알 필요가 있다.

> 포트폴리오 관점에서 리스크가 조직의 리스크 성향보다 현저히 작을 경우 경영진은 조직의 전반적인 성장과 수익 향상을 위해 비즈니스 부문 관리자들에게 목표 영역에서의 리스크를 보다 더 많이 수용하도록 동기를 부

여하기로 결정할 수도 있다.[20)]

역할

ERM은 사람들에게 자신의 업무 영역에서의 리스크를 조사하고 이를 다루는 데 대해 책임을 부여하는 것에 기초하고 있다. 이는 또한 이사회부터 청소원에 이르기까지의 역할 정의에 관한 것이기도 하다. CRO, 회계 담당 임원, 감사위원회, 공시 위원회, 리스크 관리 포럼, 사내 변호사, 연수 및 인사 담당자, 기타 모든 사람들에게 나름의 역할이 있다. 또한 감사인은 다른 곳에서 진행되고 있는 것들을 보완하는 중요한 역할을 해야 한다. 중요한 역할들에는 다음 사항들이 포함된다.

- **CEO** CEO는 ERM의 최종 책임자로서 ERM이 어떻게 개발되고, 실행되며, 채택되는지에 대한 전적인 책임이 있다.
- **후원자** 후원자는 이사회 또는 이사회 소속 위원회 구성원 급의 인사로서 ERM이 효과를 발휘하게 해야 할 사람이다. 후원자의 과제에는 ERM이 조직 전체에 걸쳐 성숙되어 가는 과정과 ERM이 비즈니스 시스템과 프로세스에 어느 정도 통합되었는지에 대해 CEO와 이사회에 보고하는 일이 포함된다.
- **전문가** 여기에서는 CRO와 CAE최고 감사 책임자가 전문가의 정의에 포함된다. 이들은 리스크 관리 배경을 지닌 프로젝트, 보험 및 안전 담당 전문 직원들과 함께 기준을 설정하고, 조언을 제공하며, 비즈니스 부문 전체에 걸쳐 ERM을 조정하는 포럼을 구성할 수도 있다.
- **모든 사람** 이에는 모든 직원, 관계 회사, 컨설턴트, 파트너, 해당 조직

과 업무 관계가 있는 사람들이 포함된다. 이 총체적인 집단은 ERM에 대해 잘 알아야 하며 리스크 정책이 자신의 소관 영역에 완전히 채택되게 할 수 있어야 한다. 그들은 또한 ERM의 개발 및 사용 방식과 관련하여 여하한 결함, 비일관성, 문제들이 있는 경우 이를 고위 경영진에게 알릴 책임을 져야 한다.

이에 대한 예를 아래의 사례에서 보여 준다.

사례 연구

리스크 관리 지시와 통제

어느 군수 지원 조직에서는, 누구나 추측할 수 있는 바와 같이 새로운 프로세스 시행에 대해 지시와 통제라는 태도를 지니고 있었다. 부서장들에게 리스크 관리를 시행하라는 지시가 떨어졌고, 촉진자가 임명되었다. 촉진자들은 리스크 관리가 무엇인지, 사람들이 요구받은 업무를 수행하지 않으면 어떤 일이 일어날지를 제시하는 기계적인 형식을 채택하였다. 각각의 리스크 사건들은 완전히 문서화되었으며 보고 라인을 통해 상부에 보고되었다.

프로세스

ERM은 조직 전체를 관통하는 프로세스이다.

전사 리스크 관리는 정태적인 것이 아니라, 조직 전체에 스며있는 계속적 또는 반복적인 행동들의 상호 작용이다. 이 행동들은 경영진이 비즈니스

를 영위하는 방식에 스며 있고, 이에 내재되어 있다.[21)]

ERM 플랫폼의 다른 부분은 아래의 예에서 보는 바와 같이 이 프로세스가 비즈니스에 어떻게 맞춰져 있는지에 관한 것이다.

사례 연구

리스크 설문 조사

어느 소매 회사의 리스크 관리 프레임워크는 컴플라이언스, 가격 책정, 건강과 안전, 실적과 주가 변동 등에 관련된 고위험 영역에 대한 현지 점포 대상 설문 조사survey에 크게 의존하고 있다. 적신호를 보이는 리스크들은 충분히 다루어질 때까지 상부에 보고된다.

아래에서 설명하는 이 프로세스의 각각의 주요 부분들 역시 중요하다.

- **맥락** ERM 프로세스는 맥락으로부터 시작하는데, 이는 양질의 프로세스 지원에 필요한 모든 것들이다. 맥락상의 이슈에는 인식awareness, 연수, ERM 프로세스 소책자, 인트라넷 게시, 양호한 리스크 관리에 대한 의지commitment와 ERM을 가능하게 해 줄 구조화된 프로그램 등이 포함된다.
- **파악** 모든 조직은 목표에 영향을 주는 내부 및 외부의 리스크들을 파악할 수 있는 건전한 방법을 갖춰야 한다. 리스크를 비즈니스에 적합하게 분류하는, 합의된 프레임워크가 있을 경우 도움이 된다. 업계의 정보와 조직에 부정적 또는 우호적으로 영향을 줄 수 있는 글로벌 동향을

파악하려는 지속적인 노력도 도움이 된다.

- **평가** 평가 단계는 리스크 관리 주기에서 중요한 부분이기 때문에 리스크의 영향과 발생 가능성을 파악할 체계적인 방법을 갖출 필요가 있다. 이러한 평가를 가능하게 해 주는 스코어링 시스템이 하나의 방법이 될 수 있다.
- **경영진** 각각의 비즈니스 관리자, 현업 팀, 프로젝트 관리자가 수용할 수 없는 수준의 리스크를 다루기 위해 취할 수 있는 조치들즉, 문제가 되는 리스크의 본질과 영향에 근거하여 채택될 수 있는 리스크 관리 방법들을 이해할 필요가 있다.

도구들

ERM 플랫폼을 지원할 수 있는 일단의 도구들이 있는데, 아래의 예와 같이 각각의 도구들을 평가하여 이들이 가치를 증대시킬 수 있는지 결정해야 한다.

사례 연구

투표 기법

어느 조직은 사람들이 자신의 업무와 비즈니스를 바라보는 방식의 차이를 찾아내기 위해 투표 기법을 많이 사용하였다. 이 프로세스는 통제 환경과 직원의 사기에 대한 척도로서 신뢰와 윤리에 대한 평가로 발전하였다. 이 프로세스는 고위 경영진의 리스크 성향과 일선 부서의 직원들이 용인하는 리스크 수준 사이에 커다란 차이가 있음을 명확하게 보여 주었다. 투표 형태는 또한 전반적인 회사의 방향과 전략 목표 면에서 조직 전체적으로 신뢰가 결여되어 있음도 분명히 보여 주었다. 최종 결과로 부적절한 관행들이 벌어지고 있고 많은 안전장치들이 무시되거나 빈약하게 설계되었다는 견해에 이르게 되었다.

아래와 같은 도구들을 이용할 수 있다.

- **CRSA** 통제 리스크 자체 평가Control Risk Self-Assessment: CRSA는 사람들이 모여서 자신들의 목표, 리스크와 필요할 경우 잔여 리스크residual risk. 비즈니스에 내재된 리스크를 고유 리스크라 하며, 이를 관리하기 위한 통제 조치들을 취한 후에도 남아 있는 리스크를 잔여 리스크라 함 – 역자 주들이 경감될 수 있는 방법들을 토의하는, 잘 알려진 기법이다. CRSA는 프로세스, 상품, 프로젝트, 사람 및 절차에 채택될 수 있다. CRSA는 특정 비즈니스 측면에 대해 가장 큰 책임이 있는 사람들에게 이 비즈니스를 보다 더 잘 관리할 방법을 찾아내도록 하자는 욕구에 의해 작동된다. 이를 통해 직원들이 올바른 것을 하도록 격려하고 그들에게 권한을 부여한다. 보다 상세한 내용은 5장을 참조하기 바란다.
- **투표** 투표 기법은 사람들에게 복잡하고 민감한 이슈들을 이해하게 하고 우려나 견해 차이가 있을 수 있는 영역을 해결할 수 있게 해 주는 유연한 도구이다. 사람들에게 통제가 인식되고 채용된 방식에 관한 여러 항의 진술들에 대해 투표를 통해 자신의 견해를 표현해 달라고 요청함으로써, 특정 비즈니스 분야에서의 통제 환경을 평가할 수 있다. 투표를 사용하여 직원들에게 경영진을 신뢰하는지 여부를 물어 볼 수 있다. 투표는 또한 직원들에게 적절하게 보고되지 않은 비위를 알고 있는지 물어보는 데 사용될 수도 있다. 또한 다양한 리스크들에 대해 그 영향

의 정도예, 낮음, 중간, 높음나 적절한 통제가 시행되지 않을 경우 리스크가 발생할 가능성을 평가하는 데에도 투표가 사용될 수 있다.

- **리스크 대장**臺帳 또 하나의 유용한 ERM 도구로 리스크 대장이 있다. 이 문서들은 리스크 주기로부터 자연스럽게 흘러나오는 방식으로 리스크에 대한 파악, 평가, 경감의 결과들을 기록한다. CRSA 워크샵으로부터 믿을 만한 리스크 대장이 작성될 수도 있고, 비즈니스 관리자들이 자신의 검토와 지식을 통해 대장을 작성할 수도 있다. 현업 팀들이 내부 고객들의 서로 다른 우선순위를 알 필요가 있기 때문에 리스크 대장은 상부에만 아니라 수평적으로도 보고될 수 있다.
- **소프트웨어** 대개 데이터베이스 시스템에 관련된 리스크 소프트웨어들이 많이 있는데, 이 소프트웨어들은 핵심 리스크 파악과 보고에 이용될 수 있다. 비즈니스에 이러한 패키지들을 채택하여 ERM 도입을 지원할 수 있다. 이 시스템들은 비즈니스 계획 수립 프로세스와 통합되어 적절하고 지속적인 리스크 평가를 반영하는 리스크 기반 계획과 전략으로 나아가게 해 준다.

문서화

ERM의 한 가지 흥미로운 특성은 ERM이 이해관계자들과 규제 당국의 이익도 지원한다는 점이다. 어느 조직이 단순히 자신의 비즈니스에 대한 리스크에만 중점을 둘 경우, 그 조직은 경쟁자를 공격할 무기나 자신의 자원을 보호하기 위한 갑옷을 찾는 데에만 급급할 수 있다. 이러한 상황에서는 사람들이 단지 자신이 원하는 것을 지지하는 재료만을 찾고 안 좋아 보이는 것들은 감추려고 할 경우 실상이 비밀에 싸이게 될 수 있다. ERM은 성장, 성과와 책임성 원칙에 근거하고 있으며 따라서 모든 노력들은 적절히 문서화되어야 한다.

문서화 정도에 관한 의사 결정은 비용과 효용을 비교해야 하며 프로세스를 문서화하는 이유를 고려해야 한다. 따라서 영향이 작은 프로세스는 일지 또는 파일 상의 간단한 기록으로 문서화될 수 있다. 반면에 중대한 고객 서비스 전달delivery 오퍼레이션 재설계는 감사와 검토에 대비하여 상세한 설명을 필요로 할 수 있다. 문서화 정도는 이러한 극단 사이에 위치하게 되는데 특정 상황에서의 문서화 수준을 결정하려면 신중한 판단이 필요하다.[22)]

적절한 문서화 수준에 관해 고려할 사항들은 다음과 같다.

- **형식**format 리스크 평가와 조치 계획action plan이 문서화되는 방식은 해당 조직에 잘 들어맞는 형식이어야 하는데, 리스크 대장이 사용되는 방식은 특히 그러하다.
- **증거** ERM에 영향을 주는 한 가지 이슈는 리스크 평가로부터 나오는 통제 검토와 조치 계획의 신뢰성reliability이다. 감사인들은 엄격한 증거상의 기준에 따라 업무를 수행하지만 비감사인들에게는 그러한 훈련된 접근법이 없다. 예를 들어 특정 리스크에 대비한 통제의 적정성에 관해 언급하는 리스크 평가는 해당 통제가 적정하다고 받아들일 수도 있지만, 이 견해는 해당 통제가 의도된 바대로 적용되고 있음을 전제한다. 관리자들은 통제 준수에 관한 건전한 증거를 수집하지 않는 경향이 있

으며 이러한 잠재적인 문제를 어떻게 다뤄야 하는지에 대해 교육시켜야 한다.

- **저장** 문서화의 또 다른 측면은 ERM 활동들을 지지하는 기록, 문서, 재료들의 유지에 관한 것이다. 이에 대한 단순한 답은 그러한 모든 기록들은 감사인 등이 관심을 가질 수 있는 자료들에 대한 회사의 문서 유지 정책에 부합해야 한다고 말하는 것이다.
- **접근** 문서화에 관한 마지막 사항은 접근 규칙에 관한 것이다. 사람들이 리스크를 분리해 내고 적절한 대응 조치를 취할 때 많은 데이터와 기록들을 생성할 것이다. 토의되는 사안들에는 업무 수행 방식과 목표가 달성될 수 있을지에 관한 민감한 이슈들도 있을 수 있다. 규칙 위반이나 다른 실수들에 관한 내용도 있을 수 있다. 누가 이러한 정보에 대한 접근 권한이 있는지를 정확히 결정하고, 이 이슈가 감사 업무 수행과 관련된 모든 사람들에게 명확히 알려지게 하는 것이 좋은 관행이다.

ERM이 회사에 또 하나의 관료적 부담에 불과하게 될 필요가 없다는 데 대부분이 동의한다.

독립적인 감사를 만족시키기 위해서는 문서화에 대한 적절한 수준과 기준이 필요할 수 있다. 이 프로세스를 문서화하는 이유가 무엇이든 현명한 접근법을 취한다면 리스크 관리가 또 다른 서류 작업을 부과시킬 필요가 없다. 법적 요건을 충족시킨다는 전제하에서 리스크 관리에 관한 의사 결정과 프로세스들은 상황에 따라 적절한 수준으로 문서화되어야 한다.[23)]

보고서

ERM의 산물 중 하나는 자신의 업무 목표에 영향을 미치는 모든 것을 보다 더 잘 이해하고 이를 더 잘 다룰 수 있게 되는, 리스크에 대해 현명한risk-smart 직원들이다. 또 다른 산물은 ERM이 어떻게 적용되고 있으며, 대두되고 있는 문제나 기회를 다루기 위해 어떤 조치들이 필요한지에 대한 좋은 보고서이다. 리스크 관리 정보 시스템은 일정한 능력을 지녀야 한다고 주장되어 왔다.[24)]

- 리스크, 통제, 우선순위의 상세 내용을 기록하고 변화가 있을 경우 이를 보여 준다.
- 리스크에 대한 처리와 관련 자원 요건을 기록한다.
- 사고와 손실 사건들과 이로부터 배운 교훈에 관한 상세 내용을 기록한다.
- 리스크와 통제 그리고 이에 대한 처리의 책임 관계를 추적 관리한다.
- 리스크 처리 조치의 추이를 추적 관리하고 이의 완료를 기록한다.
- 리스크 관리 계획의 진전이 측정될 수 있게 해 준다.
- 모니터링과 어슈어런스 활동을 촉발한다.

각각의 진전 내용이 모두 중요하며 보고서는 아래와 같은 일정 기준을 충족해야 한다.

- **명확** 보고서는 명확해야 하며 어떤 목표들이 고려되고 있으며 리스크들이 어떻게 파악되고 평가되는지 나타내야 한다. 보고서는 리스크 담

당자, 조치 계획과 중요한 현안들을 상술詳述해야 한다.

- **간결** 또한 리스크 보고서는 요점을 간략하게 언급해야 한다. ERM 전체의 요지는 고위험 영역에 주의를 집중하고 높은 잔여 리스크를 다루기 위한 조치에 집중하는 것이다. 방대한 자료 분석으로 인해 상당히 많아지게 되는 서류또는 상세한 스프레드시트 안에 중요한 발견 내용이 파묻히게 되면 리스크 관리 목표를 달성하지 못하게 된다.
- **의사결정** 보고서는 수용할 수 없는 리스크 경감과 매력적으로 보이는 잠재적 수익 기회 이용에 관한 의사결정을 지원해야 한다. ERM의 근본적인 측면 중 하나는 ERM이 건전한 의사 결정 지원에 사용되며 기업 투명성의 토대가 된다는 점이다. 이 주제는 모든 ERM 활동들을 관통해야 한다.
- **우선순위** 리스크 보고서에 관한 마지막 요점은 보고서들은 우선순위즉, 전략적 의제 면에서 무엇이 중요한가에 초점을 맞춰야 한다는 것이다. 이렇게 하는 한 가지 방법은 운영 리스크 대장으로부터 적색 리스크Red Risk들을 순차적으로 상부에 보고하여, 리스크가 큰 항목들이 최종적으로는 이사회 리스크 대장에까지 이르게 하는 것이다.

전사 리스크 관리 모델: 최종

지금까지 ERM의 필요를 정의하고 조직의 모든 부분에서 리스크 관리가 시행되게 하는 노력을 지원하는 플랫폼을 수립해왔다. 그림의 마지막을 완성하려면 우리의 모델에 몇 가지를 더 첨가해야 한다. 그림 3.7에서 우리의 모델이 완성된다.

최종 모델의 새로운 각각의 측면들이 아래에서 설명된다.

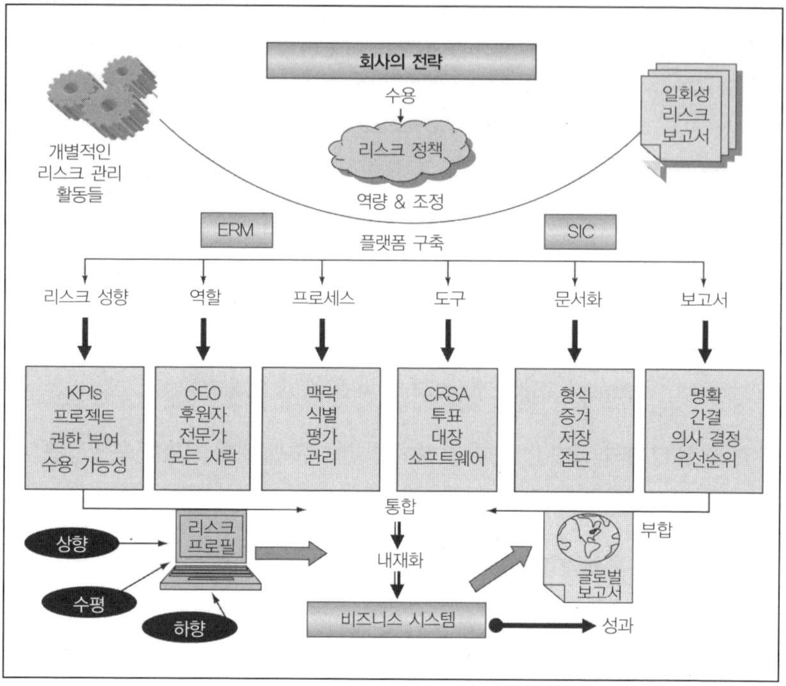

[그림 3.7 완성된 ERM 모델]

통합

이 모델의 다음 측면은 ERM을 비즈니스의 나머지 부분에 통합시킬 필요와 관련이 있다. 이는 관리자들이 그들의 성과 목표 설정 및 이행 방식과 중요한 법률 및 감독 규정 미 준수 위험을 다루는 방식에 ERM을 덧붙임을 의미한다. 이는 불확실성 다루기라는 개념을 사람들이 일하는 방식에 덧붙여서 ERM이 실제로 비즈니스 안으로 내재화되는 마지막 단계에 도달할 수 있게 하는 것이다.

전사 리스크 관리의 근저를 이루는 가정은 모든 조직은 이해관계자들에게 가치를 제공하기 위해 존재한다는 것이다. 모든 조직은 불확실성에 직면하는데, 경영진에 대한 도전 과제는 이해관계자의 가치 성장을 위해 활동하는 동안 조직이 얼마만큼의 불확실성을 수용할지 결정하는 것이다.[25]

내재화

여기까지는 ERM이 어떻게 확립될 수 있는지 설명하기 위해 리스크 활동들과 리스크 보고와 같은 항목들을 언급해 왔다. ERM의 전체 요지는 ERM은 비즈니스 내에 존재하지 그 위top에 있는 것이 아니라는 점이다즉, ERM이 조금이라도 의미가 있으려면 ERM이 비즈니스 시스템 안으로 통합될 필요가 있다. 훌륭한 조직은 리스크 활동과 리스크 보고에 대해 말하는 대신 비즈니스 활동과 비즈니스 보고에 대해 말해야 하는데, 아래의 예에서 보는 바와 같이 이 도구들 내에 불확실성에 대한 평가와 적절한 대응이 암묵적으로 내포되어 있을 것이다.

사례 연구

내재화된 리스크 관리 철학

어느 조직에서는 리스크 관리를 촉진된facilitated 프로세스로 정의하는데 많은 시간을 들여서 일류의 촉진자와 리스크 관리 옹호자들을 양성하였다. 이 팀은 부문의 관리자들과 팀 리더들에게 이 기법을 전수하고 비즈니스의 각 부문에서 표준 리스크 주기를 관리하는 나름의 방식을 개발하도록 격려했다. 이 조직은 리스크 관리의 기본 사항이 대부분의 직원들의 삶의 방식이 되도록 하는 단계에 가까워져 가고 있다. 사람들이 자신의 업무에서 리스크를 파악해 내고 이에 대응하는 방식은 그들의 성과 평가 시스템에서 하나의 고려 요소이며, 채용과 직원 연수에서 추구하는 역량 중 하나이다. 관리자들은 양호한 리스크 관리 장치를 내재화함에 있어서 명확한 역할을 부여 받는다.

COSO ERM은 리스크 관리를 조직의 우선순위가 되게 하는 문제에 대해 논의한다.

전사 리스크 관리 구축에는 비용 억제, 특히 많은 회사들이 직면하고 있는 경쟁이 심한 시장에서의 비용 억제에 대해 중요한 시사점이 있다. 기존의 절차와 다른 새로운 절차를 더하면 비용이 증가한다. 기존의 오퍼레이션 활동들과 이들이 효과적인 ERM에 기여한다는 데 초점을 맞춰서 리스크 관리를 기본적인 오퍼레이션 활동들 안으로 통합하면 불필요한 절차와 비용을 피할 수 있다.[26]

리스크 프로필

우리의 모델은 조직이 자신을 본질적으로 목표 달성 가능성을 높이는 방식으로 대내외 리스크에 반응하는 장치로 볼 필요가 있다고 제안한다. ERM은 많은 면에서 인체 조직 중 가장 큰 조직이며 대내외 자극에 해당 개인의 필요에 가장 적합한 방식으로 반응하는 인간의 피부와 유사하다. 피부는 더울 때에는 땀을 흘려 조절하고 햇빛이 비출 때에는 귀중한 자외선을 흡수하지만 해를 끼치지 않을 정도로만 흡수한다. 해로운 광선은 불편을 야기하며 이는 사람에게 햇빛이 직접 비치지 않는 곳으로 옮기라고 권장한다. 피부가 베이면 보호막을 형성하고 치료 과정을 시작한다. 피부는 대부분의 리스크들에 대처할 수 있지만 정말 큰 리스크들은 치명적일 수도 있다.

각각의 조직들이 위협과 기회에 대해 잘 고려하여 대응하기 위해서는 해당 조직이 리스크를 바라보고 파악하는 방식에 관한 지침이 필요하다. 이는 리스크가 조직에 보고되는 범주와 방식으로부터 시작한다.

상향, 수평, 하향

중요한 고려 사항 중 하나는 리스크가 평가되는 방식에 관한 것이다. 이는 아래에서와 같이 사람들이 업무에서 서로 관련을 맺는 방식에 근거하고 있기 때문에 기업 문화의 핵심에 속한다.

- **하향** 많은 조직들이 이사회의 리스크 평가즉, 회사의 전반적인 목표에 방해가 되는 고차원의 전략적 리스크로부터 ERM 프로세스를 시작한다. 우선순위와 이에 따른 메시지들이 하부로 전해져서 모든 사람이 준수해야 할 준거reference point가 된다. 이는 좋은 관행이지만 균형이 갖춰지지 않으면 지시가 하부로 내려가기만 하고 일선 직원들의 얘기는 들을 시간이 없는, 명령에 의해 이끌어지는 조직이 될 수 있다.
- **상향** 이에 대조되는 접근법은 팀들과 관리자들이 모여 자신들의 리스크를 파악 및 평가하고 그 결과를 상부에 보고하여 취해야 할 조치를 지시받거나 그들이 제안한 지시를 승인받는 것이다. 이 접근법은 유용하지만 ERM 프로세스가 통일성을 갖추게 해 줄 중심적인 메시지가 없게 될 수도 있다. 또한 상부의 방향 제시가 없어서 기업의 서로 다른 부

분들로부터 일련의 단편적인 언급들만 나오게 될 수도 있다.

- **수평** 각 부서의 많은 사람들이 자신을 내부 서비스를 주고받는 일련의 내부 고객들로 간주할 수 있는 조직이 개화된enlightened 조직이다. 그 경우에는 업무 프로세스가 조직에서 발생되고 있는 방식을 반영하여 다양한 리스크 평가 결과들이 부서들에 수평적으로 전달된다.

ERM이 적절히 작동하려면 리스크 평가를 충분히 이해하는 잘 계획된, 상향적 · 하향적 그리고 수평적 소통의 조합이 필요하다.

비즈니스 시스템

우리는 ERM이 리스크 개념을 비즈니스 시스템 안으로 들여 놓기에 관한 것이라고 말했다. 이 점이 중요한 이유는 시스템 기획, 인적 자원관리, 소통 네트워크, 성과관리 제도, 비즈니스 프로젝트 관리 방식 등이 모두 합해져 지속적인 의사 결정의 토대를 형성하기 때문이다. 우리의 모델은 이러한 내용들과 기타 비즈니스 시스템을 담아 둘 커다란 상자를 만들어서 ERM 활동들이 보고되기 전에 이를 수집할 수 있게 해 준다. 이러한 상황에서 리스크 평가는 비즈니스의 일부를 구성하며 일상 업무의 일부가 된다.

'리스크 평가' 라는 용어는 일회성 활동과 연결되어 사용되기도 하지만 전사 리스크 관리의 맥락에서는 리스크 평가의 요소는 조직 전체에 걸쳐 발생하는 지속적이고 반복적인 행동들의 상호작용이다.[27)]

규정 준수

이제 이 모델의 마지막에 이르렀는데 여기에서 다룰 한 가지 이슈는 규정 준수즉, 사회의 최상의 이익에 부합하도록 조직을 제약하는 일단의 규칙, 규정, 법률과 절차들을 준수할 의무를 인식하고 이에 반응하는 프로세스이다. 규정 준수 이슈를 리스크 평가에 포함시켜서 사람들이 단순히 "결과를 내자. 이상!"이라고 말하는 것이 아니라, "결과를 내되, 올바르고 적절한 방식으로 내자"고 말하는 것에 익숙해지도록 하는 것이 좋은 관행이다. 아래의 사례가 이 점에 대해 보여 준다.

> 사례 연구
>
> **가치 창출**
>
> 어떤 회사에서는 "당신은 이것을 해야 한다!"가 리스크 관리에 대한 강조점이었다. 여기에 부가적으로 "그것이 진정으로 유익하게 되도록 하자"가 덧붙여졌다. 리스크 평가의 초점은 통제의 이행 및 개선 가능성 여부였다. 한편, 직원들에게 자신들의 문서화된 절차를 검토하여 재설계하도록 격려하는 보조적인 프로젝트가 시작되었다. 내부 통제는 리스크 관리를 포함하는 통제 프레임워크와 양호한 오퍼레이션 절차 및 재무 보고 시스템의 결합으로 여겨졌다.

성과

ERM 지지자들이 "우리는 이것을 해야만 한다"는 토대에서 공포 전술에 초점을 맞춘다면, 이는 ERM에 해를 끼치는 것이다. 이러한 접근법은 위험하다. 상위 직원들이 비즈니스에 전혀 의미 없는 일을 하도록 강요받는다면 그들은 최소한만 하게 된다. 그들은 체크리스트에 할 일을 했다고 표시할 수 있는 범위까지만 하고 해당 주제에 대해 그 이상의 관심은 전혀 기울이지 않는 경향을 보일 것이다. ERM이 비즈니스 성장의 좋은 방법으로 여겨지고 또 그렇게 홍보될 때 발전의 여지가 훨씬 많다. 고위 경영진은 더 나은 성과와 더 나은 조직이라는 토대 위에 ERM에 대한 측정 기준을 설정하게 될 것이다. 그저 체크리스트에 표시하기 보다는 이러한 방식을 겨냥해야 한다. ERM은 본질상 완전히 해결할 수 없는 불확실성이라는 귀찮은 문제를 다루지만, 이를 통해 불확실성이 보다 더 잘 이해되고 가능한 최선의 방식으로 통제할 수 있는 측면은 처리하고 통제할 수 없는 측면은 이에 대응할 수 있게 된다.

> 불확실성은 가치를 침식하거나 증대할 수 있는 잠재력을 지닌 리스크와 기회 모두를 나타낸다. 전사 리스크 관리는 경영진이 불확실성과 관련 리스크 및 기회를 효과적으로 다뤄서 가치를 창출할 수 있는 역량을 증대시킬 수 있게 해 준다.[28]

글로벌 보고서

이 모델의 마지막 부분은 ERM을 통합한 비즈니스 프로세스로부터 나오는 보고서이다. 이 보고서는 조직의 경영에 도움이 된다. 이 보고서들은 모든 관련 규정을 준수하고 이해관계자들의 기대에 부합하는또는 이를 상회하는 성과를 내도록 도와준다. 또한 잘 짜인 이 보고서들은 대중에게 해당 조직에 관해서 및 조직의 상황이 어떠한지에 대해 말해 준다. COSO ERM에서 설정한 지침을 따라 조직은 전략, 오퍼레이션, 재무 보고, 법규 준수 이슈 등을 포함하는 핵심 책임 영역들에 대해 전체 비즈니스 라인에 보고할 수 있다. COSO ERM의 3개의 차원을 보고서를 구성하는 데 사용할 수 있는 유용한 프레임워크로 사용할 수 있다.[29)]

조직 목표

- 전략적
- 오퍼레이션
- 재무 보고
- 법규 준수

ERM 구성 요소

- 목표 설정
- 내부 환경
- 사건 파악
- 리스크 평가
- 리스크 대응
- 통제 활동
- 정보와 소통
- 모니터링

조직 단위

- 자회사
- 비즈니스 부서
- 부문
- 실체entity 차원

이 구성 요소들은 총체적인 리스크 관리 방식과 공식적인 내부 통제 평가 프레임워크로부터 도출되었다. 이들은 또한 우리의 모델에 등장했던 모든 사안들에 부합하는 ERM 프로세스로부터 도출되었다. 이 프레임워크는 경영진이 리스크에 대해 책임이 있으며, 어느 정도의 과도한 잔여 리스크가 존재하는지에 대해 확실히 언급할 수 있음을 의미한다. 감사의 역할은 조직에게 자신이 의존하고 있는 ERM 프로세스가 실제로 믿을 만한지에 대해 말해 주는 것이다. 감사는 또한 조직이 노출된 위험 수준과 이 수준이 천명된 정책 및 발표된 보고서와 부합하는지에 대한 견해도 제공한다. 최종적으로는 경영진이 이러한 리스크들에 책임이 있으며 감사는 공식적인 감사 보고서에서 이를 지적할 수 있을 뿐이다.

> 경영진의 책임은 중대한 감사 상 관찰 사항들과 권고 사항들에 관하여 적절한 조치를 취할 의사 결정을 하는 것이다. 고위 경영진이 비용 또는 다른 고려 사항들로 인해 보고된 상태를 시정하지 않는 리스크를 떠안기로 결정할 수도 있다. 모든 중요한 관찰 사항들과 권고 사항들에 대한 고위 경영진의 결정들은 이사회에 보고되어야 한다.[30)]

조직들은 자신의 이해관계자들에게 자신이 직면하는 리스크와 이들이 어떻게 다뤄지고 있는지에 대해 말해 줄 필요가 있다. 이 원칙은 경제협력개발기구OECD의 기업 거버넌스 원칙에 설명되어 있다.

> 재무 정보 이용자들과 시장 참가자들은 특정 산업 또는 해당 기업이 운영되고 있는 지역에 특수한 리스크, 원자재에 대한 의존도, 이자율 리스크 또는 환율 리스크 등 금융 시장 리스크, 파생상품 및 부외 거래와 관련된 리스크, 환경적 책임에 관한 리스크 등 합리적으로 예측할 수 있는 중요한 리스크들에 대한 정보를 필요로 한다.[31)]

요약

전사 리스크 관리는 리스크가 회사의 확고한 의제가 되게 한다. 조직의 모든 측면을 통합시키는 것이 ERM의 도전 과제이다. 통합된 ERM을 고려하는 한 가지 방법은 다음의 다섯 단계를 거치는 것이다.

1. 조직 전체의 다양한 리스크 기반 활동들의 소재지를 평가하고, 이들의 언어, 기법과 접근법을 파악한다.
2. 리스크 관리를 조직의 모든 부분에 적용할 필요에 의해 주도된, 잘 짜인 리스크 정책을 통해 리스크 활동들을 모은다.
3. 리스크 성향, 역할, 프로세스, 도구, 문서화와 보고서 등을 포괄하는 핵심 요인들을 사용하여 ERM에 대한 확고한 플랫폼을 만든다.
4. 비즈니스의 모든 영역에 관련된 리스크들이 포착되고, 상향, 하향 그리고 수평적으로 움직이는 소통 시스템에 정렬되게 한다.
5. ERM이 비즈니스 시스템 안으로 통합되어 대내외적으로 발표되는 글로벌 보고서들이 성과뿐 아니라 법규 준수 이슈들도 다루게 한다.

부록에는 ERM 시스템의 전반적인 품질 평가와 ERM 프로세스 지원과 검토에 적용될 수 있는 감사 접근법의 유형을 판단하는 데 사용할 수 있는 체크리스트들이 나와 있다.

Notes

1. IIA, 영국&아일랜드, Position Statement 2004, 전사 리스크 관리에 있어서의 내부 감사의 역할.
2. 위의 글.
3. COSO, 전사 리스크 관리, 2004년 9월, Executive Summary.
4. 팀 리치(Tim Leech), 'ERM 이해하기', Internal Audit & Business Risk (2002년 8월). 11쪽.
5. COSO, 전사 리스크 관리, 2004년 9월, 45쪽.
6. 호주/뉴질랜드 기준: 리스크 관리 가이드라인 AS/NZS 4360:2004, 11쪽.
7. COSO, 전사 리스크 관리, 2004년 9월, 25쪽.
8. 호주/뉴질랜드 기준: 리스크 관리 가이드라인 AS/NZS 4360:2004, 27쪽.
9. 은행 감독에 관한 바젤 위원회, 국제 결제 은행, 2003년 2월, Principle 4.
10. 호주/뉴질랜드 기준: 리스크 관리 가이드라인 AS/NZS 4360:2004, 11쪽.
11. COSO, 전사 리스크 관리, 2004년 9월, 28쪽.
12. 네일 코완(Neil Cowan), 효과를 발휘하는 기업 거버넌스 (Prentice Hall, Pearson Education South Asia Pte Ltd., 2004년), 41쪽.
13. IIA, 영국&아일랜드, Position Statement 2004, 전사 리스크 관리에 있어서의 내부 감사의 역할.
14. 호주/뉴질랜드 기준: 리스크 관리 가이드라인 AS/NZS 4360:2004, 서문.
15. 위의 글, 11쪽.
16. COSO, 전사 리스크 관리, 2004년 9월, Executive Summary.
17. 켈로그 컴퍼니(Kellogg Company): 재무제표에 대한 경영진의 책임, 2004년 1월 28일에 서명된 2002/2003 연례 보고서.
18. COSO, 전사 리스크 관리, 2004년 9월, Executive Summary.
19. 위의 글, Executive Summary 서문.
20. 위의 글, 60쪽.
21. 위의 글, 17쪽.
22. 호주/뉴질랜드 기준: 리스크 관리 가이드라인 AS/NZS 4360:2004, 96쪽.
23. 위의 글, 96쪽.
24. 위의 글, 28쪽.
25. COSO, 전사 리스크 관리, 2004년 9월, Executive Summary.
26. 위의 글, 18쪽.
27. 위의 글, 49쪽.
28. 위의 글, Executive Summary.
29. 위의 글, Executive Summary.
30. IIA, 업무 수행 권고 2060-1.
31. 경제협력개발기구, 기업 거버넌스에 관한 OECD 원칙, 2004년, 53쪽.

Chapter4

리스크 성향
Risk Appetite

Chapter 4

리스크 성향

최고 감사 책임자는 고위 경영진이 조직에 수용할 수 없는 정도의 잔여 리스크를 받아들였다고 믿을 경우 이 문제를 고위 경영진과 논의해야 한다.

IIA 기준 2600

개요

리스크 성향이라는 주제는 이사회, 경영진, 내부 감사인 사이의 관계의 핵심에 해당한다. 이사회는 소위 리스크 성향을 설정하며, 경영진은 이를 받아들여 리스크를 억제하기 위한 적절한 통제를 시행한다. 한편 내부 감사인은 내부 통제 시스템에 관한 객관적인 보고를 제공한다. 이 감사 보고서들은 통제를 고려한 뒤의 잔여 리스크가 어느 정도로 받아들일 수 있는지에 대해 검토하게 되는데 이는 이 리스크가 정해진 리스크 성향에 부합하는지를 의미한다. 리스크 성향의 인식에 기초하는 이러한 의존 사이클은 매우 중요하다. 이를 염두에 두고서 소이어Sawyer는 내부 감사인에 대한 도전 과제를 제기하였다.

모든 조직은 자신의 고유 리스크inherent risk를 지니게 되는데 내부 감사인은 이들의 목록을 만들어 이를 리스크 평가에 사용해야 한다. 조직에서의 내부 감사인의 조직 내 위치는 일정 기간에 걸친 고유 리스크에 대해 관찰할 기회를 제공한다. 내부 감사인은 조직의 다양한 부분마다 서로 다른 고유 리스크가 있음을 인식해야 한다.[1)]

그렇다면 감사인들에 대한 도전 과제는 간단하다. 즉 ERM이 자리를 잡고 잘 작동하도록 도와주는 것이다.

내부 감사 활동은 리스크에 대한 주요 익스포저를 파악, 평가하고 리스크 관리와 통제 시스템 개선에 기여함으로써 조직에 도움이 되어야 한다.[2)]

리스크 성향 모델: 1단계

이번 장에서는 리스크 성향에 관한 몇 가지 고려 사항을 살펴보는 모델을 도출한다. 우리의 모델은 먼저 그림 4.1에서 보는 바와 같이 리스크 성향 결정 시 다뤄야 할 요인들을 평가하기 위한 매트릭스로부터 시작한다.

이 모델의 각각의 측면에 대해 아래에서 설명한다.

비즈니스 영역

비즈니스의 각 부문마다 리스크 성향에 대해 정의된 관점을 유지할 필요가 있다. 채택된 리스크 지도risk map는 조직의 부문들을 조직의 기능

수행 능력에 영향을 줄 수 있는 내부 리스크와 외부 리스크 유형들을 반영할 수 있도록 구분할 것이다. 다시 말하지만, 비즈니스 영역에서 리스크와 통제에 대해 말할 때에는 특정 용어들을 정의할 필요가 있다.

비즈니스 영역............... 리스크 오너............... 일자..............

항목		높음	중상	중하	낮음	
목표와 중요도 결정	1	기본적 지원	운영상 중요함	전략상 중요함	전략적으로 매우 중요함	

[**그림 4.1** 리스크 성향 모델: 1단계]

리스크는 다음과 같이 정의된다.

목표 달성에 영향을 줄 수 있는 사건이 일어날 가능성. 리스크는 발생 시 영향과 발생 가능성으로 측정됨.[3)]

한편 통제는 다음과 같이 정의된다.

리스크를 관리하고 확립된 목표와 목적이 달성될 가능성을 높이기 위해 경영진, 이사회, 기타 당사자들이 취하는 모든 조치. 경영진은 그러한 목표와 목적이 달성되리라는 합리적인 어슈어런스를 제공하기에 충분한 조치의 실행을 계획하고, 조직하며 이를 인도한다.[4]

통제를 감안한 후의 고유 리스크를 잔여 리스크라 하는데 잔여 리스크는 다음과 같이 정의된다.

리스크에 대응한 통제 활동 등 경영진이 불리한 사건의 영향과 가능성을 감소시키기 위한 조치를 취한 후에 남아 있는 리스크.[5]

잔여 리스크에 대한 수용 등은 해당 영역에서의 리스크 성향에 의존한다. 리스크 성향은 다음과 같이 정의된다.일반적으로 리스크 성향은 리스크에 대한 태도, 즉 리스크를 적극적으로 부담하는지 또는 리스크를 회피하는지를 의미하며 수용할 수 있는 리스크 수준은 리스크 용인 수준이라 한다. 이곳에서는 리스크 성향과 리스크 용인수준을 혼용하는 듯하다 – 역자 주

이사회 또는 경영진이 수용할 수 있는 리스크 수준. 이는 조직 전체 차원이나 서로 다른 리스크 종류 또는 개별 리스크 수준에 대해 정해질 수 있다.[6]

리스크 오너

각각의 리스크마다 일차적인 리스크 오너가 있어야 하는데, 이는 해당 리스크에 의해 영향을 받는 목표를 달성할 책임이 가장 큰 사람이다. 리스크 성향을 정의할 때 아래의 예에서 보는 바와 같이 이 리스크에 대

해 누가 결정을 내리고 용인 수준tolerance이 정해지고 준수되는 방식을 고안해내야 하는지를 고려할 필요가 있다.

> 사례 연구
>
> **비난 게임**
>
> 리스크 관리 프로세스에 대한 저항을 경험한 어느 조직에서는 저항의 근원이 비난의 문화로 밝혀졌다. 그 주된 이유는 책임을 정교하게 정하는 것으로부터 시작했기 때문이었다. 이는 사람들이 대부분의 시간을 자신이 관여했던 일이 조금이라도 실패할 가능성이 있으면 어떤 책임도 지지 않으려 하거나 피할 길을 찾는 데 사용했음을 의미했다.

리스크 오너는 리스크에 대해 조직을 보호하는 통제 상태와 통제 감안 후의 리스크가 수용할 만한지 여부에 대해 고위 경영진에게 보고해야 한다. 이 보고서들은 이사회에도 전달되어서 이사회가 조직 전체에 대한 리스크를 파악할 수 있도록 해야 한다.

> 이사회 또는 이에 상응하는 기구에 대한 핵심 요구사항 중 하나는 리스크 관리 프로세스가 효과적으로 작동하고 있으며 핵심 리스크들이 수용할 만한 수준으로 관리되고 있다는 데 어슈어런스를 얻는 것이다.[7)]

낮음, 중간, 높음

이 모델의 다음 부분은 각각의 비즈니스 부문이 자신의 리스크 성향이 낮은지, 중간 정도인지, 또는 높은지에 대해서 결정하고 고유 리스크의 정도저, 중, 고에 비추어 볼 때 이 리스크가 억제되거나, 모니터되거나 이용될 필요가 있는지 결정하여야 한다고 제안한다. 이 모델은 각각의 관리자에게 정의된 리스크들이 어느 정도 용인될 수 있는지 또는 해당 비즈니스 부문에 밀착 개입하여 엄격한 구속을 가할 필요가 있는지에 대해 평가할 수 있는 일련의 기준을 수립하도록 허용한다. 낮음, 중하中下, 중상中上, 높음이라는 리스크 용인 수준은 어느 정도의 통제가 존재해야 다음과 같이 정의되는 적정한 통제가 갖춰져 있다고 할 수 있는지를 결정하는 프레임워크를 형성한다.

> 경영진이 조직의 리스크가 효과적으로 관리되고 있고 조직의 목적과 목표들이 효과적이고 경제적으로 달성될 것이라는 합리적인 어슈어런스를 제공할 수 있도록 통제 계획을 세우고 통제 조치를 조직한 또는 설계한 경우 적정한 통제가 존재한다.[8)]

적정한 통제라는 개념은 부분적으로는 조직의 경험과 인적 자원에 의존하는데, 이 점에 대해 COSO는 다음과 같이 지적한다.

> 상당한 리스크를 성공적으로 수용하고 있는 회사의 전사 리스크 관리에 대한 견해는 위험한 영역에 용감히 진출한 결과 혹독한 경제적 또는 규제상의 결과에 직면했던 회사의 견해와는 다를 것이다.[9)]

이 모델을 사용하면 조직이 리스크에 관한 입장에 대해 동의하고, 이 입장을 비즈니스 부문과 내부 고객들 그리고 궁극적으로는 이해관계자들에게 소통하는 데 도움이 될 수 있다. 효과적인 소통은 ERM에서의 핵심 고려 사항 중 하나라는 점을 주목하기 바란다.

> 한 조직 내에서 리스크의 긍정적인 면과 부정적인 면이 재조직되고 가치가 평가되는 '문화'를 개발함에 있어서 양호한 소통이 필수적이다. 리스크에 관한 소통은 조직이 리스크에 대한 태도를 수립하는 데 도움이 된다.[10)]

목표와 중대성 수준 설정

리스크 성향을 평가할 수 있는 프레임워크를 설명했으니, 이제 이 프레임워크를 사용하여 평가할 첫 번째 기준을 살펴보기로 하자. 이는 목표와 중대성 수준과 관련이 있다. 목표가 중요할수록 이 목표에 대한 리스크를 관리할 필요가 더 커지며, 따라서 그러한 리스크에 대해서는 용인도가 낮다. 목표와 리스크 성향 사이의 연결 관계는 다음과 같이 설명되어 왔다.

> 전사 리스크 관리는 조직의 목표 달성에 관해 합리적 어슈어런스를 제공하고 조직에 영향을 줄 수 있는 잠재적인 사건들을 파악하고 리스크를 조직의 리스크 성향 이내로 관리하기 위해 조직의 이사회, 경영진 등에 의해 설계되어 전략 수립과 조직 전체에 걸쳐 적용되는 프로세스이다.[11)]

중대성은 추가적인 고려 사항이다. 핵심 목표들이 있고 비즈니스의 핵심 부분이 다뤄졌다면, 통제의 견고성과 통제들이 적절하게 작동할지에 관해 관심을 가지게 되겠지만, 모든 목표들의 중대성 수준이 같은 것은 아니다.

> 목표들objectives은 조직이 그 활동을 수행함에 있어서 향해야 할 측정 가능한 과녁들targets을 제공해 주지만, 목표들의 중요성과 우선순위 정도는 각기 다르다.[12)]

중대성은 의사 결정이 어느 정도로 정밀하고precise 건전할 필요가 있는지로 요약될 수 있다. 사람들은 다음 사항들을 포함한 여러 요인들에 기초하여 리스크 수용 가능 여부에 관한 의사 결정을 내리는 경향이 있다.[13)]

- 해당 활동에 대하여 사람이 통제할 수 있는 정도
- 어떤 사건이 재앙적인 결과를 초래할 수 있는 잠재력
- 잠재적인 결과의 성격
- 영향 받을 가능성이 있는 사람조직에 대한 리스크와 효익의 분포
- 해당 리스크에 대한 익스포져를 자발적으로 택할 수 있는지 여부
- 해당 활동에 대한 친숙도와 이해의 정도

통제는 목표 달성에 대한 리스크를 경감하기 위한 것이며 의도가 아무리 좋다 해도 일들이 언제나 계획한 대로 풀려 나가리라는 절대적인 어슈어런스assurance는 있을 수 없다. 이 합리성이라는 아이디어는 리스크 관리에 확고하게 자리 잡고 있으며, 일정 형태의 리스크 성향을 수립하

는 존재 이유가 된다. 이 점에서 합리성은 널리 논의되는 개념이며 다음과 같은 리스크 관리의 정의에 확고하게 자리 잡고 있다.

> 조직의 목표 달성에 관해 합리적인 어슈어런스를 제공하기 위해 잠재적인 사건 또는 상황을 파악, 평가, 관리, 통제하기 위한 프로세스.[14)]

목표 분류 면에서 이 모델은 4개의 용인 수준 범주를 제안한다.

- **높음:** 이 목표들은 단지 핵심 목표들에 기여하는 요소들을 지원하는 보조적인 목표들이다. 연간 수익에 대한 적절한 통계 데이터 제공이 이에 대한 하나의 예가 될 것이다.
- **중상中上: 운영상 중요함** 이 목표들은 보다 중요하며 예컨대 정보 시스템에 대한 몇 개의 예비설비backups 유지가 이에 해당할 수 있다.
- **중하中下: 전략적으로 중요함** 이 목표들은 중상中上보다 약간 더 중요한 데 위의 예를 계속하자면 고객들에 대한 월간 계좌 거래 상세 내역 보고가 이에 해당할 수 있다.
- **낮음: 전략적으로 매우 중요함** 비즈니스에 매우 중요한 목표들은 훨씬 더 전략적이다. 예를 들면 신규 고객과 기존 고객들에게 온라인 서비스를 유지하는 것을 들 수 있다.

리스크 성향 모델: 2단계

우리는 리스크 성향을 평가하는 프레임워크를 확립하였으며, 정의된 용인 수준은 관련 목표의 중요성에 의존한다고 하였다. 다음 항목은 조직의 각 비즈니스 부문에 영향을 주는 다양한 리스크 유형을 도입함으로써 이 기준을 강화하기 위해 고안되었다. 그림 4.2에서 이 모델을 계속 설명한다.

아래에서 이 모델의 새로운 측면 각각에 대해 설명한다.

비즈니스 영역............... 리스크 오너............... 일자..............

항목		높음	중상	중하	낮음
목표와 중요도 결정	1	기본적 지원	운영상 중요함	전략상 중요함	전략적으로 매우 중요함
리스크들을 적절한 범주에 할당	2	기타 리스크	운영 리스크	재무 & 컴플라이언스 리스크	평판 리스크

[그림 4.2 리스크 성향 모델: 2단계]

리스크를 적절한 범주에 할당하기

비즈니스 목표에 여러 차원이 있는 것과 마찬가지로 이 목표에 영향을 주는 여러 유형의 리스크들이 있다. 리스크 성향을 결정할 때 리스크 유형 분류에 신경을 써야 하는데, COSO ERM은 리스크 범주를 중심으로 수립되었다.

조직의 목표를 이처럼 범주화하면 전사 리스크 관리의 개별적인 측면들에 초점을 맞출 수 있게 된다. 별개이지만 겹치는 이 범주들은 특정 목표가 하나 이상의 범주에 속할 수 있다 조직의 다른 필요들을 다루며, 이에 대한 담당 임원이 다를 수 있다. 이처럼 범주화하면 각각의 범주의 목표로부터 기대할 수 있는 바를 구분할 수 있게 된다.[15)]

리스크 용인 수준을 정할 때 이 리스크들의 성격을 다룰 필요가 있다. 임원들은 손실과 초라한 성과를 피하는 외에도 결과 부풀리기, 빈약한 윤리적 토양 조장, 독재적인 권력 기반 조성, 의심스러운 금융 거래 허용, 정부 법령 위반을 피할 필요가 있다. 비즈니스 우선순위를 반영하여 리스크 범주를 아래와 같이 정하는 조직들이 많이 있다.

- 전략
- 운영
- 외부 위협
- 재무 시스템
- 인적 자원
- 비즈니스 프로세스
- 정보 시스템
- 파트너와 관계사
- 기업 가치
- 시장 점유

리스크 범주를 정한 다음에는 각각의 리스크 범주에 대한 용인 수준을 정한다. 어느 저자가 아래와 같이 암시한 바와 같이 어떤 종류의 리스크가 중요하고 어떤 종류의 리스크가 중요하지 않은지에 관해 문서화되지 않은 규칙을 갖고 있는 조직들도 있다.

> 직감에 따른 규칙이 측정을 좌우한다. 비행기 탑승객들에게 비행기가 심하게 흔들릴 때 느끼는 불안의 정도가 같은지 물어보라. 대부분의 사람들은 비행기를 타는 것이 자동차를 운전하는 것보다 안전하다는 것을 잘 알고 있지만 탑승객 중에는 승무원들을 귀찮게 하는 사람이 있는가 하면 날씨에 관계없이 잘 자는 사람들도 있다. 그것은 좋은 일이다. 모든 사람이 모든 리스크를 정확하게 같은 식으로 평가한다면 많은 기회를 놓치게 될 것이다.[16]

사베인-옥슬리법으로 인해 완전히 새로운 유형의 리스크가 발생되었는데 이 법의 조항과 규칙을 준수하기 위한 조치를 충분히 취하지 않는 회사들은 임원의 투옥과 거액의 벌금에 처해질 수도 있다. 사베인-옥슬리법은 경영진이 아래 사항들에 관련된 리스크를 고려해야 함을 의미한다.

- 해당 규정들을 준수하기 위한 조치의 문서화
- 재무 보고에 대한 내부 통제의 취약점 파악
- 건전한 분기 공시 방법 개발
- 재무 보고 시스템이 건전하고 신뢰할 수 있도록 함

실상은 감사인들은 이보다 한층 더 나아가 거버넌스와 리스크 관리에 관한 논의에 몇 가지 근본적인 요소들을 추가함으로써 리스크에 대해 훨씬 더 넓은 견해를 취할 수도 있다.

내부 감사 활동은 다음 사항에 관한 조직의 거버넌스, 오퍼레이션, 정보 시스템에 대한 리스크 익스포져를 평가해야 한다.[17)]

- 재무 정보와 오퍼레이션 정보의 신뢰성과 무결성
- 오퍼레이션의 효과성과 효율성
- 자산 보호
- 법률, 규정과 계약 준수

리스크를 범주들에 할당함에 있어서, 이 모델은 아래와 같은 4개의 용인 수준 범주를 제안한다.

- **높음: 기타 리스크** 다른 범주에 들어맞지 않는 리스크들은 기타라는 이 범주로 분류할 수 있다. 너무 높은 직원들의 결석률과 같이 덜 중요한 리스크들은 이 그룹에 할당될 수 있다.
- **중상**中上**: 운영상의 리스크** 비즈니스 오퍼레이션에 영향을 주는 사안들은 일상적인 비즈니스 영위에 영향을 주므로 여기에 해당한다. 프로세싱 시스템의 마비와 같은 리스크들은 비즈니스의 원활한 운영을 방해할 터이므로 여기에 해당한다.
- **중하**中下**: 재무 리스크와 컴플라이언스 리스크** 이 범주의 리스크는 이해관

계자에 대한 중요한 공시와 관련이 있으므로 앞의 범주의 리스크들보다 중요하며 따라서 용인 수준이 더 낮다. 중대한 절차 위반 리스크가 이곳에 속할 것이다.

- **낮음: 평판 리스크** 회사가 나쁘게 보이게 하거나 회사를 보다 매력적으로 보이게 하는 데 방해가 되는 모든 것들은 중요성이 가장 크며, 이 범주에 속한다즉, 이는 용인될 수 없으며 이의 영향을 경감시키기 위해 합리적인 모든 조치를 취해야 한다. 조직에 대한 대중의 신뢰를 해칠 수 있는 대규모 집단 소송 리스크는 이 그룹에 속할 수 있을 것이다.

리스크 성향 모델: 3단계

리스크 성향에서 다뤄야 할 다음 측면은 위협과 기회, 또는 어떤 이들은 리스크의 나쁜 면downside과 좋은 면upside이라고 부르는 것과 관련이 있다. 그림 4.3에서 우리의 모델을 계속 설명한다.

이 모델의 새로운 측면에 대해 아래에서 설명한다.

나쁜 면과 좋은 면의 포지션 결정

리스크의 두 가지 주요 구성 요소를 살펴보기 전에 리스크에 대한 정의를 다시 살펴볼 필요가 있다.

> 목표 달성에 영향을 줄 수 있는 사건이 일어날 가능성. 리스크는 발생 시 영향과 발생 가능성으로 측정됨.[18]

비즈니스 영역...............	리스크 오너..............				일자.............
항목		높음	중상	중하	낮음
목표와 중요도 결정	1	기본적 지원	운영상 중요함	전략상 중요함	전략적으로 매우 중요함
리스크들을 적절한 범주에 할당	2	기타 리스크	운영 리스크	재무 & 컴플라이언스 리스크	평판 리스크
좋은 면과 나쁜 면의 포지션 결정	3	비즈니스 기회	운영상의 위협	전략적 위협	전략적 위기

[**그림 4.3** 리스크 성향 모델: 3단계]

따라서 리스크가 크고 현실화될 가능성이 있을 경우 이러한 리스크들이 통제 디자인에 대한 동인이 된다는 의미에서 이들이 중요해진다. 대부분의 조직에서 리스크는 우리를 넘어지게 하고 방해가 될 수 있는 것들이다. 리스크는 우리를 공격하고 자원을 상실하게 할 수 있는 것들이기도 하지만, 리스크는 또한 우리를 너무 겁이 나게 해서 성장하지 못하도록 하고 따라서 우리의 전망을 어둡게 하는 것들일 수도 있다. 그러나 너무 용감한 것은 너무 겁을 내는 것만큼이나 나쁘다.

비록 리스크라는 개념은 위험hazard이나 부정적인 영향이라는 관점에서 해석되는 경우가 흔하지만 이 기준은 리스크를 불확실성의 영향에 대한 노출exposure 또는 계획이나 예상으로부터 벗어날 가능성으로 본다. 이곳에 설명된 프로세스는 잠재적 이익과 잠재적 손실의 관리에 적용된다.[19)]

훌륭한 풋볼 팀은 공격도 잘하고 수비도 잘한다. 선수들은 상대방의 행동을 차단하고, 진로를 탐색하며 상대방에게 점수를 내주는 것을 피하고 득점 기회를 놓치는 것도 피한다. 리스크는 차단되지 않은 위협과 완전히 포착하지 않은 기회로 구성된다. 이는 리스크가 발생하도록 허용하는 문제들을 공격하여 실패를 최소화하고 경쟁 우위가 발생하는 것을 막는 것들을 공격함으로써 경쟁 우위를 최대화하는 것에 관한 것이다. 어떤 조직들은 고유가와 같은 산업에 대한 위협들을 사용하여 예컨대 다른 조직들보다 에너지를 보다 효율적으로 사용함으로써 전략적 성장을 견인한다. COSO는 리스크의 이러한 두 측면을 인식한다리스크 자체는 부정적인 것만을 의미함. 위협 및 기회 양자를 모두 고려하는 것은 건전한 경영 의사 결정의 요소일 뿐, 그 자체가 리스크가 기회까지 포함한다는 의미로 해석되어서는 안 될 것임. 이 책의 다른 부분에서도 마찬가지임. 이에 대해서는 역자의 다른 번역서 『리스크 관리 펀드멘탈』을 참조하기 바람 – 역자 주.

사건들은 부정적 영향, 긍정적 영향 또는 양자 모두를 지닐 수 있다. 부정적 영향을 주는 사건들은 가치 창출을 방해하거나 기존 가치를 잠식하는 리스크를 나타낸다. 긍정적 영향을 주는 사건들은 부정적인 영향을 상쇄하거나 기회가 될 수도 있다. 기회는 어떤 사건이 발생하여 가치 창출이나 보존을 지원하여 목표 달성에 긍정적으로 영향을 줄 가능성이다. 경영진은 전략이나 목표 설정 프로세스에서 기회를 검토하고 이를 포착할 계획을 수립한다.[20)]

나쁜 면/좋은 면의 포지션 결정과 관련하여, 이 모델은 4개의 용인 수준 범주를 제안한다.

- **높음: 비즈니스 기회** 불확실성이 클 경우에도, 리스크를 아래의 3개 범주로 몰아가지 않는 한 창의성과 어느 정도의 실험을 장려하기 원하는 영역에서는 용인될 수 있는 리스크 수준이 상당히 높을 수 있다. 예컨대 신흥 해외 시장을 탐색하기 위해 여러 개의 신규 비즈니스 프로젝트에 착수할 수도 있는데, 이 경우 정보나 이 프로젝트들이 수익을 낼 것이라는 확신이 별로 없을지라도 성숙한 시장이라는 안전지대에 머물고 있는 경쟁자들보다 한 발짝 앞서기 위해서는 성숙되지 않은 시장에 이러한 자원을 투입할 가치가 있을 수도 있다.
- **중상**中上**: 오퍼레이션상의 위협** 연속성과 성공 확보를 위해서는 이러한 위협들이 다뤄져야 한다. 가만히 두면 위협들이 전략적 위협으로 바뀔 수도 있다. 비즈니스에 대한 위협을 우선적으로 다룰 필요가 있는데, 새로운 기회를 탐색하는 정책이 있는 경우에도 현재의 비즈니스는 계속 영위되어야 한다. 운영 인력을 신규 해외 프로젝트에 투입하느라 현재의 국내 시장에서 기반을 상실할 리스크를 무릅쓸 필요는 없다.
- **중하**中下**: 전략적 위협** 이러한 위협들은 위기로 진전될 수 있으므로 보다 공을 들여서 다뤄야 한다. 새로운 시장이라는 기회로 향하기 전에 조직의 방향에 대한 통제력을 상실하게 될 수도 있는 중대한 문제들에 빗장을 걸어둘 필요가 있다. 이사회가 초점을 잘 맞추지 못하거나 CEO가 우유부단할 경우 이 문제가 해결되지 않으면 항상 문제가 된다.
- **낮음: 전략적 위기** 이는 조직이 망하게 될 위험이 있는 곳이다. 지속적으

로 위기 상태에 있는 조직은 이 모델이 시사하는 바와 같이 좋은 쪽의 과제들을 수행하기 전에 나쁜 쪽의 리스크를 다룰 필요가 있기 때문에 의미 있는 성장을 이루기 어렵다. 대부분의 위기 상황은 오퍼레이션상의 위기와 전략적 위기를 다루지 못해 통제를 벗어난 결과로 초래된다.

리스크 성향 모델: 4단계

리스크 성향은 어디에 노력을 집중할지를 결정하는 회사의 기조tone를 설정하므로, 리스크 성향이 리스크 관리 시스템을 견인해야 한다. 그림 4.4에 우리의 모델이 계속된다.

이 모델의 새로운 측면 각각에 대해 아래에서 설명한다.

비즈니스 영역............... 리스크 오너.............. 일자.............

항목		높음	중상	중하	낮음
목표와 중요도 결정	1	기본적 지원	운영상 중요함	전략상 중요함	전략적으로 매우 중요함
리스크들을 적절한 범주에 할당	2	기타 리스크	운영 리스크	재무 & 컴플라이언스 리스크	평판 리스크
좋은 면과 나쁜 면의 포지션 결정	3	비즈니스 기회	운영상의 위협	전략적 위협	전략적 위기
권한 위임 수준 결정	4	팀 수준	비즈니스 담당 임원	집행 임원	이사회 수준

[**그림 4.4** 리스크 성향 모델: 4단계]

권한 위임 레벨 결정

대부분의 조직은 정해진 일련의 권한을 따라 조직된다. 이는 CEO와 이사회가 정책과 전략적 방향을 수립할 권한을 지니며, 정책과 전략적 방향은 조직 전체에 걸쳐 고위 경영진과 비즈니스 관리자들에 의해 해석되고 추진됨을 의미한다. 권한 위임은 직급authority level과 관련이 있는 데, 이는 조직 전체에 걸쳐 위임이 정의되는 방식과 양도되는 방식을 반영하여 정해지고 양도된다. 이 방식은 현행 조직 구조와 문화, 그리고 리스크가 평가되고 다뤄지는 방식에 영향을 줄 것이다.

> 고유 리스크inherent risk라는 개념은 내부 감사인이 특별한 관심을 기울여야 하는 부분 중 하나이다. 조직의 비즈니스 또는 활동의 성격과 경영진의 스타일은 해당 조직의 고유 리스크에 큰 영향을 주는 분위기를 조성한다.[21)]

고위험 영역에 대해서는 덜 중요한 영역에 비해 고위 경영진이 더 주의를 기울일 필요가 있다. 적극적으로 리스크를 취하는 조직에서는 하위 직원들에게 결정을 내리고 이를 실행할 여지를 더 많이 허용하는 반면 리스크 용인 수준이 낮은 조직에서는 대부분의 의사 결정이 소수의 경영진에 의해 본사에서 이뤄지도록 한다는 점에서, 이는 리스크 성향에 대한 좋은 지표 중 하나이다. 직원들에게 에너지를 발산하도록 허용하는 조직들은 실수를 더 많이 저지를 수도 있지만 적응과 개선하는 법을 더 빨리 배운다. 이것이 바로 리스크 용인 수준을 권한 위임 수준으로 정의할 때에는, 높은 용인 수준을 보이는 조직이 더 빨리 배우고 변화하는 환경에 대응하여 직원 수를 신축적으로 조정할 수 있게 됨으로써 실제로는 리스크가 줄어들 수 있는 이유이다.

> 우리 모두는 의사 결정과 사고에 있어서 묵시적으로 리스크를 고려한다. 그러나 다른 이해관계자와 각각의 단계에 대해 토의함으로써 리스크에 대한 고려가 의식적이고 공식적인 훈련이 된다. 이는 과거의 교훈이 고려되도록 하는 데 도움이 되는 장치이다.[22]

권한 위임 레벨이 정해진 책임 수준에 너무 느슨하게 정렬된 조직들은 무질서해질 수 있는 반면 너무 엄격한 조직은 의사 결정이 느리고 번거로울 수 있다. 그러나 새로운 팀원 구성에 관한 의사 결정시 신속한 의사 결정을 내리도록 위임하기 위한 권한 위임 레벨은 보다 심각하게 다뤄지는 주요 재무 거래와 관련된 권한 위임 레벨과는 달라야 한다. 비즈니스에 영향을 주는 사안 중 얼마나 많은 부분을 최고위층 임원이 직접 다루는지를 살펴봄으로써 리스크 성향을 평가할 수 있다. 권한 위임 레벨의 관점에서 이 모델은 4개의 범주를 제안한다.

- **높음: 팀 레벨** 이는 권한이 일선 직원에게 있는 일상적인 기본적 의사 결정이다예컨대, 성수기를 커버하기 위한 교대제 변화.
- **중상中上: 담당 임원** 이 결정들은 담당 임원의 권한으로 건전하고 지속적인 오퍼레이션을 제공해 준다예컨대 해당 연도의 신규 팀원 모집이 이에 속할 수 있다.
- **중하中下: 집행 임원진** 보다 중요한 이슈들은 전체 조직의 방향과 시장 점유에 영향을 미치므로 고위 경영진이 결정하도록 한다예컨대 두 개의 사무소를 하나로 통합하는 다운사이징 실행.

- **낮음: 이사회 레벨** 이해관계자들의 관심을 끄는 사안들은 이사회에 의해 다뤄져야 한다예컨대 회사 이미지를 해치는 금융사기 혐의에 관한 언론 보도.

리스크 성향 모델: 최종

비즈니스 영역에서의 리스크 성향을 판단하기 위한 비즈니스 도구를 완성하기 위해서는 이 모델에 추가할 항목 몇 가지가 더 있다이는 경영진이 상황이 어떤지를 어느 정도 모니터해야 하는지 그리고 필요한 경우 어느 정도로 개입해야 하는지에 관한 것이다. 우리의 완전한 모델이 그림 4.5에 나와 있다.

이 최종 모델의 새로운 측면 각각에 대해 아래에서 설명한다.

비즈니스 영역............... 리스크 오너............... 일자..............

항목		높음	중상	중하	낮음
목표와 중요도 결정	1	기본적 지원	운영상 중요함	전략상 중요함	전략적으로 매우 중요함
리스크들을 적절한 범주에 할당	2	기타 리스크	운영 리스크	재무 & 컴플라이언스 리스크	평판 리스크
좋은 면과 나쁜 면의 포지션 결정	3	비즈니스 기회	운영상의 위협	전략적 위협	전략적 위기
권한 위임 수준 결정	4	팀 수준	비즈니스 담당 임원	집행 임원	이사회 수준
통제 모니터링 수준 결정	5	기본 절차 (감독자)	월례 점검 (매니저)	상시 모니터링 (매니저)	상시 모니터링 (임원들)
리스크 트리거 수준 결정	6	관리되는 리스크 취하기	약간의 리스크 취하기	매우 조심스러움	리스크 회피

[그림 4.5 완성된 리스크 성향 모델]

통제 모니터링 결정

직급

첫 번째 기준은 통제 모니터링을 어느 수준의 직급에 담당시킬지에 관한 것이다. 모니터링을 낮은 직급에서 담당하면 이는 용인 수준이 높음을 의미하고, 모니터링 담당 직급이 높으면 그 반대를 의미한다. 직원들에게 문제의 소지가 있는 영역이 있으면 이에 대해 간단한 메모를 해 달라고 요청한다. 외부의 도전 여지가 거의 없고 따라서 이러한 활동에 관련된 리스크에 대한 용인 수준이 높은 비즈니스 영역에 대해서는 그럴 필요가 없다. 장부에account 서명하기에 앞서 동료들과 함께 더 점검해 볼 필요가 있는 영역이 있는지 결정하려면, 용인 수준을 설정하고 모니터링이 좀 더 필요한지를 판단할 필요가 있다. 정의된 리스크에 대한 용인 수준으로부터 통제에 대해 어느 정도로 모니터할지를 결정하는 것이 리스크 관리의 요체要諦이다. 또한 통제는 경영진이 업무 수행과 서비스 전달 방식을 지시하는 구체적인 방향 설정에 관한 것이다.

> 통제 활동은 대개 해야 될 일을 정하는 정책과 그 정책을 실현하기 위한 절차라는 두 개의 요소와 관련된다.[23)]

통제 모니터링 담당 직급 분류 측면에서 이 모델은 다음과 같은 4개의 용인 주순 범주를 제안한다.

• **높음: 중간 관리자의 기본적인 절차** 통제 모니터링이 주로 팀 리더와 상

사의 책임에 놓여 있으면 리스크에 대한 용인 수준이 높다는 증거가 된다. 예컨대 해당 비즈니스 부문의 일상 업무는 하위 책임자에 의해 결정되고 그 이상의 모니터링은 거의 이뤄지지 않을 수 있다.

- **중상中上: 경영진의 지속적인 검토** 지속적인 경영 시스템의 일환으로서 검토되는 사안에 대해서는 용인 수준이 다소 낮을 수 있다. 여기에서 사안들을 적절히 검토하려면 지속적인 정보의 흐름이 필요함을 강조하고자 한다. 예컨대 잠재적인 문제가 있을 경우 리스크가 경감되지 않고 불량 제품이 생산될 가능성이 있으므로 특정 비즈니스 라인의 품질에 관한 지속적인 보고가 정보 시스템 안에 내장되어 있을 필요가 있다.
- **중하中下: 경영진의 월례 검토** 이제 경영진에게 매월 보고하는 것과 같은 보다 높은 직급의 모니터링을 살펴보기로 한다. 해당 비즈니스 부문에 특이사항이 있어서 정기적으로 이를 조사하여 승인받아야 할 필요가 있을 수 있다. 예를 들어 한 사무소에 대한 고객 불만을 매월 보고하여 해당 사무소의 오퍼레이션에 대한 통제를 강화할 필요가 있는지 파악할 필요가 있다.
- **낮음: 고위 임원의 모니터링** 리스크에 대한 용인도가 가장 낮은 비즈니스 영역에 대해서는 고위 경영진이 통제 모니터링에 관여하게 된다. 예컨대 집행 임원은 모든 것이 적절하게 수행되는 것이 필수적인, 안전에 취약한 비즈니스 부문에서의 회사 규정 준수 관련 시정 상황에 대한 보고를 요청할 수 있다.

리스크 트리거 수준 설정

마지막 기준은 비즈니스 부문에 대해 설정된 매우 중요한 트리거trigger

이다. 리스크 용인 수준이 높은 영역에서는 통제를 담보할 트리거가 거의 없을 것이다. 반대로 조직들은 문제 발생에 대한 리스크 성향이 매우 작은 보다 주요한 비즈니스 부분에서는 여러 종류의 리스크 트리거를 두기 원할 것이다. 리스크 트리거는 용인 수준을 계량화하여 어떤 활동이 정해진 트리거 격발 수준에 도달하면 활동을 중단하고 상부에 보고하거나 조치를 취한 후 상부에 보고하여 상부에서 주의를 기울이고 조치를 취하도록 하는 것과 관련이 있다.

> 리스크 용인 수준 이내에서 오퍼레이션이 수행되면 경영진은 해당 조직이 자신의 리스크 성향 이내로 유지되고 있다고 확신할 수 있게 되고, 나아가 해당 조직이 목표를 달성할 수 있을 것이라는 데 대해 보다 더 안도할 수 있게 된다.[24)]

이러한 트리거 수준이 설정되는 방식과 일단 설정된 트리거 수준이 다뤄지는 방식으로부터 리스크 성향을 평가할 수 있다. COSO는 목표, 용인 수준과 편차variation 사이의 연결 관계에 대해 다음과 같이 설명한다.

> 리스크 용인 수준은 조직의 목표와 관련이 있다. 리스크 용인 수준은 특정 목표 달성 대비 허용 가능한 편차의 정도인데, 이는 흔히 관련 목표 측정에 사용되는 것과 동일한 단위로 측정하는 것이 가장 좋다.[25)]

트리거 수준과 관련하여 이 모델은 다음의 4가지 용인 수준 범주를 제안한다.

- **높음: 리스크를 취함**risk taking 비즈니스 부문에 대해 아무런 트리거가 설정되어 있지 않은 경우 지속적인 개입은 거의 없으며 제약 없이 많은 부분이 수행될 수 있다. 예컨대 특정 프로젝트팀이 창설된 후 6개월간은 아무런 보고도 하지 않고서 업무를 수행하다 6개월 경과 시점부터 보고하도록 할 수 있다.
- **중상**中上**: 약간의 리스크를 취함** 다음 수준에서는 약간의 개입을 한다. 앞의 프로젝트의 예에서 초기 6개월 동안 약간의 예외 사항을 보고하여 경영진에게 프로젝트의 진행 경과를 알 수 있도록 할 수 있다.
- **중하**中下**: 다소 조심스러움** 트리거들의 범위와 숫자가 보다 많을 경우 리스크에 대한 용인 수준이 보다 낮다고 할 수 있다. 위의 프로젝트에서 실패할 여지를 줄일 필요가 있기 때문에 예컨대 경영진에게 보고할 10개의 핵심 지표들이 고안될 수 있다.
- **낮음: 리스크를 회피함** 리스크를 가장 회피하는 입장에서는 대부분의 비즈니스 측면에 대해 많은 트리거들을 설정해 두고, 목표에서 조금이라도 이탈하면 경영진에게 보고하여 경영진이 신속한 조치를 취할 수 있게 한다. 중요한 프로젝트에 대해서는 진행 경과, 계획 대비 이탈, 예산 절감 또는 초과 또는 꼼꼼한 검토를 하게 할 많은 다른 트리거들에 대해 매주 업데이트할 수도 있다.

조직 전체의 용인 수준이 어느 정도인지를 정의하는 것은 하나의 리스크 용인 수준 수립이라기보다는 일정 범위의 기준 수립에 관한 것이다. 리스크는 아래의 지침에서 명백히 설명하는 바와 같이 하나의 표준적인 행태를 따르지 않는다.

과거의 리스크로부터 평가 기준을 세울 때 다음과 같은 문제들에 직면한다.[26)]

- 특정 리스크는 특정 상황에서는 처리될 필요가 있는 반면 다른 상황에서는 그렇지 않을 수도 있다.
- 특정 리스크가 과거에는 '수용되었지만' 현행 분석 방법을 사용하고 사회의 현재의 용인도 수준을 고려할 때 지금은 '수용할 만하' 지 않을 수도 있다.
- 배경 리스크들은 상황마다예컨대, 나라마다 다르며 따라서 전 세계적으로 동일한 평가 기준이 적용될 것이 아니라 상황 별로 다르게 적용되어야 하는지 여부에 관한 질문이 제기된다.

위와 같은 문제들로 인해서 이용할 수 있는 리스크 데이터 외에도 정치적 또는 경제적 판단이 사용될 수도 있다.

이번 장의 서두에서 언급한 바와 같이 리스크 성향이라는 개념은 내부 감시인에게 몇 가지 시사점이 있다.

1. 내부 감사인이 유능한 감사 업무를 수행할 수 있으려면 경영진이 어느 정도의 리스크를 안고 있는지 이해할 필요가 있다.

   통제가 평가될 수 있으려면 경영진은 검토될 영역에서 자신들이 어느 정도의 리스크를 부담할 지 결정해야 한다. 이는 검토 대상 영역의 주요 목표 달성에 대한 핵심적 위협의 잠재적 영향을 감소시킨다는 관점

에서 파악되어야 한다.[27)]

2. 내부 감사 부서에 의해 평가될 통제는 해당 통제의 대상이 되는 리스크와 연계되어 평가되어야 한다.

   리스크 수준이 결정되면 리스크를 원하는 수준으로 감소시킴에 있어서 현재의 통제들이 얼마나 성공적일 것으로 예상되는지에 대한 평가를 내릴 수 있다.[28)]

3. 그러나 감사인은 도움을 줄 수도 있다. 감사인은 또한 관리자가 리스크가 어떻게 수용할 만한 수준으로 줄어드는지 이해하게 해 줄 수 있다.

   경영진이 핵심 리스크와 자신들이 어느 정도의 리스크를 부담하기 원하는지를 정하지 않은 경우 내부 감사 부서는 리스크 파악 워크샵 주관 facilitation 등을 통해 경영진을 도와줄 수도 있다.[29)]

4. 감사인은 자신이 인식한 리스크 수준에 대해 우려가 있을 경우 이를 보고 체계에 따라 상부에 보고해야 한다.

   CAE는 자신이 보기에 고위 경영진이 조직에 수용할 수 없는 수준의 잔여 리스크를 수용했다고 믿는 경우 이를 고위 경영진과 상의해야 한다. 잔여 리스크에 관한 의사 결정이 해결되지 않을 경우 CAE와 고위 경영진은 이 사안을 이사회에 보고하여 그 결정에 따라야 한다.[30)]

요약

리스크 성향은 고위 경영진이 많은 면에서 모호한 개념을 어떻게 공식화할 것인가라는 면에서 고심하는 개념이다. 한 조직의 리스크 성향을 고려하는 한 가지 방법은 아래의 다섯 단계를 따르는 것이다.

1. 저, 중, 고 영향/가능성 리스크라는 범주 면에서 조직 내의 각 비즈니스 영역에 대한 리스크 성향의 본질적 특성을 나타내는 모델을 개발한다.
2. 이 모델을 사용하여 해당 비즈니스에 수용할 만하다고 간주되는 리스크 수준 벤치마크에 사용될 요인들을 정의한다.
3. 이 모델의 각각의 요인에 대해 용인될 수 있는 것과 보다 엄격하게 통제될 필요가 있는 것이라는 관점에서 저, 중, 고 리스크 용인 수준으로 간주될 수 있는 것을 정의한다.
4. 위의 모델과 정해진 척도를 사용하여 각각의 비즈니스 부분의 리스크 용인 수준이 저, 중, 고 중 어디에 해당하는지를 결정한다.
5. 조직의 각 부분의 관리자들에게 리스크 용인 수준에 관하여 전사적으로 강력한 메시지를 전달하고, 관리자들이 이 정보를 이용하여 리스크를 평가 및 관리할 수 있도록 한다. 예를 들어 오류 재무 보고 가능성이 있는 중요한 영역에 대해서는 리스크 용인 수준이 낮은 것으로 간주될 수 있으며, 따라서 전사 차원과 지역 차원의 엄격한 리스크 트리거가 적용될 수 있다.

부록에는 ERM 시스템의 전반적인 품질 평가, ERM 프로세스 지원과 검토에 적용될 수 있는 감사 접근법의 유형을 판단하는 데 사용할 수 있는 체크리스트가 나와 있다.

Notes

1. 로렌스 B. 소이어(Lawrence B. Sawyer), 모티머 A. 디텐호퍼(Mortimer A. Dittenhofer), H. 샤이너(H. Scheiner), 소이어의 내부 통제(Sawyer's Internal Control), 5판(올란도, 플로리다: IIA, 2003년), 129쪽.
2. IIA 기준 2110.
3. IIA, 용어 설명.
4. 위의 글.
5. IIA, 영국&아일랜드, 용어 설명.
6. 위의 글.
7. IIA, 영국&아일랜드, Position Statement 2004.
8. IIA, 용어 설명.
9. COSO, 전사 리스크 관리, 2004년 9월, 28쪽.
10. 호주/뉴질랜드 기준: 리스크 관리 가이드라인 AS/NZS 4360:2004, 21쪽.
11. COSO, 전사 리스크 관리, 2004년 9월, Executive Summary.
12. 위의 글, 39쪽.
13. 호주/뉴질랜드 기준: 리스크 관리 가이드라인 AS/NZS 4360:2004, 23쪽.
14. IIA, 용어 설명.
15. COSO, 전사 리스크 관리, 2004년 9월, Executive Summary.
16. 피터 L. 번스타인(Peter L. Bernstein), Against the Gods: The Remarkable Story of Risk(국내에는 『위험 기회 미래가 공존하는 리스크』로 번역 소개됨)(Hoboken, NJ: John Wiley & Sons, 1996년), 105쪽.
17. IIA 기준 2110.A2.
18. IIA, 용어 설명.
19. 호주/뉴질랜드 기준: 리스크 관리 가이드라인 AS/NZS 4360:2004, 서문.
20. COSO, 전사 리스크 관리, 2004년 9월, Executive Summary.
21. 로렌스 B. 소이어(Lawrence B. Sawyer), 모티머 A. 디텐호퍼(Mortimer A. Dittenhofer), H. 샤이너(H. Scheiner), 소이어의 내부 통제(Sawyer's Internal Control), 5판(올란도, 플로리다: IIA, 2003년), 128쪽.
22. 호주/뉴질랜드 기준: 리스크 관리 가이드라인 AS/NZS 4360:2004, 22쪽.
23. COSO, 전사 리스크 관리, 2004년 9월, 64쪽.
24. 위의 글, 40쪽.
25. 위의 글, 20쪽.
26. 호주/뉴질랜드 기준: 리스크 관리 가이드라인 AS/NZS 4360:2004, 67쪽.
27. IIA, 수행권고 2120.A4-1.
28. 위의 글.
29. 위의 글.
30. IIA 기준 2600.

Chapter 5

통제 리스크 자체 평가

Control Risk Self-Assessment

Chapter 5

통제 리스크 자체 평가

내부 감사 활동은 리스크 평가 결과에 기초하여 조직의 거버넌스, 오퍼레이션 및 정보 시스템을 포함한 통제의 적정성과 효과성을 평가해야 한다.

IIA 기준 2120. A1

개요

통제 리스크 자체 평가control risk self-assessment: CRSA는 ERM 지원에 활용될 수 있는 강력한 도구이다. 이는 관리자와 현업 팀들에게 대개 워크샵 또는 진행자의 도움 하에서의 회의facilitated meeting에서 자신의 리스크와 통제에 대해 자체적으로 평가하기에 관한 것이다. ERM은 큰 그림인 반면 CRSA는 양호한 ERM을 증진하는 데 활용될 수 있는 도구 중 하나이다. 그림 5.1은 이 점을 보여 준다.

여기서의 요점은 CRSA는 ERM이 아니라는 것이다. CRSA는 ERM의 일부일 뿐이다. 감사인이 건전한 CRSA 프로그램이 갖춰져 있다고 생각할지라도 그 결과 양호한 ERM 프로세스가 있으리라고 판단할 수 있음을 의미하지는 않는다. 이 점에 유의할 필요가 있지만, 많은 이들이 사람 및 일하는 방식을 강조하는 CRSA에 대해 언급하고 있다.

ERM	CRSA
이사회에서 주도	관리 도구
모든 리스크를 대상으로 함	특정 리스크를 대상으로 함
리스크 정책에 의해 작동함	오퍼레이션 개선 요구에 의해 작동함
주로 전체 조직에 대한 리스크 개념임	주로 리스크와 통제에 관한 워크샵임
전사적 리스크 보고 시스템에 기초함	지역적 리스크 대장(risk register)에 기초함
조직 전체에 걸쳐 적용됨	비즈니스의 특정 부분에 적용됨
CRSA에 의해 ERM이 지원됨	ERM에 의해 CRSA가 작동함
전반적인 통제 시스템에 대한 검토	특정 통제에 대한 검토
이사회에 의해 조정됨	리스크 후원자에 의해 조정됨

[그림 5.1 ERM과 CRSA의 비교]

CSA는 최초로 시작된 이후 불과 몇 년 안에 전 세계적으로 급속히 확산되었으며, 현재 RSArisk self-assessment, QSAquality self-assessment 등 다양한 이름으로 불리고 있다. CSA는 기업, 정부, 의료계, 교육 및 국제기구, 비영리기관 등에서 행해지고 있다. CSA는 이 모든 부문들에서 이를 한 모금의 청량제로 여기는 수천 명의 고객들에게 환영 받고 있다. 왜 그럴까? 아마도 사람들에게 자신의 세계, 즉 실제 세계에서의 이슈들을 물어보고 그들의 전문성을 인정하기 때문일 것이다. 또한 아마도 절차가 아니라 사람이 조직의 성공의 근원이라는 점을 이해하기 시작했기 때문일 것이다.[1)]

감사인들은 CRSA에 커다란 이해관계를 가지고 있다. 그 이유는 CRSA가 잘 작동할 경우 감사 프로세스는 CRSA를 광범한 감사 테스트와 분석을 단축시켜 주는 도구로 여겨 이에 애착을 보이며 지지할 것이기 때문이다.

내부 감사는 CSA 프로그램에 상당한 투자를 한다. 내부 감사는 사실상 CSA 프로세스의 오너가 되어 이 프로세스를 지원, 설계, 실행하고, 연수를 실시하며, 진행자facilitator, 서기 및 보고자를 제공하고, 경영진과 현업팀의 참여를 조정할 수도 있다. 이와는 달리 내부 감사의 관여가 미미한 CSA 프로그램도 있을 수 있다. 이 경우 내부 감사는 전체 프로세스에 대한 이해관계자와 컨설턴트로서의 역할과 다른 팀들이 산출한 평가의 궁극적인 확인자로서의 역할을 수행할 수 있다. 대부분의 CSA 프로그램의 경우 조직의 CSA 노력에 대한 내부 감사의 투자는 위에 설명된 양극단 사이의 어느 지점에 위치할 것이다.[2)]

통제/리스크 자체 평가 모델: 1단계

CRSA는 저절로 되는 것이 아니다. CRSA가 조금이라도 성공할 가능성이 있으려면 주의깊게 계획하여 착수되어야 한다. 우리의 모델은 그림 5.2에서 보는 바와 같이 CRSA 프로그램의 착수로부터 시작한다.

이 모델의 각각의 측면에 대해 아래에서 설명한다.

이사회의 리스크 정책

이사회는 CRSA가 정확히 무엇이며 전체 조직에 어떻게 적용될지를 정하는 전사 리스크 정책을 제정해야 한다. CRSA를 정의함에 있어서 IIA의 업무 수행 지침은 하나의 좋은 출발점이 될 수 있다.

CSA라 불리는 자체 평가 설문 조사와 진행자의 도움을 받는 워크샵 facilitated workshop을 포괄하는 방법론은 통제 절차를 평가함에 있어 관리자와 내부 감사인이 협력하기 위한 유용하고 효율적인 접근법이다.[3)]

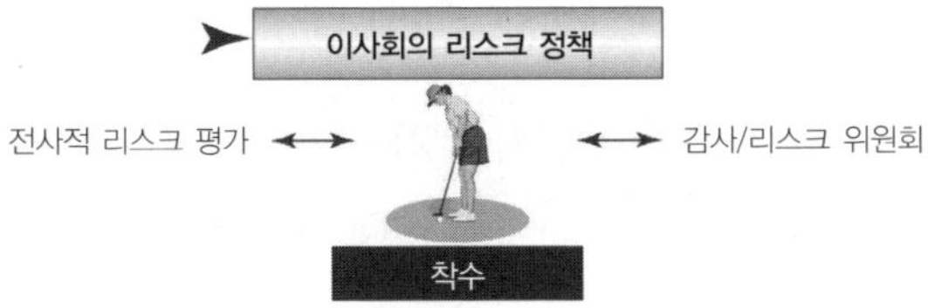

[그림 5.2 CRSA 모델: 1단계]

회사 차원의 리스크 평가

CRSA 사건 프로그램을 시행하되 이를 직원들이 아무렇게나 하도록 맡겨 두는 조직이 있다. 그럴 경우 많은 데이터와 상세한 보고서들이 만들어지기는 하지만 이를 의미 있게 취합하기는 어렵다. 공통 주제를 개발하고 CRSA 프로그램이 이 주제들로부터 시작되고 또 이 주제들에 피드백을 제공하도록 권장하는 것이 더 낫다. 이 관점에서 볼 때 상위 10

개에서 12개의 리스크를 파악하고자 하는 회사 차원의 상위 레벨 리스크 평가를 개발하는 것이 좋다. 이는 이후에 다양한 비즈니스 부분에서 수행되는 리스크 평가에 필요한 방향을 제공할 것이다. 예를 들어 이사회가 공금 유용과 직원의 사기詐欺가 주요 우려 사항이라고 생각할 경우, 이를 CRSA 사건 안에 포함시켜 직원들에게 자신의 운영 리스크 프로필을 개발할 때 공금 유용과 불규칙성 리스크에 대해 언급하도록 요청할 수 있다. 이사회가 안전상의 이슈에 대해 우려할 경우 이때에도 CRSA 프로그램의 방향 도출에 이 주제가 사용될 수 있다. 이사회가 향후 기업의 사회적 책임에 보다 더 중점을 두고자 할 경우 이사회는 이 주제가 조직 내의 다양한 비즈니스 부문에서 논의되게 할 수 있다. 마지막으로 한 가지 더 예를 들자면 직원의 역량과 승계 계획 이슈가 중요한 회사의 우려 사항일 경우 전 비즈니스 부문에 걸쳐 실시되는 워크샵에서 이 이슈가 다뤄질 수 있다. 전사 차원의 우선순위와 오퍼레이션상의 의사 결정 연결이 중요한데, 이는 사람들이 자신의 업무에 대해 책임을 질 준비가 갖춰져 있음을 의미한다.

자체 평가로부터 파생될 수 있는 결과물은 다음과 같다.[4]

- 비즈니스 부문의 직원들이 리스크를 평가하고, 통제 프로세스를 리스크 관리에 연결시키며, 비즈니스 목표 달성 가능성을 높임에 있어서 훈련되고 경험을 쌓게 됨.
- 비공식적인 소프트 통제들soft controls이 보다 쉽게 파악되고 평가됨.
- 사람들이 자기 부문에서의 통제 프로세스에 대해 '오너십'을 가지도록

동기가 부여되고, 현업 팀에서 취한 시정 조치들이 보다 효과적이고 시의 적절한 경우가 흔함.

- 조직의 전체 목표-리스크-통제 인프라스트럭쳐가 더 많은 모니터링을 받게 되고 지속적으로 개선되게 됨.

감사/리스크 위원회

이 모델의 다음 부분은 감사/리스크 위원회의 역할에 관한 것이다. 감사위원회의 중요성은 제대로 인식되어 왔다.

> 감사위원회는 감독oversight 위원회로서 일상적인 오퍼레이션 책임을 지지 않으며 원칙적으로 비상임 이사로 구성되어야 하므로 회사의 리스크 관리 프로세스를 검토하기에 이상적인 기구이다. 또한 21세기의 감사위원회는 독립적인 이사들과 최소 1인 이상의 재무 전문가로 구성되는 것이 필수적이다. 실제로 재무 관리에 대한 현행 접근법의 많은 부분들이 매우 복잡하다 보니 대다수의 감사위원회 위원들이 어느 정도의 재무 지식을 갖추는 것은 필수적이다.[5)]

감사위원회 위원들은 자신이 관할하는 분야에서의 리스크 관리 프로세스에 결함이 있을 경우 이에 대해 보고받을 필요가 있으며 그러한 보고를 위한 명확한 기준을 수립할 필요가 있다.

> 결함에 대해 보고받게 될 당사자들은 무엇이 보고되어야 하는지에 대해 구체적인 지침을 제공하기도 한다. 예를 들어 이사회나 감사위원회는 경

영진이나 내부 또는 외부 감사인에게 특정 임계치threshold나 심각성 또는 중요성을 충족시키는 결함들에 대해서만 보고하도록 요청할 수 있다.[6)]

뉴욕 증권거래소에 상장된 회사들은 감사위원회에서 리스크 평가와 리스크 관리에 관한 정책들을 논의하도록 요구된다.

착수

우리의 첫 번째 모델의 마지막 부분은 CRSA가 적절하게 착수launch되게 하려는 단계들로 구성되어 있다. CRSA 프로그램이 엉성하게 고안될 위험에 대해 다음과 같은 경고가 있다.

> CSA는 간단하면서도 놀라울 정도로 복잡하다. 이것이 간단한 이유는 공통의 목적과 공유된 경험을 가지고 있는 일군一群의 사람들이 개선 기회를 찾아내기 위해 모이기 때문이다. 그러나 사람과 관련된 모든 프로세스는 복잡하며 진행자facilitator가 모르는 최근의 사건과 과거의 사건들에 영향을 받는다. 따라서 부주의하고 경험이 없는 사람들에게는 많은 함정이 있다.[7)]

CRSA는 많은 방식으로 설계, 시행될 수 있다.

> 조직들에서 CSA 프로세스에 다양한 접근법이 사용되는 것은 산업, 지리, 구조, 조직 문화, 직원에 대한 권한 부여 정도, 경영 스타일과 전략 및 정책 형성 방식에 있어서 차이가 있기 때문이다.[8)]

일부 대규모 조직들 중에는 가령, 조직의 한두 부분에서 소규모 파일롯 프로그램pilot program을 이용하여 본 프로그램main program이 어떻게 착수될 수 있을지 테스트하는 조직이 있는가 하면, 곧바로 본 프로그램을 시행하는 조직도 있다. 아래의 사례 연구는 CRSA가 어떻게 도입되는지에 대한 접근법 중 하나를 보여 준다.

사례 연구

리스크 관리 의무

어느 대형 건설 회사는 프로젝트 관리에 관련하여 리스크가 파악, 관리, 보고되도록 하는 모든 측면을 다루는 상세한 리스크 관리 핸드북을 만들었다. 리스크 관리 프로세스를 회사 전체에 걸쳐 채택된 실행절차로 이해하는 한편 직원들은 이 핸드북을 기초로 한 광범위한 연수 프로그램에 참석했다. 리스크 관리는 해도 되는 개념이 아니라 반드시 해야 하는 프로세스로 다루어졌다.

통제/리스크 자체 평가 모델: 2단계

지금까지는 CRSA 프로그램에 착수하기 전에 갖춰져야 할 요소들을 다뤘다. 이제 운영 리스크 관리에 대한 체계적인 접근법을 마련하는 데 사용할 수 있는 명확한 방법론을 갖추기 위해 해결해야 할 이슈들을 다룬다. 우리의 모델은 그림 5.3에서 계속된다.

이 모델의 새로운 측면 각각에 대해 아래에서 설명한다.

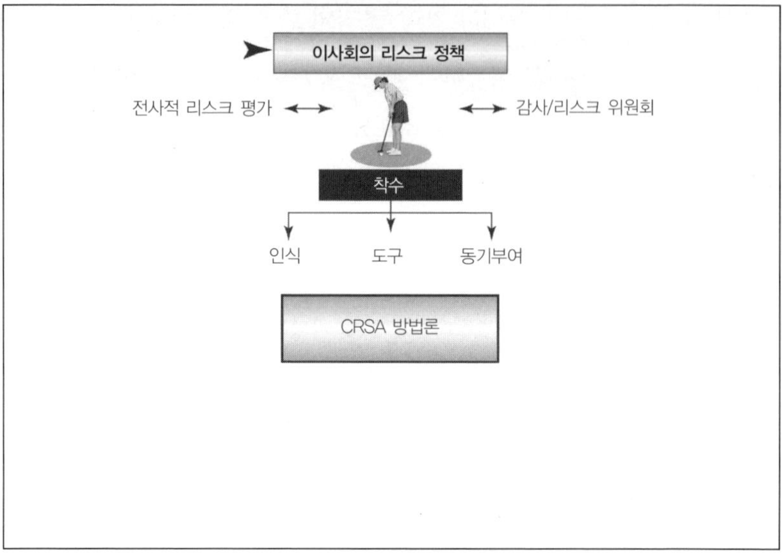

[그림 5.3 CRSA 모델: 2단계]

인식awareness

사람들이 리스크 워크샵에 참석해서 몇 시간 동안 자신들의 리스크 및 그중 큰 리스크에 대해 무엇을 할 것인지에 대해 토의하고 난 뒤에는 일상 업무로 되돌아가기 때문에 많은 CRSA 프로그램들이 실패한다. 참석자들에게 워크샵이 어떠했는지 물어보면, 많은 사람이 유익했다고 말하겠지만 CRSA가 차이를 만들어 낼 수 있는 가능성이 있다는 것과 CRSA가 보다 넓은 ERM과 거버넌스 체계에서 어떤 위치를 차지하는지에 대해서는 별로 이해하지 못한다. 실상은 직원들 중에는 리스크 주기risk cycle와 이 주기가 일상의 업무에 어떻게 적용될 수 있는지에 대해 제대로 이해하지 못하는 사람들이 있을 것이다. 아래의 사례에서는 CRSA 프로세스의 중요성에 대한 직원의 인식을 보여 준다.

사례 연구

온라인 자원 사용하기

어느 금융 회사에서는 회사의 인트라넷이 주요 리스크 관리 자원으로 사용된다. 온라인 프레젠테이션, 음성 메시지, 사례 연구, 정책 선언문들은 직원들에게 조직적인 방법으로 전달되었으며 그 후에는 필요할 때마다 전달되었다. 업무와 무관한 예를 이용한 매력적인 삽화illustration를 이용하여 해외에서의 휴가를 계획하는 일군一群의 친구들에 관한 맥락 설정, 수용buy-in, 리스크 파악 · 평가 · 관리 등 리스크 관리의 기본적인 요소들을 전달하였다. 이 온라인 자원은 헬프 라인 전화로 보완되었다.

도구

CRSA는 사람들이 자신의 리스크를 이해하고 자신의 통제를 검토하며, 이 과제에 유용한 도구와 기법을 적용하기에 관한 것이다. 많은 CRSA 수행자들은 CRSA에 설문지, 워크샵, 경영진의 검토라는 3가지 주요 접근법이 있다고 생각한다.

> CRSA 프로그램의 3가지 주요 형태는 진행자의 도움을 받는 팀 워크샵, 설문 조사, 경영진이 산출한 분석이다. 조직들은 흔히 한 가지 이상의 방법을 결합하여 사용한다.[9]

워크샵에 대해서는 이번 장章의 뒷부분에서 다룬다. 설문지 사용과 관련해서는 IIA의 업무 수행 권고에서 다음과 같이 말한다.

CSA의 설문 조사 형태는 조사 대상자가 이해할 수 있도록 주의 깊게 작성되어 대체로 간단한 예/아니오 또는 했음/하지 않았음 질문을 하는 경향이 있다. 바람직한 응답자 수가 너무 많거나 너무 멀리 분산되어 있어서 워크샵에 참석하기 어려운 경우에 설문 조사가 자주 사용된다. 조직 문화가 워크샵 환경에서의 개방적이고 솔직한 토론을 방해하거나 경영진이 해당 정보 수집에 소요되는 시간과 비용을 최소화하기 원할 때에도 설문 조사가 선호된다.[10)]

경영진이 산출한 분석은 다음과 같이 설명된다.

경영진이 산출한 분석이라 불리는 자체 평가 형태는 선정된 비즈니스 프로세스, 리스크 관리 활동과 통제 절차에 관한 정보를 산출하기 위해 경영진에 의해 사용되는 대부분의 다른 접근법들을 포함한다.[11)]

또 다른 CRSA 도구는 토론에 초점을 맞추기 위해 사용할 수 있는 통제 모델과 관련이 있다.

모든 자체 평가 프로그램들은 관리자와 팀원들이 리스크와 통제 개념을 이해하고 소통 시에 이 개념들을 사용하는 것에 기초를 두고 있다. 조직들은 흔히 COSO 모델이나 COCO 모델과 같은 통제 프레임워크를 연수 세션training session을 위해서, 워크샵의 토론이 질서 있게 진행되도록 촉진하기 위해서, 그리고 전반적인 프로세스의 완전성에 대한 점검 수단으로 사용한다.[12)]

동기부여motivation

사람들이 CRSA에 진정으로 관심을 기울이지 않거나 리스크 관리 도구가 자신의 업무에 도움이 된다고 믿지 않기 때문에 많은 CRSA 프로그램들이 실패한다. 사람들이 이 개념을 사용하는지 여부에 많은 것들이 좌우되기 때문에 이 모델은 직원들에 대한 동기부여를 포함한다. 아래의 예는 모든 사람들로부터 에너지와 수용buy-in을 이끌어 내는 일의 중요성을 보여 준다.

> 사례 연구
>
> **동태적인 리더의 중요성**
>
> 어느 리스크 워크샵의 리더는 거만하고 고리타분했다. 그는 리스크라는 말의 역사적 기원을 장황하게 설명하고 '우리가 모르고 있다는 것을 모르고 있는 것' 이 진정한 위협이 된다는 견해에 대해 상세하게 설명했다. 이 행사는 몇 시간을 질질 끌었으며, 참석자들에게 전혀 받아들여지지 않았다. 이 워크샵 리더는 리스크와 리스크 관리 기법에 대해 깊이 있는 지식을 지니고 있었지만, 참가자들과 공감할 수 있는 열의나 역량이 전혀 없었다. 이후로 워크샵이란 용어는 직원들에게 공포의 대상이 되었다.

CRSA가 수용되는 곳에서는 큰 차이를 만들어 낸다.

협의체로서의 팀 접근법은 다양한 분야의 전문가들이 한 곳에 모여 리스크를 분석하고, 리스크 평가 시에 다양한 견해들이 적절히 고려되도록 하며, 리스크를 다룰 때 적절한 변화가 이뤄지게 하기 때문에 맥락을 적절하게 정의하고 리스크를 효과적으로 파악하도록 도움을 주는 데 유용하다. 이는 참가자들에게 특정 통제의 효용과 처리 계획 지지 및 지원 필요에 대해 이해하도록 해 준다.[13)]

CRSA 방법론

또 다른 핵심 이슈는 CRSA에 대한 확고한 접근법을 취할 필요가 있다는 점이다. 워크샵이 조금이라도 소용이 있으려면 일정 형태의 기준에 따라 수행되어야 한다. 전문가와 진행자에 의지하여 CRSA가 수행되는 방식을 이끌어 가는 조직도 있다. 그런데 이 경우 진행자가 떠나거나 싫증이 나면 프로그램 전체가 망가져 버린다. CRSA 행사를 수행하는 명확한 방법을 정해 놓고 조직이 이 형식을 적용하도록 하거나 일정한 원칙을 정해 두고 CRSA 워크샵이 이 원칙의 테두리를 지키도록 하는 것이 훨씬 낫다.

통제/리스크 자체 평가 모델: 3단계

몇 가지 고려 사항즉 통제 문화와 CRSA가 조직에 적용되는 방식을 추가하여 이 모델을 풍부하게 만들 필요가 있다. 그림 5.4에 우리의 모델이 계속된다.

이 모델의 새로운 측면에 대해 아래에서 설명한다.

통제 문화

통제 문화 또는 통제 환경은 CRSA에 중대한 영향을 주는데, 이는 통제 문화의 상태가 CRSA가 적용되는 방식에 영향을 주기 때문이다. 문화

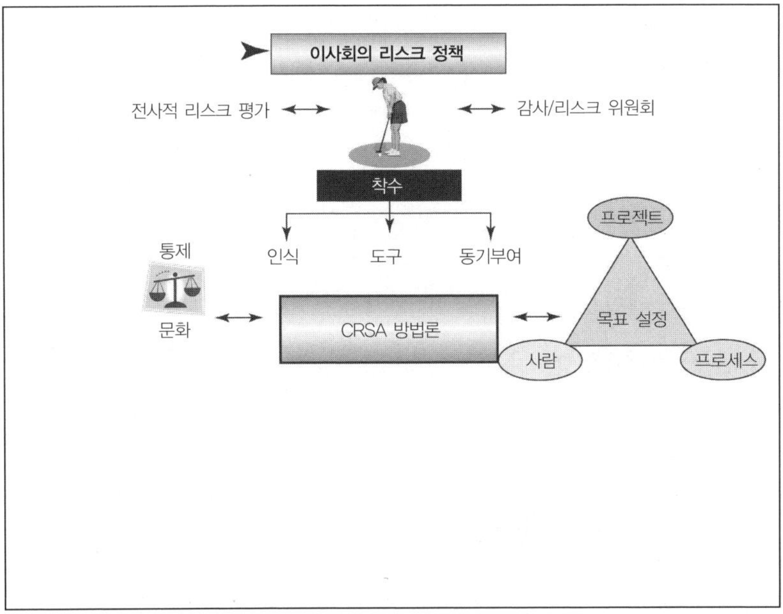

[**그림 5.4** CRSA 모델: 3단계]

가 좋으면 CRSA를 이용하여 평가하고 다뤄져야 할 필요가 있지만 파악하기 어려운 리스크를 찾아낼 수 있다. 이 맥락에서 CRSA는 단지 운영 리스크 관리에 있어서 사람들이 지니고 있는 전문성 수준을 통합하는 일련의 도구로 여겨진다. 문화가 취약한 곳에서는 출발선이 낮아질 것이고, CRSA를 사용하여 리스크에 대한 인식과 성공 가능성을 향상시키기 위해 통제가 적용될 수 있는 가능성에 대한 인식을 제고시키기만 할 수도 있다. 통제 환경은 다음과 같이 설명된다.

> 통제 환경은 조직 내에서 통제의 중요성에 대한 이사회와 경영진의 태도와 행동을 말한다. 통제 환경은 내부 통제 시스템의 주요 목표 달성을 위

한 규율discipline과 구조를 제공하며, 아래의 요소들을 포함한다.[14)]

- 고결성integrity과 윤리적 가치
- 경영진의 철학과 운영 스타일
- 조직 구조
- 권한과 책임의 부여
- 인사 정책과 관행
- 임직원의 역량

아래의 사례 연구를 보기 바란다.

사례연구

핵심 이해관계자들에게 소통하기

어느 조직에서는 리스크 관리와 보고에 대한 기본적인 수준의 역량을 갖추고 일할 수 있도록 하려는 리스크 인식 세미나에 핵심 관리자와 직원들이 참석하지 않았다. 그래서 세미나에 참석하지 않은 많은 사람들이 자신들이 공격 · 비난 등에 노출되어졌다고 생각했고, 사람은 주어진 상황 가운데에서 가능한 만큼만 할 수 있고 완벽할 수 없다는 것을 이해하지 못했기 때문에 방어적이 되었고, 실제로 감사인들에게 사안을 숨기게 되었다. 그 결과 많은 고위층 직원들이 감사 부서 직원의 전문성을 자신들이 업무를 잘 수행하도록 도움을 받는 방향으로 이용하지 않고 그들을 방해했다. 전체적인 감사, 리스크, 통제 프로세스에 대한 이해 결여로 감사가 적으로 여겨졌다.

목표 수립

리스크 관리에 있어서 목표의 중요성에 대해 언급한 바 있는데 CRSA에 있어서도 마찬가지이다. COSO는 리스크 관리의 정의를 보다 자세히 설명한다.

> 리스크 관리는 회사와 다른 조직들이 리스크를 어떻게 관리하는지에 대해 근본적인 핵심 개념들을 파악하고 조직, 산업, 부문에 걸쳐 적용하기 위한 토대를 제공한다. 이는 특정 단체에 의해 수립된 목표의 달성에 직접적으로 초점을 맞추며, 전사 리스크 관리의 효과성을 정의하기 위한 토대를 제공한다.[15)]

여러 팀들 및 직원들과 협력하여 그들에게 리스크를 이해하고 관리하게 하는 것은 그들이 자신의 목표를 수립하고 인식하는 방식으로부터 시작한다. 달성하고자 하는 목표에 대한 이러한 강조는 리스크를 운명과 발생할 수도 있는 운명의 모호한 조합으로 보는 모호한 리스크 개념과는 대조적으로 설문조사와 워크샵 그리고 경영진의 검토가 현업에 중요한 사항들에 기여할 수 있음을 의미한다. CRSA의 잠재력을 완전히 이끌어 내는 데에는 목표가 견인하는objective-driven 접근법이 유용하다. 목표, 리스크, 통제 사이의 이 같은 양호한 균형에 대해서는 IIA의 업무 수행 권고에서도 다음과 같이 설명한다.

> 진행자의 도움을 받는 팀 워크샵은 다양한 직급의 비즈니스 부문 또는 부서를 대표하는 실무팀으로부터 정보를 수집한다. 워크샵의 형태는 목표,

리스크, 통제 또는 프로세스에 기초할 수 있다.[16)]

우리의 모델의 다음 부분은 3P, 즉 프로젝트project, 프로세스process, 사람people을 다룬다. 편의상 CRSA 워크샵 형태를 이러한 세 개의 기본적인 범주로 나눌 수 있다.

프로젝트

전형적인 조직에서 수행되는 다양한 프로젝트에서의 리스크 평가를 증진하기 위해 CRSA를 적용할 수 있다. 대부분의 프로젝트 관리 시스템은 프로젝트가 착수 및 운영되는 방식에 리스크 평가 측면을 내재화하는 경향이 있다는 점에서 유리한 출발선상에 있다고 할 수 있다. 문제는 그러한 시스템 중 많은 시스템이 리스크 평가를 프로젝트가 시작할 때 한 번 시행하여 모든 큰 리스크들과 리스크 전략을 기록해 두는 문서를 만들어 내는 일회성 작업으로 본다는 점이다. CRSA는 리스크 식별과 평가라는 개념이 프로젝트 팀원들이 일하는 방식에 내재화되어 있으며 업무의 모든 단계마다 등장하는지를 묻는다. CRSA는 또한 리스크 평가는 프로젝트 관리자에 의해 탁상에서 수행되는 것이 아니라 많은 사람의 의견을 포함하게 된다는 것을 의미한다.

프로세스

CRSA가 사용될 수 있는 또 다른 방법은 이를 조직 전체의 프로세스에 적용하는 것이다. 직원 채용 방식, 품질 점검 방식, IT 시스템의 보안 유지 방식, 신상품 개발 방식, 법령상의 공시 정보 제공 방식들은 모두 목표, 리스크, 통제를 갖추고 있는 프로세스의 산물이다. 핵심 인물 또는 대표자가 모여 프로세스 목표에 대한 리스크가 관리되고 있는 방식을 검토할 수 있다.

사람

CRSA 작업의 마지막 큰 범주는 사람에 관한 것이다. CRSA는 유연한 도구여서 사람들이 소통하는 방식이나 직원들이 자신의 상사의 좋은 조언과 지도에 대해 어느 정도 신뢰하는지 등과 같은 소프트 통제에도 적용될 수 있다. 또한 팀워크가 좋지 않을 경우 이 문제를 팀의 목표 달성에 대한 리스크로 정의하고, 이를 개선할 수 있는 방안을 찾아 합의를 이뤄내는 방식으로 CRSA가 사용될 수 있다. 워크샵에 부서장을 포함시키는 경우도 있고 부서장이 항상 참석하지는 않더라도 이 워크샵을 팀이 공개적인 토론을 할 수 있는 기회로 삼을 수 있다. 아래의 예를 보라.

사례 연구

경영진의 역할 정의하기

어느 제조업체에서는 부서장 참석 시 가치가 부가되는지에 기초한 기준을 적용하여 비즈니스 부문의 부서장이 팀의 워크샵 참석 여부를 결정한다. 부서장의 역할은 명확히 정의되며, 부서장은 시작, 마지막 또는 워크샵 전체에 참석할 수 있다. 여기서의 목표는 경영진의 책임을 훼손하지 않으면서 모든 참가자들이 깊이 관여하도록 격려하는 것이다.

참석자 그룹과 사람들이 잘 협력할 때 달성할 수 있는 것에 초점을 맞출 필요가 있다.

진행자의 도움을 받는 전형적인 CSA 워크샵에서는 대개 토의 중에 보고서가 생성된다. 다양한 부문의 토론에 대한 그룹의 합의 내용이 기록되고, 이 워크샵 그룹은 마지막 세션이 끝나기 전에 최종 보고서 초안을 검토한다. 일부 프로그램은 워크샵 동안에 정보와 견해의 자유로운 교환을 확보하고, 견해 차이와 이해관계의 차이에 대한 협상을 돕기 위해 무기명 투표 기법을 사용하기도 한다.[17)]

팀들 중에는 필요한 역량을 지니고 동태적인 기법을 갖추고 있으면서도 이 워크샵을 제대로 수행하지 못하는 팀도 있다. 그들 중 많은 팀들은 조용한 리스크silent risk의 희생자들이다.

조용한 리스크보이지 않고, 알려지지 않은 상태에서 살며시 나타나기 때문에 그렇게 불린다는 그 성격 자체로 인해 가장 위험한 리스크이다. 이 리스크들은 리스크 식별, 평가, 관리 프로세스에서 인식되지 않았기 때문에, 이러한 리스크가 발생할 경우－설사 이를 관리할 시간적 여유가 있다 해도－이에 대해서는 심사숙고되지 않고 부적절한 방어 조치, 즉 '본능적인 대응gut reaction'만 하게 될 수도 있다. 보이지 않는 리스크의 발생이 재앙을 초래하지 않고 학습 기회가 되기를 바랄 뿐이다.[18)]

통제/리스크 자체 평가 모델: 4단계

특히 워크샵 접근법이 이용될 때에는 이 모델에 몇 가지 항목을 더하여 이를 좀 더 자세하게 살펴볼 필요가 있다. 그림 5.5에 우리의 모델이 계속된다.

이 모델의 새로운 측면 각각에 대해 아래에서 설명한다.

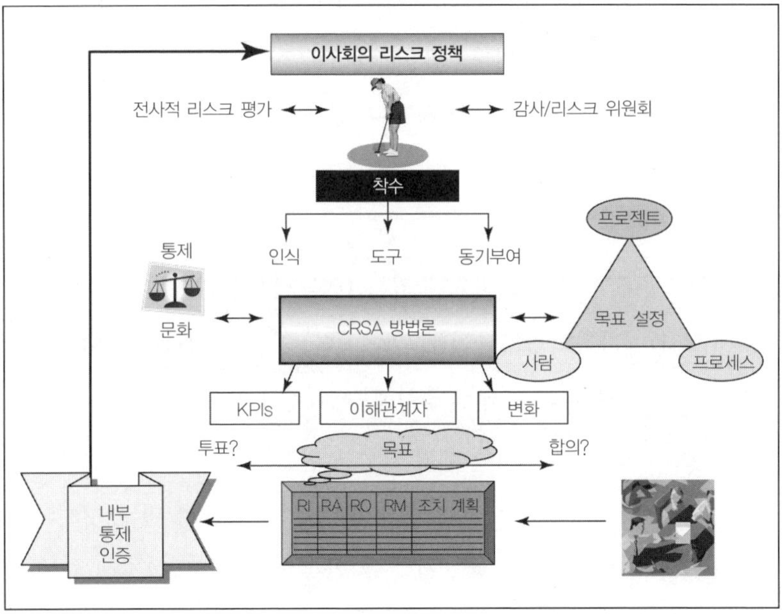

[그림 5.5 CRSA 모델: 4단계]

핵심 성과 지표 KPIs

팀의 목표 또는 프로젝트/프로세스의 목표를 정하고 나면 참석자들이 리스크에 대해 토의하기 전에 맥락을 정하는 것이 좋다. 맥락에 관한 사안 중 첫 번째는 워크샵 팀이 지향할 핵심 성과 지표들 Key Performance Indicators; KPIs이다. 업무의 동인動因에 연결되지 않으면 워크샵 팀이 이에 기초하여 성과를 판단 받게 될 기준들을 고려하지 않는 토의, 논쟁, 해설은 모호해지고 현실성이 떨어지게 된다. 빈약하게 고안된 KPIs로부터 발생하는 리스크가 없게 하려면 목표 선정과 평가 방식이 팀에서 논의될 필요가 있다. 또한 워크샵의 결과 조치 계획action plan이 합쳐지기 시작할 때, 팀워크가 계획되고 평가되는 방식에 이러한 계획들이 덧붙여질 필요가 있다. 사람들은 KPI라는 탐지기에 잡히는 이슈들에 반응하는 경향이 있다. 여기서 벗어나는 것들은 사라지거나 잊혀질 수 있다.

이해관계자들

팀 워크샵에서 발표할 필요가 있는 다음 사항은 내부 이해관계자와 외부 이해관계자들의 입장, 기대, 관여이다. 기업 거버넌스는 이해관계자들의 기대 충족을 위한 계획 수립에 관한 것이고, 리스크 관리는 상품과 서비스 전달을 위한 이들 계획 달성에 관한 것이다. 그러므로 CRSA가 영향을 주려면 CRSA가 이에 들어맞아야 한다. 회사 및 오퍼레이션 프로세스를 운영하는 팀, 프로젝트, 사람들은 이해관계자들이 원하는 바를 이해해야 하며, 긴장tension 관리 방법도 이해해야 한다. 리스크가 그 안에서 파악되고 분석되어지는 프레임워크의 범위를 넓히기 위해서는 이 주제에 대해서도 어느 정도의 시간이 할애되어야 한다.

이해관계자들은 자신의 인식에 근거하여 리스크에 관한 판단을 내릴 가능성이 있다. 이러한 인식은 리스크 또는 토의 대상 이슈에 관한 가치, 필요, 가정, 개념, 관심의 차이로 인해 사람마다 다를 수 있다. 이해관계자의 견해는 의사 결정에 중대한 영향을 주기 때문에 리스크에 대한 그들의 인식이 파악되어 기록되고 의사 결정 프로세스에 통합되는 것이 중요하다.[19]

앞에서 인용된 호주/뉴질랜드 리스크 기준은 더 나아가 이해관계자들이 어느 곳에 들어맞는지를 논의한다.

다른 사람들을 관련시키는 것 또는 최소한 사안을 다른 관점에서 바라보는 것은 리스크 관리에 관한 효과적인 접근법의 본질적이고 중대한 구성요소이다. 이해관계자의 관여는 리스크 관리를 명시적이고 보다 건전한 근거를 가지게 해 주며 조직에 가치를 부가한다. 아래와 같은 경우 이해관계자의 관여가 특히 중요하다.[20]

- 이해관계자들이 제안된 리스크 관리 방안의 효과성에 영향을 미치는 경우
- 이해관계자들이 리스크 사건에 의해 영향을 받는 경우
- 이해관계자들이 리스크 평가 시 가치를 부가하는 경우
- 이해관계자들이 추가 비용을 부담하는 경우
- 이해관계자들이 향후의 리스크에 대한 통제에 의해 제약을 받는 경우

변화

맥락에 관한 프레임워크를 구성하는 마지막 주제는 변화다. 변화 프로그램, 전략적 계획, 비즈니스 일부의 합병 · 규모 축소 · 규모 확대 또는 재배치는 모두 인력 계획에 영향을 준다. 이 이슈들은 다소간에 영

향을 받게 될 직원들에게 가장 심각하게 받아들여질 것이다. 리스크 워크샵이 직전에 발생했거나 현재 발생하고 있거나 또는 입안 단계에 있는 이러한 큰 변화를 인정하지 않을 경우, 절차와 문서화에 관한 표준 항목만이 아니라 진정한 리스크에 관해 얘기할 기회를 놓치게 될 수도 있다.

리스크 식별, 리스크 평가, 리스크 오너, 리스크 관리, 조치

이 모델에서의 다음 항목은 일부에서 리스크 주기risk cycle라 부르는 것이다. CRSA 워크샵은 사람들에게 리스크 식별risk identification; RI, 리스크 평가risk assessment; RA, 리스크 오너risk owner; RO 명확화와 리스크 관리risk management; RM라는 표준 단계들을 거쳐 이를 문서화하여 리스크 대장에 기입하게 해야 한다. 그런 연후에 이 리스크 주기의 결과로부터 잔여 리스크가 적절하게 제한되고 핵심적인 통제 장치들이 기능을 발휘하는지에 대해 점검하기 위한 조치들이 합의된다. 이 리스크 주기를 사용하여 리스크 관리가 수행되고 있고 리스크의 좋은 면과 나쁜 면 모두를 다루는 핵심적인 모든 측면들을 포함하는 방법론을 만들어 낼 수 있는데 이 접근법은 리스크 관리 기준과 일치한다.

> 포괄적인 리스크 명부를 만들기 위해서는 맥락에 대한 진술로부터 시작하는 체계적인 프로세스가 사용되어야 한다. 리스크가 효과적으로 식별되었음을 입증하기 위해서는 해당 프로세스, 프로젝트 또는 활동을 맥락 설정 시에 정의되었던 핵심 요소들을 사용하여 그 요소 별로 단계를 밟아 나가는 것이 유용하다. 이렇게 하면 식별 프로세스가 완전하며 주요 이슈들이

누락되지 않았다는 어슈어런스를 제공하는 데 도움이 될 수 있다.[21]

훌륭한 진행자facilitator는 CRSA 워크샵 참여 그룹에게 리스크에 대해 점수를 부여하고, 목표 달성에 영향을 줄 수 있는 잠재력이 있고 제약되지 않으면 발생할 가능성이 있는 주요high-profile 리스크를 다룰 수 있는 방법을 제안하게 할 수 있다. 표준적인 리스크 대장은 다음과 같은 세부 내용을 포함할 수 있다.

- 참조reference
- 리스크에 대한 설명
- 범주
- 리스크 오너
- 현행 경감 조치의 적정성
- 잔여 리스크의 영향
- 발생 가능성
- 리스크 프로필의 최근 변화
- 행동 계획
- 검토일

그림

이 모델의 우측의 그림은 효과적인 진행 촉진facilitation에 관한 것인데, 이는 CRSA 프로세스에서 중요하다. 많은 CRSA 프로그램이 이의 목적을 달성하기 위해 적용되는 촉진의 질에 의해 성공하거나 실패한다.

CRSA 워크샵에 대한 주된 비판은 워크샵이 시작은 괜찮은데 세부 사항과 개인적 성향의 충돌에 빠져 시간만 질질 끈다는 것이다. CRSA 행사에는 진행자의 도움을 받는 워크샵에 대한 아래와 같은 기본 원칙들이 적용되어야 한다.

- 워크샵이 통제가 적절히 효과를 발휘하도록 사람들에게 권한을 부여한다는 분명한 목표에 기초하게 한다.
- 참가자들이 이 시간을 통해 무엇을 얻을 수 있는지를 분명히 설명하여 출석을 장려한다. 기본 개념에서부터 시작하여 일을 수행할 수 있는 시스템으로 발전해 나가는 조립 단위building block를 사용하는 것도 하나의 방법이다. 사람들은 세부 사항들이 큰 그림에 어떻게 들어맞는지를 이해할 수 있으면 그러한 세부 사항들을 다루는 것에 신경을 쓰지 않는다.
- 이 워크샵을 통한 모든 정보, 합의 내용과 논평을 수집하는 간단한 방법을 갖추도록 한다. 리스크 대장은 워크샵 그룹에게 식별, 평가, 수용할 수 없는 수준의 잔여 리스크를 관리하도록 돕는 조치들의 리스크 주기를 검토하게 함으로써 나오는 정보를 기록하는 좋은 방법 중 하나다.
- 사람들에게 자신들이 안도감을 느끼는 지대comfort zone에서 나오도록 격려하는 도전 요소를 유지한다. 과잉 통제redundant control를 제거할 수 있는 곳에서는 이를 도전 과제 중 하나로 설정해야 한다. 리스크를 식별할 때에는 기본적인 사항부터 시작한 후에 잘 정의되지 않는 곳을 검토할 수 있다. 그룹 구성원들에게 그들은 내부 통제 시스템의 공식적인 보고서 내용을 채우고 있으며, 그들의 작업이 외부 기관의 검토를 받을

수도 있다고 말해 준다.

- 조직의 풍토에 집중하고 긍정적이고 개방적인 의사소통을 장려하는 방법을 개발한다. 많은 부분이 경청傾聽 기술에 의존하는데, 이 기술은 연습될 수 있다. 소수의 지배적인 참가자들이 이 회의를 좌우하려 할 수도 있는데, 이러한 경향이 주의 깊게 관리될 필요가 있다. 진행자가 질문을 하고 누군가를 바라보면 그 사람이 대답하는 경향이 있는 반면, 진행자가 질문을 해 놓고서 지배적인 사람을 바라보지 않으면 다른 사람이 대답하는 경향이 있다.
- 사람들은 전체의 순서와 각각의 순간마다 그다음 순서에 대한 명확한 그림이 있으면 보다 편안하게 생각한다. 잘 조직된 워크샵은 사람들이 보다 의미 있는 방식으로 리스크 주기를 검토하게 한다. 워크샵을 시작할 때 이 리스크 주기를 얘기하면, 진행자는 워크샵 참가자들이 어느 부분을 진행하고 있는지와 각 부분의 연결 관계를 알려 줄 수 있다.
- 진행이 리스크 정책의 테두리 내에 있도록 하고 진행자가 리스크 정책에 대해서 그리고 CRSA가 보다 넓은 전사 리스크 관리 개념에서 어떤 위치를 차지하는지에 대해서 간략하게 발표하도록 한다. 리스크 관리에 관한 지식이 전혀 없는 진행자는 애를 먹을 것이다.
- 진행이 단지 사람들을 특정 목적을 향해 몰아가기에 관한 것이 아님을 분명히 한다. 이는 사람들이 이 목적을 이루기를 원하게 하고 또 이를 이룰 수 있도록 해 주는 것에 관한 것이다. 일부 진행자들은 워크샵 참가자들에 의해 마련되고 채택된 합의 사항을 정리하기도 한다.
- 올바른 사람이 선정되고 참여하도록 한다. 많은 워크샵 리더들은 워크샵 구성원들이 리스크 관리 프로세스와 사람들이 가지고 있을 수도 있

는 우려 사항들을 어떻게 다루는지에 대해 이해시키기 위해 워크샵이 열리기 전에 그들을 만나기도 한다.

- 워크샵의 범위에 해당하는 것과 해당하지 않는 것을 이해하고 이를 사람들에게 말한다. 예를 들어 워크샵은 팀의 급여 인상 협상에 사용될 계획 준비에 관한 것이 아닐 것이다. 워크샵은 팀이 효율적으로 운영되게 하는 데 이용될 수 있으며, 이 점은 팀에게 도움이 될 수 있을 것이다. 그러나 워크샵은 편들기나 당략적 행동에 관한 것이 아니다.
- 워크샵을 잘하려면 속도를 잘 조절해야 한다. 너무 빨리 진행되면 사람들이 따라 오지 못하는 반면 너무 천천히 진행하면 지루해 한다. 훌륭한 진행자는 계속해서 진행 속도를 점검하고 필요할 경우 참가자들에게 이를 변경하도록 권장한다.
- 워크샵 참가자들은 특정 과제를 위해 모였을 때 여러 단계를 거칠 수도 있다. 처음에는 서열과 힘을 중심으로 논의를 진행하다 차츰 긍정적인 토의 분위기로 접어 든 후 힘이 빠지면 소강상태로 접어들고 새로운 주제로 옮기고 싶어지게 된다. 진행자는 이러한 단계들을 가늠하고, 긴장을 다루며, 긍정 요인들을 활용하고, 힘이 빠지면 새로운 도전 과제를 개발할 수 있다.
- 브레인스토밍brainstorming은 유용한 기법이기 때문에 다룰 목표가 여럿일 경우에는 그룹을 소그룹으로 나눌 수도 있다. 이 방법 하에서는 사람들에게 질보다는 양을 중시하고, 판단함이 없이 모든 새로운 생각을 허용한다는 데 동의하도록 권장한다.
- 조용한 그룹에게는 이전의 워크샵에서 나온 얘기들을 인용하고 이를 토의를 진행시킬 하나의 프레임워크로 사용할 수도 있다. 토의를 촉진

하는 데 도움이 될 경우, 구성원들에게 특정 사안에 대한 자신의 경험을 얘기해 달라고 요청할 수도 있다. 조용한 그룹에게는 진행자가 좀 더 많이 얘기하며 그들에게 얘기하도록 이끌어 갈 수 있다. 보다 활발한 그룹에게는 진행자가 다소 물러서서예컨대, 앉아 있거나 눈을 마주치지 않기 이들의 활기가 토의를 이끌어 가도록 허용할 수도 있다.

- 사람들이 제안을 하면 이 정보를 포착하되 워크샵 그룹에게 이 제안을 받아들일지 여부를 평가할 기준을 세우라고 요청한다. 이는 흥미 있는 요점이다. 훌륭한 진행자는 워크샵의 목표를 달성할 프로세스에 집중하지만, 실제로 합의되는 내용은 토의 그룹에 속하지 진행자에게 속하는 것이 아니다. CRSA 워크샵에는 고정된 규칙이 없으며, 복잡한 이슈에 대해 설명할 필요가 있을 경우 전문가를 불러서 토의 그룹에게 간략히 설명하게 할 수도 있다. 토의 그룹이 너무 편안하게 생각하고, 오류가 있음직한 짧은 코멘트를 사용할 경우 진행자는 이를 중단시키고 현실성 점검reality check을 요청할 수 있다. 워크샵의 목적이 달성되고 사람들의 자긍심이 보호되는 한 다양한 기법들이 적용될 수 있다.
- CRSA의 주된 목표는 사람들이 리스크와 통제라는 의제에 관여할 수 있도록 힘을 실어 주고, 그들에게 한층 더 나아가 자신의 노력에 대해 보고할 수 있도록 역량을 갖춰 주는 것이다. 모든 사람이 이 점을 마음에 새긴다면 많은 것들이 달성될 수 있다.

내부 통제 인증Internal control certificate

이 모델에서 이 단계의 마지막 부분은 통제 상태에 관해 상부로 보고하는 과제이다. 이는 참으로 중요하다. 사람들이 한데 모여 무엇이 성공에 도움이 되고 무엇이 방해가 되는지에 대해 얘기하는 것도 하나의 일이기는 하지만, 이를 거의 모든 형태의 조직에 영향을 주는 공식적인 통제 공시 요건에 결합시키는 것이 필수적이다.

> 내부 통제는 리스크 관리의 불가결한 부분이다. 이 전사 리스크 관리 프레임워크는 내부 통제를 포함하여, 경영진을 위한 보다 견고한 개념화와 도구를 제공한다.[22)]

훌륭한 CRSA는 일반적으로 내부 통제에 대한 훌륭한 검토를 의미하는데 이것이 실행 가능한 통제 수단으로 이어지기를 바란다. 관리자들이 CRSA를 이용하여 내부 통제에 관한 자신의 판단을 내리는 데 도움을 받을 수 있듯이 감사인들도 이의 진전이 보다 나은 통제에 기여하는 방식을 검토할 수 있다.

> 내부 감사 부서가 CRSA 프로그램에 진행자와 전문가로서 자신의 직원을 지원하지만, 내부 감사 부서는 흔히 이를 통해 통제 절차에 관한 정보 수집에 소요되는 노력을 감소시킬 수 있으며 일부의 시험testing을 제거할 수 있음을 발견하기도 한다.[23)]

한편, 감사의 역할은 내부 통제에 관한 경영진의 보고서가 어느 정도로 인식되는지에 근본적인 영향을 줄 수도 있다.

내부 감사인은 사베인-옥슬리법의 섹션 302분기 재무 보고와 공시 준수를 위한 프로세스를 내부 통제에 대한 경영진의 연례 평가 및 공시에 관한 이 섹션 404 준수를 위한 절차와 비교하여야 한다. … 이 의견에 대한 근거로서 경영진이 자체 평가를 수행하는 조직에서는 내부 감사인이 경영진의 평가와 근거 서류를 평가해야 한다.[24]

통제/리스크 자체 평가 모델: 최종

조직에서 CRSA가 어떻게 적용될 수 있는지에 대한 마지막 그림 그리기를 돕기 위해 우리의 CRSA 모델에 덧붙일 몇 가지가 더 있다. 우리의 완성된 모델이 그림 5.6에 나와 있다.

이 최종 모델의 새로운 각각의 측면에 대해 아래에서 설명한다.

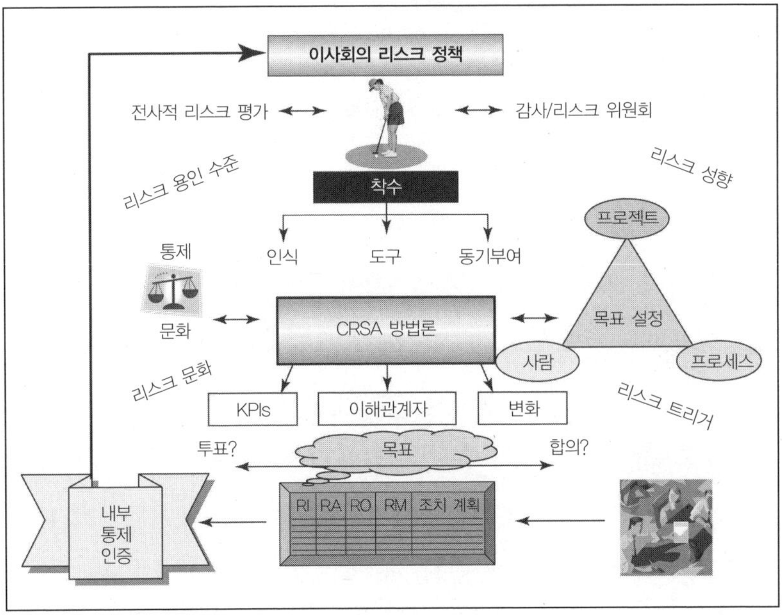

[그림 5.6 완성된 CRSA 모델]

리스크 성향

우리는 리스크 성향이라는 주제로 돌아왔다. 고위 경영진이 회사의 리스크 성향에 관한 토론에 착수하고서는 직원들이 이 개념을 이해하리라고 가정하는 것으로는 충분하지 않다. 직원들에게 CRSA는 리스크에 대한 익스포저를 이사회의 전반적인 리스크 성향 이내로 유지하는 것에 관한 것이라는 점을 이해시키기 위해 명확한 지침이 전달되어야 한다. 사람들은 자신들의 업무 요소들마다 리스크 성향이 다르다는 점을 이해해야 한다. 예를 들어 리스크 용인 수준 결정에 도움이 될 수 있는 프레임워크에는 다음과 같은 측면들이 포함된다.

- 기업가entrepreneurial적 측면 — 높은 리스크 성향
- 재무 보고 — 낮은 리스크 성향
- 변화 프로그램 — 낮은 리스크 성향
- 보험 가입 가능성 — 좋은 보험 상품이 있는 영역의 경우 중간 리스크 성향

이런 방식으로 CRSA는 잔여 리스크가 기업의 목표 달성과 번성 능력에 방해가 되는 정도에 초점을 맞추게 하는 데 사용될 수 있다.

CSA 프로그램은 경영진이 리스크 관리 및 통제 프로세스를 수립하여 이를 유지하고 이 시스템의 적정성 평가 책임을 이행하도록 도와줌으로써 전통적인 내부 감사 부서의 역할을 확대한다. 내부 감사 부서와 비즈니스 부서는 CSA 프로그램을 통해서 통제 프로세스가 얼마나 잘 작동하고 있

으며 잔여 리스크가 어느 정도로 중대한지에 대하여 더 나은 정보를 산출 해내기 위해 협력한다.[25]

리스크 용인 수준

전반적인 리스크 성향은 다양한 비즈니스 부서에 대한 리스크 용인 수준으로 전환될 필요가 있는데, 이는 내부 감사인의 중요한 고려 사항 중 하나이다.

> 내부 감사인에 대한 중요한 상황적 이슈 중 하나는 조직 전체의 리스크 용인 수준이다. 이는 기업 문화의 본질적인 부분으로서, 흔히 조직의 리스크 관리 프레임워크의 일부로 다뤄진다. 조직의 최고 경영진이 리스크 용인 수준을 결정한 경우 내부 감사인은 이를 사용해야 한다. 회사에서 이를 결정하지 않은 경우 내부 감사인은 경영진과 상의한 후 자체 판단에 따라야 한다. 리스크 용인 수준은 조직의 다양한 부분마다 다를 수 있다.[26]

리스크 용인 수준을 결정할 때 관리자, 팀원, 부하 직원들은 다음 사항들을 고려할 필요가 있다.

- 위험 상태 수준criticality level 설정
- 문제와 성공에 대한 과거 경험
- 현행 통제의 적정성
- 위험 상태들을 감소시키기 위해 우선적으로 다뤄야 할 영역에 더 많은 자원이 필요한지 여부

- 현재 존재하는 리스크의 성격과 유형 — 외부의 리스크, 오퍼레이션상의 리스크, 재무 리스크
- 의사 결정이 이뤄지는 방식
- 신규 프로젝트가 착수되거나 신상품이 개발되는 방식
- 이전의 의사결정이 쉽게 번복될 수 있는지 여부
- 법적 조치에 대한 노출도

리스크 성향에 관한 4장의 설명도 참조하기 바란다. 비즈니스의 여러 부분들에서 리스크가 효과적으로 관리되고 있다는 확신assurance이 주어진 경우에도-COCO에서 제시하는 바와 같이-이 사실이 실패 여지가 없음을 의미하지는 않는다.

> 즉 효과적인 전사 리스크 관리도 실패를 경험할 수 있다. 합리적인 확신은 절대적 확신이 아니다.[27]

리스크 문화

통제 문화에 대하여 이미 언급했는데, 이는 주로 사람들이 윤리적 기준에 따라 행동하는 정도에 관한 것이다. 리스크 문화가 CRSA 워크샵에 영향을 주는 이유는 참석 직원들이 리스크에 대해 잘 모르거나, 잘 알 수 또는 이 두 가지 특성이 혼합될 수 있기 때문이다. 리스크에 대해 잘 모르는 직원들로 구성된 CRSA 행사는 사람들이 리스크를 다루는 일에 관련된 이슈를 이해하도록 하는 광범한 연수와 공식적인 워크샵으로 치러진다. 그러나 리스크를 잘 아는 문화에서는 새로운 내용들의 관점에서 1시간짜리 짧은

회의를 통해 리스크 프로필을 업데이트하는 정도로 마무리할 수도 있다.

리스크 트리거

우리 모델의 마지막 요소는 리스크 트리거risk trigger이다. 공식적 워크샵, 짧은 설문 조사 또는 통제에 대한 경영진의 점검 중 어느 것으로 구성되었든 CRSA의 모든 활동들이 끝난 후에는 특정 리스크가 발발勃發하거나 다룰 필요가 있을 때마다 개입을 촉발하는 장치가 있을 필요가 있다. 아래의 예가 이 점을 보여 주는 데 도움이 될 수 있다.

사례 연구

CRSA와 비즈니스 계획 수립

어느 기업에서는 리스크 관리는 비즈니스 계획 수립의 일부로 여겨졌으며, 계획이 수립, 실행, 검토되는 방식에 반영되었다. 성과 관리 시스템에 의해 진행 상황이 모니터되었으며 어느 정보가 현지의 범위를 넘어서 상부로 보고되어야 하는지에 대한 핵심 리스크 트리거가 정의되었다.

관련 리스크 수준이 보다 상위 직급의 주의를 요하는 감사 발견 사항들에 대한 신속한 보고는 감사인에게 관련이 있는 한 가지 중요한 트리거이다.

최고 감사 책임자CAE는 이전에 보고한 중요한 관찰 사항과 권고 사항에 대해 고위 경영진과 이사회가 보고된 상황을 시정하지 않는 리스크를 떠안은 경우 이를 이사회에 알리는 것이 적절한지를 고려해야 한다. 이는 조

직, 이사회, 고위 경영진 등의 변화가 있을 때 특히 필요할 수 있다.[28]

요약

통제/리스크 자체 평가는 건전한 ERM 프로세스 증진에 사용될 수 있으며, 모든 조직에서 이의 사용을 고려해야 될 역동적인 비즈니스 도구이다. CRSA 프로세스를 고려하는 한 가지 방법은 아래의 다섯 단계를 거치는 것이다.

1. 보다 넓은 ERM 정책에 확고하게 들어맞는 CRSA 사용에 관한 명확한 정책을 수립한다.
2. 인식, 적절한 도구와 사람들이 이 도구를 이해하고 사용할 동기를 부여할 수 있는 방법에 중점을 두고 CRSA를 도입한다.
3. 현재의 조직 전체적인 통제 문화와 직원들이 리스크에 대해 영리해지도록 도와주기 위해 CRSA가 사용될 수 있는 방법을 평가한다.
4. 회사의 리스크 성향이라는 개념을 사용하여 사람들이 프로젝트, 프로세스, 일하는 방식에 있어서의 자신의 리스크 용인 수준을 결정하도록 도와준다.
5. 리스크 대장臺帳을 사용하여 리스크 주기를 중심으로 한 CRSA 프로세스와 보다 나은 실적 및 내부 통제 인증에 기여하는 문서화를 개발할 필요에 집중한다.

Notes

1. 로렌스 B. 소이어(Lawrence B. Sawyer), 모티머 A. 디텐호퍼(Mortimer A. Dittenhofer), H. 샤이너(H. Scheiner), 소이어의 내부 통제(Sawyer's Internal Control), 5판(올란도, 플로리다: IIA, 2003년), 431쪽.
2. IIA, 수행권고 2120. A1-2.
3. 위의 글.
4. 위의 글, 발췌.
5. 네일 코완(Neil Cowan), 효과를 발휘하는 기업 거버넌스 (Prentice Hall, Pearson Education South Asia Pte Ltd., 2004년), 111쪽.
6. COSO, 전사 리스크 관리, 2004년 9월, 81쪽.
7. 로렌스 B. 소이어(Lawrence B. Sawyer), 모티머 A. 디텐호퍼(Mortimer A. Dittenhofer), H. 샤이너(H. Scheiner), 소이어의 내부 통제(Sawyer's Internal Control), 5판(올란도, 플로리다: IIA, 2003년), 430쪽.
8. IIA, 수행권고 2120. A1-2.
9. 위의 글.
10. 위의 글.
11. 위의 글.
12. 위의 글.
13. 호주/뉴질랜드 기준: 리스크 관리 가이드라인 AS/NZS 4360:2004, 11쪽.
14. IIA, 용어 설명.
15. COSO, 전사 리스크 관리, 2004년 9월, Executive Summary.
16. IIA, 수행권고 2120.A1-2.
17. 위의 글.
18. 네일 코완(Neil Cowan), 효과를 발휘하는 기업 거버넌스 (Prentice Hall, Pearson Education South Asia Pte Ltd., 2004년), 40쪽.
19. 호주/뉴질랜드 기준: 리스크 관리 가이드라인 AS/NZS 4360:2004, 11쪽.
20. 위의 글, 21쪽.
21. 위의 글, 39쪽.
22. COSO, 전사 리스크 관리, 2004년 9월, Executive Summary.
23. IIA, 수행권고 2120.A1-2.
24. IIA, 수행권고 2120.A1-3.
25. IIA, 수행권고 2120.A1-2.
26. 호주/뉴질랜드 기준: AS/NZS 4360 내부 감사 프로세스 내에서의 리스크 관리 이용에 관한 지침, 4쪽.
27. COSO, 전사 리스크 관리, 2004년 9월, 207쪽.
28. IIA, 수행권고 2160-1.

Auditing the Risk Management Process

Auditing the Risk
Management Process

Chapter 6

감사 방법론 개발

Developing An Audit Approach

Chapter 6

감사 방법론 개발

내부 감사인은 감사 목표를 달성하기 위해 충분한 정보를 식별, 분석, 평가, 기록해야 한다.

IIA 기준 2300

개요

우리는 다양한 모델들을 사용하여 리스크 관리와 모든 형태의 조직들에 나타나기 시작한 신흥 ERM 프레임워크를 설명하였다. 우리는 또한 리스크 성향, 리스크 주기와 같은 주제들도 고려하였다. 이제 리스크 관리 프로세스 감사라는 가장 중요한 사안, 또는 최소한 이 과제에 대해 어떤 접근법을 취할지에 대한 결정을 다루기로 한다. 감사 업무audit work의 성격은 감사 기준에 명확하게 설명되어 있다.

> 내부 감사 활동은 체계적이고 훈련된 접근법을 사용하여 리스크 관리, 통제, 거버넌스 프로세스를 평가하고 이의 개선에 기여해야 한다.[1)]

감사인들이 어떻게 조직에 가치를 부가하는지를 알아보기 위해 노련한 현업 감사인에게 조언을 들어 볼 수 있다. 어느 저자는 내부 감사가 다음과 같은 기능을 수행함으로써 리스크 관리 환경에 가치를 부가할 수 있다고 주장한다.[2)]

- 조직 전체의 리스크 관리 프로세스와 내부 통제 시스템을 점검함
- 비즈니스 리스크를 식별하고, 신뢰성, 무결성integrity, 법규 준수, 자산 보호, 효율성과 효과성의 관점에서 이 리스크를 경감하기 위해 고안된 내부 통제를 평가함
- 비용 효율적인 리스크 관리 프로세스의 개발과 이용에 관련하여 조직을 교육시키고, 변화의 동인change agent으로서의 내부 감사의 역할을 통하여 모범 관행을 증진함

감사 수행의 모든 측면에서 이처럼 리스크에 초점을 맞추는 것은 전혀 새로운 현상이 아니다. 전략 점검, 리스크 관리에 관한 전반적 평가와 ERM 프레임워크의 특정 측면에 관한 상세한 평가는 모두 타당한 감사 과제들이다. 개별적인 감사 수행audit engagement도 관련 리스크 요인들을 충분히 이해해야 한다.

> 내부 감사인은 검토 대상 활동들에 관련된 리스크에 대해 예비적인 평가를 실시해야 한다. 감사 수행의 목표는 이 평가의 결과를 반영해야 한다.[3)]

전문적인 감사 지침은 무엇이 핵심적인 감사의 역할로 간주되는지를

설명하는데, 이에는 다음 사항들이 포함된다.[4)]

- 리스크 관리 프로세스에 대한 어슈어런스assurance 제공
- 리스크가 올바르게 평가되고 있다는 어슈어런스 제공
- 리스크 관리 프로세스 평가
- 핵심 리스크 보고 평가
- 핵심 리스크 관리 점검

경영진과 이사회에 포괄적인 어슈어런스assurance와 컨설팅 서비스를 제공하기 위해 위에서 설명한 기본적 역할에 덧붙여 컨설팅, 회의 진행facilitation 및 상시 조언이 추가될 수 있다. 내부 감사인은 다음과 같은 여러 가지 서비스를 제공할 수 있다.

- 건전한 리스크 관리 프로세스 확립에 대한 지원과 조언
- 리스크 관리 프레임워크가 어느 정도로 믿을 만한지 보고서를 제출하기 위한 리스크 관리 프레임워크 상시 점검
- 리스크 관리 프로세스의 품질과 영향 유지 및 개선에 기여하기 위한 리스크 관리 프로세스의 측면들 점검
- 리스크 관리 프레임워크의 결점 해결에 도움을 주거나 리스크가 통제를 벗어나고 있는 특정 비즈니스 부문의 문제 교정에 도움을 주는 권고
- 전략적 차원과 오퍼레이션 차원에서의 양호한 리스크 관리 확립 진전 내용에 대한 연례 점검

이러한 감사 업무 결과는 최소한 연례적으로 조직에 보고되어야 한다.

> 조직의 목표를 추구함에 있어서 조직의 리스크 관리와 통제 프로세스 상태에 관한 CAE의 보고서는 최소 연 1회 최고 경영진과 이사회에 전달되어야 하며, 이 보고서는 내부 감사부서에서 수행한 주요 업무와 어슈어런스 결과에 대한 전반적인 판단을 내리는 데 사용된 정보의 주요 원천을 명시해야 한다.[5)]

감사의 역할에 관한 보다 심화된 관점이 전문적인 감사 지침에 깔끔하게 요약되어 있다.

> 조직의 현행 리스크 관리, 통제, 거버넌스 프로세스의 적정성을 평가하는 목적은 다음을 제공하기 위함이다.[6)]

1. 이 프로세스들이 의도한 대로 작동하고 있으며, 조직의 목표와 목적이 달성되게 해 줄 것이라는 합리적인 어슈어런스
2. 효율성과 효과성 면에서 조직의 오퍼레이션 개선 권고. 고위 경영진과 이사회 또한 업무의 범위와 감사 대상에 관한 일반적인 방향을 제시할 수 있다.

우리의 모델을 개발하기 전에 마지막으로 언급할 점은 감사 커버리지coverage의 범위에 관련되어 있다. 감사인은 비즈니스를 성장시키고 표명된 사명을 완수하는 데 도움이 되는 모든 중요한 활동을 지원한다. 그러

나 조직 운영 방식의 기초가 되는 다른 중요한 고려 사항들도 있는데, 이 또한 감사 기능에 의해 증진된다. 이러한 다른 고려 사항들은 감사 업무의 일반 범위에 요약되어 있다.

> 내부 감사 활동은 리스크 평가 결과에 기초하여 조직의 거버넌스, 오퍼레이션, 정보 시스템을 둘러싼 통제의 적정성adequacy과 효과성effectiveness을 평가해야 한다. 이에는 다음 사항들이 포함되어야 한다.[7]
>
> - 재무 정보와 오퍼레이션 정보의 신뢰성과 무결성
> - 오퍼레이션의 효과성과 효율성
> - 자산 보호
> - 법률, 감독 규정과 계약 준수

지난 몇 년 동안 감사에는 괄목할 만한 변화가 있었다. 리스크 관리에 대한 관심이 점증하는 점을 반영하기 위해 감사가 개발한 방법은 4개의 주요 단계를 거치는 점으로 설명되었다.[8]

> 1. 통제 기반 감사
> 2. 프로세스 기반 감사
> 3. 리스크 기반 감사
> 4. 리스크 관리 기반 감사

리스크 관리 기반 감사는 다음과 같이 설명된다.

리스크 관리 기반 감사는 리스크 기반 감사의 많은 특성을 포함하는데, 핵심 비즈니스 목표, 경영진의 리스크 용인 수준, 핵심 리스크 척도 또는 성과 지표, 리스크 관리 역량으로 중점을 확장한다. 리스크 기반 감사는 주로 리스크를 받아들일 만한 수준으로 경감하는데 중점을 두는 반면, 리스크 관리 기반 감사는 비즈니스 목표 달성을 위해 필요한 경우 핵심 리스크를 최적화하는 것을 고려한다. 사실상 리스크 관리 기반 감사는 성공적인 ERM 프로그램의 핵심 부분이다.[9)]

감사 방법론 모델: 1단계

감사 업무가 리스크 관리 프레임워크에서 어디에 해당하는지를 살펴보았으니 이제 적절한 감사 방법론을 개발하는 벤치마크로 사용할 수 있는 감사 방법론 모델 개발을 시작할 수 있다. 첫 번째 단계는 그림 6.1에서 보는 바와 같이 몇 가지 상위 단계의 고려 사항에서부터 시작한다.

이 모델의 새로운 측면 각각에 대해 아래에서 설명한다.

이사회의 ERM 정책

이사회는 감사 업무가 계획되는 방식에 어느 정도 영향을 준다.

내부 감사 부서의 감사 수행engagement 계획은 리스크 평가에 기반하되, 최소 연 1회는 감사를 실시하여야 한다. 이 과정에서 고위 경영진과 이사회의 의견이 고려되어야 한다.[10)]

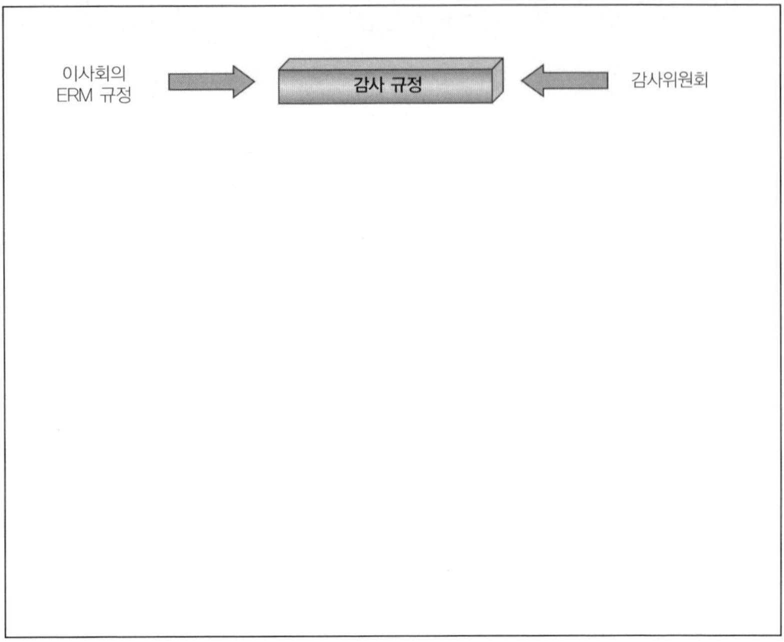

[**그림 6.1** 감사 방법론 모델: 1단계]

상장 회사들은 회사의 재무 보고에 대해 적정한 내부 통제 시스템 설치 및 유지와 최근 회계연도 말의 재무 보고에 대한 내부 통제의 효과성 평가에 대한 경영진의 책임에 대해 공식적으로 언급하도록 요구하는 사베인-옥슬리법의 섹션 404 등 많은 SEC 규정들을 준수해야 한다. SEC의 규칙들은 ERM과 비즈니스 통제를 다루지는 않지만, 자산 보호safeguard assets의 필요를 내부 회계 통제의 주요 목표로 다룬다. 더구나, 경영진은 내부 통제의 효과성 평가에 사용된 통제 프레임워크를 파악할 필요가 있다. 경영진은 재무 보고에 대한 내부 통제상 '중대한 약점'을 공시하고 이 평가를 지지하는 적절한 증거 자료를 유지해야 한다. 재무보고에 대한 내부 통제 평가에 대해 분기 공시가 요구되지만 분기 공시는 연례 공시만큼은 광범위하지 않다. 분기 보고는 주로 내부 통제 상의 중대한 변화 공시에 중점을 둔다. ERM은 비즈니스의 모든 부분에 대한 체계적인 리스크 평가에 의해 통제 디자인이 설계되도록 함으로써 통제에 대한 검토와 보고 프로세스를 지원한다. ERM 정책은 이사회가 이 프로세스가 어떻게 작동하는지 설명하고 모든 핵심 부서들 각각의 역할과 책임을 정할 수 있게 해 준다. 감사인들은 단순히 뒷전에 앉아서 자신들에게 적합한 역할을 정하기만 할 수는 없다. 그들의 역할은 전문적인 감사 기준 및 지침과 함께 이사회의 ERM 정책에 의해 결정된다. 각각의 역할을 정하는 프레임워크로 사용할 수 있는 문서 하나를 자세히 설명한다.[11)]

- 최고 경영자는 통제 환경과 재무 보고 부속 주석 및 재무 보고 공시를 포함한 재무 정보의 오너이다.
- 내부 감사인은 재무 보고 사용자에게 보고된 정보가 해당 조직의 재무 상태와 운영 결과를 일반적으로 인정된 회계 원칙에 따라 공정하게fairly 나타내고 있다는 어슈어런스를 준다.
- 내부 감사인은 고위 경영진과 감사위원회나 기타 이사회 산하 위원회에 재무 보고 작성 지원 프로세스에 관한 통제가 효과적이라는 어느 정도의 어슈어런스를 제공하는 절차를 수행한다.

이사회는 양호한 리스크 관리와 내부 통제 시스템을 수립할 명확한 책임을 지고 있지만 아래의 내용도 맞는 말이다.

이사회의 과제 중 하나는 조직의 리스크 관리와 통제 프로세스를 확립하고 이를 유지하는 것이다. 고위 경영진의 역할은 그러한 리스크 관리 시스템과 통제 프로세스의 수립, 운영, 평가를 감독하는 것이다. 이처럼 다면적인 통제 프로세스 시스템의 목적은 조직 구성원들이 리스크를 관리하고, 소통된 조직의 목표를 달성하도록 지원하는 것이다. 보다 구체적으로는 이러한 통제 프로세스들은 무엇보다도 다음과 같은 상태가 확보되게 해 줄 것으로 기대된다.[12)]

- 재무 정보와 오퍼레이션 정보가 신뢰할 만하며 흠이 없음
- 오퍼레이션이 효율적으로 수행되며 효과적인 결과를 달성함
- 자산이 보호됨
- 조직의 행동과 의사 결정이 법률, 규정, 계약을 준수함

이사회에 대한 이러한 요구 외에도, 경제협력개발기구의 기업 거버넌스 원칙은 리스크 관리 면에서 이사회에 중요한 도전 과제를 제기한다. 그들은 이사회의 주요 책임 중 하나는 다음 사항을 포함한다고 말한다.

회사 전략, 주요 행동 계획, 리스크 정책, 연간 예산, 비즈니스 계획 검토와 지도; 성과 목표 수립; 회사의 성과 모니터링; 주요 자본 지출, 인수나 매각 감독.[13)]

감사위원회

우리의 모델에서 감사 규정 박스box에 입력되는 다음 요소는 감사위

원회의 위치이다. 많은 감사 부서들은 CEO나 CFO에게 잠정적인 보고 라인을 가지고 있지만 실제로는 감사위원회에 보고하며 감사위원회는 감사의 역할이 적절하게 정의되어 있으며 성공적인 감사 프로세스로 연결되어 있다는 사실에 대하여 만족해야 한다. 출발점은 감사위원회에 어떤 책임이 있는지를 정하고, 내부 감사의 담당 영역과 관련된 측면으로부터 감사 규정audit charter을 제정하는 것이다. 감사위원회는 아래와 같은 기구를 일컫는다.

> 조직의 감사와 통제 기능에 대한 감사를 담당하는 거버넌스 기구governance body. 이러한 수임인 의무fiduciary duty는 흔히 이사회 산하 감사위원회에 위임되기는 하지만, 이 수행 권고에 수록된 정보는 수탁자들trustees, 입법기관, 오너가 경영하는 조직의 오너, 내부 통제 위원회 또는 이사회 전원 위원회 등과 같이 감사위원회에 필적하는 권한과 책임을 가지는 기타 감독 그룹에도 적용되도록 의도되었다.[14)]

내부 감사 부서가 감사위원회를 위해 무엇을 할 수 있는지 이해함에 있어서 확실한 소식통으로부터의 사례를 살펴보는 것이 권장할 만하니, 어느 감사위원회 위원장의 글을 보기로 하자.

> 우리의 리스크 평가와 검토의 핵심 요소 중 하나는 위원회가 열릴 때마다 수령하는 내부 감사 보고서였습니다. 우리는 내부 감사 계획 수립 시에 참여했기 때문에 이 보고서들은 우리에게 핵심적인 통제 리스크들이 모니터되고 있다는 어슈어런스를 주었습니다. 그러나 항상 다음과 같은 걱정이

있습니다. 우리가 놓친 것은 없는가? 우리는 올바른 이슈들에 중점을 두었는가?[15)]

감사위원회는 다음 사항들을 알고 싶을 것이다.

- 조직에 ERM이 개발되어 시행되고 있는가?
- ERM 프로세스가 잘 작동하고 있으며 내부 통제 보고에 관한 건전한 플랫폼을 제공하는가?
- 리스크 관리 프로세스는 도전적이며 비즈니스 부문이 표명된 목표를 향해 나가는 데 도움이 되는가?
- 중요한 신규 상품 개발, 프로젝트, 시스템들이 성공적일 것이라는 합리적 가능성이 있는지 알기 위해 리스크가 평가되었는가?
- 비즈니스가 회사의 리스크 성향과 결부되어 관리되고 있으며, 직원들은 의사 결정과 계획 수립 방식에 있어서 리스크에 대해 잘 알고 있는가?
- 내부 감사 프로세스는 신뢰할 만하며, ERM이 개발되는 방식과 검토되는 방식에 핵심적인 영향을 주는가?
- 외부 감사 프로세스는 CEO/CFO의 내부 통제에 대한 진술을 인증할 뿐 아니라, 외부 감사의 법률상의 책임을 수행하고 양호한 재무 통제에 기여하는가?
- 비즈니스 부문은 사기詐欺와 컴플라이언스 이슈를 이해하고 이를 잘 관리하고 있는가?
- 회계 계정과 적용된 회계 정책이 합리적인가?

• 위에 언급한 사안과 관련하여 특별 조사를 실시할 필요가 있는가?

세 가지 활동 분야가 감사위원회와 내부 감사 부서 사이의 효과적인 관계에 핵심적이다.[16)]

• 감사위원회를 도와 감사 규정, 활동, 프로세스가 감사위원회의 책임을 수행하기에 적절하도록 한다.
• 내부 감사 규정, 역할, 활동들이 감사위원회와 이사회의 필요를 명확히 이해하고 이에 반응을 보이게 한다.
• 감사위원회, 위원장과 개방적이고 효과적인 소통을 유지한다.

감사 규정

이제 감사 규정을 살펴보기로 하자. 감사 규정은 ERM 정책과 감사위원회의 맥락에서 내부 감사의 위치를 정하는 문서이다. 또한 진정한 영향을 주려면 감사가 해당 조직에 최선의 유익을 가져 오도록 해야 한다.

> 내부 감사는 경영진의 필요를 충족시키기 위해 발전했으며, 가장 효과적인 감사 부서 직원은 자신의 업무 계획과 활동에서 경영진과 조직의 목표를 앞세운다. 내부 감사인들이 경영진이 조직의 성공에 가장 중요하다고 여기는 분야에서 가능한 최대의 가치를 창출하도록 하기 위해, 감사 목표는 경영진의 목표와 정렬되어진다.[17)]

감사위원회의 관심 영역에 대한 내부 감사의 의견input 면에서는 최고 감사 책임자는 재무 보고의 신뢰성과 무결성integrity 확보를 위한 조직의 거버넌스 프로세스, 거버넌스 기구와 감사위원회의 감독 책임을 지원하는 특정 주제들을 고려할 수 있다. ERM 면에서는 감사 규정에서 어슈어런스 감사 업무audit assurance work가 경영 프로세스 전반즉, 모든 비즈니스 시스템, 프로세스, 오퍼레이션, 기능과 활동들을 다룬다는 점을 명확히 할 필요가 있을 것이다.

내부 감사의 포괄적인 업무 범위는 다음에 대한 합리적인 어슈어런스를 제공해야 한다.[18)]

- 리스크 관리 시스템이 효과적임
- 내부 통제 시스템이 적정하고, 효과적이며, 효율적임
- 가치 확립과 보존, 목표 수립, 활동과 성과 모니터링, 책임과 역할 정의에 의해 거버넌스 프로세스가 효과적으로 작동함

여기에 컨설팅 역할이 더해지는데, 이는 사실상 위에 언급한 어슈어런스 역할에 정렬되어 있다.

> 내부 감사인은 공식적인 컨설팅 업무 수행 시에 리스크 관리와 통제 프로세스의 효과성을 잘 관찰해야 한다. 상당한 리스크 익스포져 또는 중대한 통제상 취약점들은 경영진의 주의를 끌어야 한다. 감사인의 우려 사항이 집행 임원, 감사위원회 또는 이사회에 소통돼야 하는 상황도 있을 수 있다. 감사인들은 전문가적 판단을 사용하여 (a) 이러한 익스포져 또는 약점

의 중요성과 이를 경감하거나 시정하기 위해 취해졌거나 고려된 조치들을 결정하고 (b) 이러한 사항들이 보고될 것이라는 집행 임원, 감사위원회와 이사회의 기대에 부합해야 한다.[19]

감사 규정은 짧은 문서이지만 감사인은 이 플랫폼에 기반하여 다음과 같은 모든 범위의 중요한 서비스를 제공할 수 있어야 한다.

- 감사인이 책임 분야의 임무를 수행하는 방식을 감사위원회에 통지함
- 이사회의 공시 인프라스트럭쳐 수립을 지원하고 이러한 공시에 있어서의 감사의 의견이 잘 조직되도록 함
- 핵심 이해관계자들의 대화를 격려하여 가능한 한 핵심 이해관계자들의 관심사가 리스크 관리 프로세스에 반영되게 함
- 경영진이 신뢰할 만한 리스크 관리 프로세스와 효과적인 내부 통제를 확립하도록 도와 줌
- 법규상의 의무 준수를 증진함
- 다른 과제들에 들어맞는 어슈어런스와 컨설팅 서비스를 제공함

감사 규정은 내부 감사의 역할과 책임 그리고 사명이 어떻게 수행되며 어떤 기준에 의해 수행되는지를 정한다. 또한 이사회는 감사 업무가 정의되고 수행되는 방식에 대해 계속 정보를 제공받아야 한다.

CAE는 이사회와 고위 경영진에게 내부 감사 부서의 목적, 권한, 책임과 계획 대비 실적을 정기적으로 보고해야 한다. 보고서는 중요한 리스

크 익스포져와 통제 이슈, 회사 거버넌스 이슈 기타 필요 사항이나 이사회나 고위 경영진이 요청한 사항도 포함해야 한다.[20)]

감사 방법론 모델: 2단계

합리적이고 합의된 감사 규정이 제정되면, 다음에 다루어야 할 이슈는 어슈어런스 서비스와 컨설팅 서비스가 어떻게 수행되어야 리스크 관리 프로세스 향상에 도움이 될 수 있는가 하는 문제이다. ERM과 관련한 감사의 역할은 2장에서 논의하였다. 여기서는 감사의 컨설팅 역할에서부터 시작하는 데, 그림 6.2에 우리의 모델이 계속된다.

이 모델의 새로운 측면 각각에 대해 아래에서 설명한다.

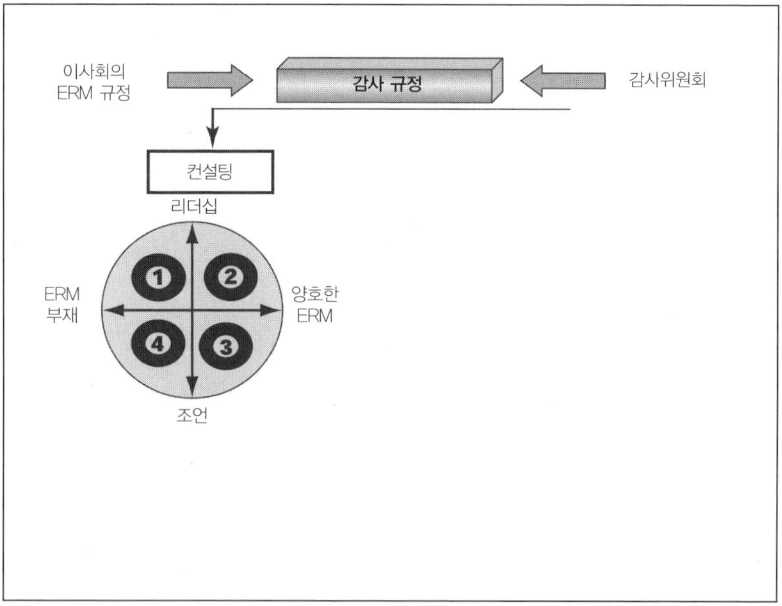

[그림 6.2 감사 방법론 모델: 2단계]

컨설팅

이 모델에서 사용되는 컨설팅 모델에는 두 개의 축이 있다. 하나는 진정한 ERM 프로세스가 없는 상태와 관련이 있고, 다른 극단으로는 ERM이 잘 발달한 조직과 관련이 있다. 감사 부서는 ERM 프로세스 주도에서부터 단순한 조언에 이르기까지의 컨설팅 서비스를 제공할 것이다. 어느 저자는 고객–대리인 관계의 역동적인 성격에 대해 다음과 같이 언급하였다.

> 본인–대리인 이론의 역학은 내부 감사인과 그들의 고객들 사이에도 적용된다. 감사의 전통적 역할에 비추어 조사해 볼 때 이사회는 본인으로, 경영진은 대리인으로, 내부 감사인은 이사회의 신뢰를 받는 독립적이고 중립적인 감시요원으로 볼 수 있다. … 컨설팅 업무 수행 중에 우리는 경영진이 제안한 행동에 대해 찬성표를 던지지 않는다. 대신 우리는 이용 가능한 대안들 및 각 대안의 장단점을 파악한다. 또한 우리는 경영진과 '파트너가 되기' 보다는 경영진의 견해를 듣고, 조언을 제공하며, 조직에 최선이 되는 해법을 추구한다.[21]

리더십

이 시나리오에서는 감사인이 ERM에서 지도적인 역할을 할 수 있으며 조직 전체에 공유될 수 있는 전문성과 지침의 원천을 제공해 준다는 의미에서 리스크에 대한 후원자로 활동할 수 있다. 어떤 감사팀들은 인프라스트럭쳐 수립을 도와주고, 비즈니스의 모든 부분이 성과와 법규 준수라는 공통 주제를 중심으로 모이게 하는 조정 역할을 수행하기도 한다. 이는 조직이 아직 ERM 프레임워크를 수립할 수 없을 경우에 훨씬 더 적절하다. 아래의 예를 보기 바란다.

사례 연구

이사회와 협력하기

어느 감사위원회는 자기 회사의 CAE에게 ERM 사용에 대해 심도 있는 연구 조사를 실시해서 어떻게 ERM 프레임워크를 개발하여 이 조직에 적용할지에 관해 이사회에 조언을 제공해 주도록 요청했다.

조언

지속적인 조언과 사안별 특별 조언의 제공은 항상 감사의 역할 중 일부였다. 여기에서는 단순히 조언이 이제 컨설팅 서비스의 공식적인 측면이며 리더십 역할과 대비된다는 점만을 언급하고자 한다. 이 경우 감사인은 ERM 프로세스를 주도하기보다는 단지 내용과 시기 면에서 적절한 조언만을 제공한다. 이러한 조언에는 리스크 후원자 또는 CRO 임명 등 ERM 프로세스가 어떻게 개발될 수 있는지에 관한 제안이 포함될 수 있다. 리스크 관리, 통제, 거버넌스 의제에 영향을 주는 모든 중요한 이슈들에 대한 보고가 강력히 요구된다.

컨설팅 수행 중에 리스크 관리, 통제, 거버넌스 이슈가 파악될 수 있다. 이들 이슈가 조직에 중요할 경우 이 이슈들은 모두 고위 경영진과 이사회에 소통되어야 한다.[22)]

ERM이 없는 경우

리더십 또는 기본적 조언이라는 감사의 역할은 조직이 ERM 발전에 있어서 어느 정도의 진전을 이룰 수 있었는지에 비추어 결정되어야 한다. 어떤 형태를 취하든 감사는 가치 부가에 관한 것인데, 이는 다음과 같이 설명된다.

> 어슈어런스 서비스와 컨설팅 서비스를 통한 조직의 목표 달성 기회 증대, 오퍼레이션상의 개선 파악 또는 리스크 익스포져 감소에 의해 가치가 제공된다.[23)]

조직에 아직 진정한 ERM이 없는 경우 감사인이 리스크 관리가 양호한 내부 통제를 지원한다는 근거에서 회사가 이러한 ERM 결여를 논의하게 하고, 고위 경영진의 인식을 제고하며 이들의 반응을 이끌어 내기 위해 지속적인 메시지를 전달하고자 할 때 이러한 리더십 역할을 수행할 수 있다. 갭gap이 있는 경우 이러한 갭이 메워져야 진전을 이룰 수 있다. 감사 기준은 이런 경우에 감사인들이 소매를 걷어붙이고 진전을 이루기 위해 동료들과 함께 일할 수 있음을 인정한다.

> 통제를 평가하려면 적정한 기준이 필요하다. 내부 감사인은 경영진이 목표와 목적이 달성되었는지를 결정할 적정한 기준을 어느 정도로 수립했는지 확인해야 한다. 경영진이 수립한 기준이 적정할 경우 내부 감사인은 평가 시 그 기준을 사용해야 한다. 적정하지 않을 경우 내부 감사인은 경영진과 협력하여 적절한 평가 기준을 개발해야 한다.[24)]

그러나 리스크 관리 진전에 정당화되지 않는 강력한 저항이 있을 경우 이 점이 집행 임원과 이사회에 전달되어야 한다. 일반적으로 감사 부서의 컨설팅 업무는 핵심적인 어슈어런스보다 우위에 있을 수 없다.

> 내부 감사의 주된 가치는 고위 경영진과 감사위원회 위원에게 어슈어런스assurance를 제공하는 것이다. 최고 감사 책임자가 판단할 때 고위 경영진과 이사회 위원에게 전달되어야 하는 정보를 컨설팅 업무라는 가면으로 가려서는 안 된다. 모든 컨설팅은 이런 맥락에서 이해되어야 한다.[25]

ERM이 양호한 경우

그러나 ERM이 확고하게 자리 잡고 있는 경우 경영진의 요청에 따라 리스크와 통제 분야에 간헐적인 조언을 제공하는 정도의 컨설팅을 수행하는 정도로 감사 부서의 역할이 축소될 수 있을 것이다. 어떤 방식이 비즈니스를 가장 잘 도와주는지가 내부 감사 활동의 가치로 여겨진다.

> 내부 감사 활동의 가치에 대한 명제는 내부 감사인을 조직의 문화와 자원에 적합하게 배치하는 모든 조직 내에서 실현된다. 이러한 가치 명제는 내부 감사의 정의에 나와 있는데, 이에는 거버넌스, 리스크, 통제 분야에 대해 체계적이고 훈련된 접근법을 가져 옴으로써 조직에 가치를 부가하도록 설계된 어슈어런스 활동과 컨설팅 활동이 포함된다.[26]

우리의 모델에 나와 있는 4개의 차원은 CAE가 감사의 컨설팅 서비스가 어디에 위치하는지를 결정할 때 사용할 수 있는 동인動因과 관련이 있다. 그림 6.2의 2번은 내부 감사가 CRO 역할을 맡고 있는 상황임을 주목하기 바란다.

감사 방법론 모델: 3단계

컨설팅 서비스가 모델에서 어디에 들어맞는지를 살펴봤으니, 이제 어슈어런스 서비스를 보기로 하자. 그림 6.3에 우리의 모델이 계속된다.

이 모델의 새로운 측면 각각에 대해 아래에서 설명한다.

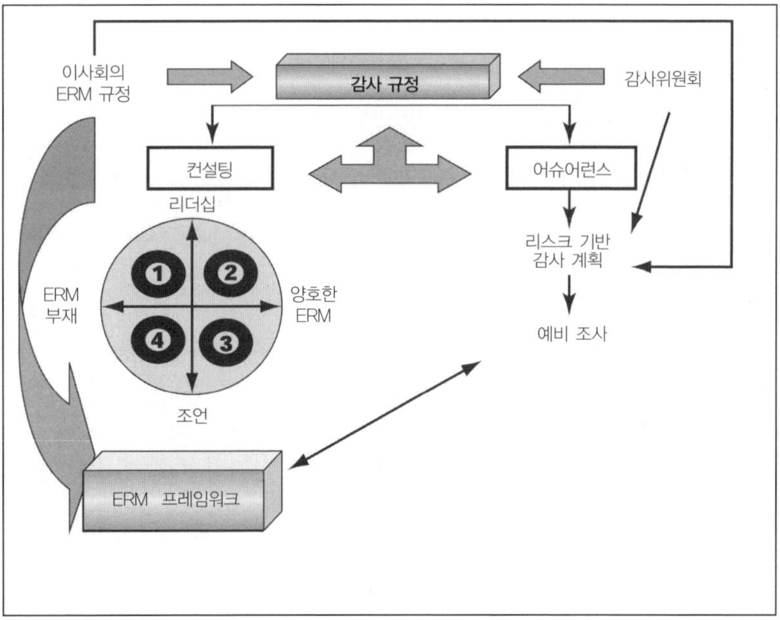

[그림 6.3 감사 방법론 모델: 3단계]

어슈어런스

ERM은 진지하게 다뤄야 할 사안이다. 이는 조직이 자신의 리스크 성향을 어떻게 정하는지 설명하고 이해관계자와 건설적인 대화의 장場을 마련할 수 있음을 의미한다. 이는 또한 조직의 모든 구성원들이 자신의 리스크를 이해하고, 자신의 통제 영역에서 명확한 리스크 용인 수준을 설정하며, 중요한 리스크를 다루는 데 필요한 전반적인 리스크 관리 전략을 수립함을 의미한다. 일반적으로 이사회, 경영진, 직원들은 사리에 맞고 문서화하여 검토할 수 있는 체계적인 방식으로 자신의 우려 사항과 제안을 토론하도록 권장된다. 이사회와 감사위원회가 자기 회사의 ERM 체계 상 어느 부분이 잘 작동하고 있으며 어느 부분이 개선이 필요한지에 관해 객관적인 어슈어런스를 가지는 것이 매우 중요하다. 이는 내부 감사가 이사회의 비즈니스 완급緩急과 방향 지도에 도움을 준다는 면에서 감사의 어슈어런스 역할이 매우 중요해짐을 의미한다.

어슈어런스 업무는 이사회의 ERM 정책에 의해 움직여지며, 내부 감사의 사명과 향후 비전을 강화해 주는 공식적 감사 규정으로부터 유래한다. 사베인-옥슬리법의 섹션 404는 경영진으로부터 내부 통제에 대한 인증을 요구하는 데, 이는 경영진이 자신의 내부 통제가 건전하다고 어슈어런스할 수 있으려면 먼저 자체적으로 테스트해야 함을 의미한다. 그러나 내부 감사는 개선이 필요한 통제 측면과 신뢰할 만한 측면을 지적할 수 있다. 외부 감사인의 발견 사항들은 주로 외부 감사 자신의 작업에 기반해야 하지만 외부 감사인이 내부 감사의 발견 사항을 사용함으로써 자신의 테스트 범위를 줄일 수 있다는 점에서 내부 감사의 작업에는 다른 부분의 업무와 걸치는 부분crossover도 있다. 내부 감사의 일차적인 역할은 비즈니스가 ERM의 어디에 서 있는지에 대한 명확한 입장 제공에서 찾을 수 있다.

전체 리스크 관리와 통제 시스템의 적정성과 효과성에 대한 테스트를 실시하여 이에 대한 전문적 판단을 표명함으로써 평가 프로세스의 타당성을 검증하는 일이 내부 감사 활동의 일차적인 역할에 계속 포함될 것이다.[27]

기업 공시의 관점에서 공시 서류 인증 책임자signing officer는 부정확한 공시의 위험을 충분히 인식하는 양호한 ERM 프로세스에 의존한다. 회사는 해당 회계연도에 아래와 같은 사항들을 시행할 수 있었음을 인증해야 하는데 이에 대해서는 인증 책임자가 주된 부담을 진다.

- 재무 보고에 관한 내부 통제 시스템을 설치하고 유지함
- 모든 중요한 정보가 인증 책임자에게 알려지게 함
- 연례 공표 보고서에 통제 평가를 제출함
- 공시 요건을 감사위원회, 외부 감사인, 내부 감사인과 논의함
- 중대한 통제상의 취약점을 찾아내고 이를 공시함
- 직원들에게 자신이 알고 있는 중대한 내부 통제상의 결점이 없음에 대해 서약하게 함

CAE는 이들 각각의 요건에 대한 견해를 형성하고 이 의견을 이사회에 보고할 준비가 되어 있기를 원할 것이다.

리스크 기반 감사 계획

우리의 모델은 계속해서 조직에 어슈어런스 서비스와 컨설팅 서비스

를 제공하기 위한 감사 계획을 다룬다. 이 모델에서 보는 바와 같이 이사회의 ERM 정책과 리스크 기반 감사 계획 사이에는 중요한 연결 관계가 있다. 이 책의 서문에서 볼 수 있는 바와 같이 새로운 영역에 대한 감사 시리즈의 다음 책은 리스크 기반 감사를 보다 자세히 다루며 사용자들이 이 주제를 이해하도록 도와줄 다양한 도구를 개발한다. 리스크 기반 계획의 출발점은 소위 감사 영역audit universe 즉 감사 대상이 될 수 있고 개별 감사 수행이 할당될 수 있는 조직의 모든 측면들의 목록이다. 감사 영역은 조직과 나란히 갈 필요가 있다.

> 감사 영역은 조직의 전략 계획 구성 요소들을 포함할 수 있다. 조직의 전략 계획 요소들을 포함함으로써 감사 영역은 전반적인 비즈니스 목표를 고려하고 이를 반영하게 될 것이다. 전략 계획은 또한 리스크에 대한 조직의 태도와 계획된 목표 달성이 어려운 정도를 반영할 가능성이 있다. 감사 영역은 일반적으로 리스크 관리 프로세스의 결과에 영향을 받을 것이다. 조직의 전략 계획은 조직이 운영되고 있는 환경을 고려하여 수립되어야 한다. 이와 동일한 환경적 요소들이 감사 영역과 상대적인 리스크 평가에 영향을 줄 가능성이 있다.[28]

감사 계획은 주의 깊게 수립되어야 하는데, 감사인이 업무를 계획하는 방식을 다루는 기준이 설정되는 방식에서 리스크 관리 프로세스의 영향을 볼 수 있다.

> CAE는 대개 리스크 관리와 통제 프로세스의 효과성 평가를 위해 충분한

증거가 입수되도록 담보하는 다음 연도의 감사 계획을 수립하여 이를 품의한다. 이 계획은 주요한 모든 부서와 비즈니스 부문에 관한 관련 정보를 모으기 위한 어슈어런스 수행이나 기타 절차를 요구한다. 조직 전체에 걸쳐 운영되는 주요한 리스크 관리 프로세스와 그러한 프로세스로부터 식별된 핵심 리스크 중에서 선정된 리스크에 대한 점검이 이에 포함되어야 한다. 감사 계획은 또한 최근의 변화나 예상되는 변화에 의해 가장 큰 영향을 받는 부문을 특별히 고려해야 한다.[29)]

ERM 프로세스가 존재하고 이를 믿을 수 있는 한 ERM 활동으로부터 만들어진 리스크 대장을 이용하여 감사 계획을 짤 수 있다. 이 연결 관계를 좀 더 살펴보자. 감사 계획은 단지 회사 리스크 대장의 재작성이 아니며, 마찬가지로 회사 리스크 대장은–호주/뉴질랜드 리스크 관리 기준에서 설명하는 바와 같이–내부 감사인에 의해 수행된 감사 리스크 평가로부터 간단하게 추출될 수도 없다.

비즈니스 리스크의 전 범위를 다루는, 건전하게 작동하는 리스크 관리 시스템의 산출물은 내부 감사 계획 수립 프로세스에서 내부 감사인에게 도움을 줄 수 있다. 그러나 내부 감사 계획 수립 프로세스에서의 리스크 평가 프로세스는 조직의 적절한 리스크 관리 프로세스를 구성하는 데에는 충분하지 않다.[30)]

진공 상태에서 계획을 수립할 수 없다는 개념을 강화시켜준다는 점에서 리스크 기반 계획이 유용하다. CAE가 사무실에 앉아서 다음 연도의 구체적인 감사 계획을 작성하는 것은 거의 아무런 의미가 없다. 목표가 비즈니스를 견인한다. 비즈니스의 각 부분이 책정된 목표를 맞추기 위해 열심히 노력하므로, 목표가 업무 중에 무슨 일이 일어나는가를 결정한다. 조직 전체를 하나로 엮어 주는 접착제는 상부의 전략적 목표로부터 나온다. 이러한 기본적인 등식은 감사 부서에도 적용된다.

> 최고 감사 책임자는 내부 감사 활동의 우선순위를 조직의 목표와 부합하도록 결정하기 위해 리스크 기반 계획을 수립해야 한다.[31)]

우리의 모델에서는 감사위원회, 이사회의 ERM 정책, 그리고 어슈어런스와 컨설팅의 기초가 되는 감사 규정의 필요에 의해 큰 영향을 받는다. 이는 또한 ERM을 이해하게 될 필요에 의해서도 견인된다.

> 내부 감사 활동은 조직의 리스크 관리 시스템의 효과성을 모니터하고 평가해야 한다.[32)]

CAE가 감사 작업을 그 자체만 따로 떼어 계획하지 말아야 하는 또다른 이유는 중복을 피하기 위해서다. 감사 계획은 리스크 관리 조치에 영향을 주는 다른 점검들과 매끄럽게 정렬될 필요가 있다.

> 감사 계획안을 결정함에 있어서, CAE는 타인들에 의해 수행되는 관련 작업을 고려해야 한다. 중복과 비효율성을 최소화하기 위해, 다음 연도 감사 계획에 포함시킬 대상을 결정할 때 리스크 관리 프로세스, 통제와 품질 개

> 선 프로세스의 평가에서 경영진이 계획했거나 최근에 완료한 작업뿐 아니라 외부 감사인의 계획 업무도 고려되어야 한다.[33]

감사 계획에 들어가게 되는 일선의 어슈어런스 업무는 이 계획에 포함될 수도 있는 컨설팅 프로젝트에 의해 보완된다.

> 최고 감사 책임자는 컨설팅 수행을 제안 받은 경우 이 컨설팅 작업의 리스크 관리 개선, 가치 부가, 조직의 오퍼레이션 개선 잠재력에 근거하여 이의 수용 여부를 결정해야 한다. 수용된 컨설팅 업무는 감사 계획에 포함되어야 한다.[34]

리스크 기반 계획은 처음에 생각했던 것보다 더 많은 부분을 포함할 수도 있다. 예를 들어 감사인은 경영진, 파트너, 직원들이 부정이나 공금 유용에 연루될 리스크가 회사 리스크 대장에 포함되어야 한다고 주장할 수 있다. 많은 사람들이 윤리가 매우 중요하므로 계획된 감사 범위에 윤리가 포함되어야 한다고 생각한다.

> 내부 감사 활동은 조직의 윤리 관련 목표, 프로그램과 활동들의 설계, 실행과 효과성을 평가해야 한다.[35]

리스크 기반 계획의 주요 고려 사항 중 하나는 감사 수행 의도가 무엇인지를 묻는 것이다. 이 간단한 질문은 최종 감사 산출물의 관점에서부터 거꾸로 작업할 것을 요구한다.

제안된 감사 계획안의 범위가 조직의 리스크 관리와 통제 프로세스에 관한 어슈어런스를 표명할 수 있게 하기에 충분하지 않을 경우, CAE는 예상되는 결함, 그 이유, 이로 인해 발생할 수 있는 영향을 고위 경영진과 이사회에 통지해야 한다.[36]

ERM이 전혀 발전하지 않은 조직에서는 회사 리스크 대장을 사용하여 감사 계획을 수립하기 어렵다. 내부 감사는 ERM이 시행되도록 하는 데 중점을 두겠지만, 연간 감사 계획을 지원하는 데 사용할 수 있는 계획 수립 모델도 개발해야 할 것이다.

잠재적인 감사 실시 영역의 우선순위 결정에 있어서 최고 감사 책임자를 도와줄 수 있는 다양한 리스크 모델들이 있다. 대부분의 리스크 모델들은 재무적 영향, 자산의 유동성, 경영진의 역량, 내부 통제의 질, 변화 또는 안정성의 정도, 종전 감사 수행 이후 경과한 시간, 복잡성, 직원, 정부 관계 등과 같은 리스크 요인들을 사용하여 감사 수행의 우선순위를 정한다. 감사를 수행함에 있어서 익스포져에 대한 테스트, 검증 방법, 기법들은 리스크의 중요성과 발생 가능성을 반영해야 한다.[37]

마지막으로 지적할 점은 감사 계획을 조직의 방향과 정렬시키기 위해 감사 계획을 조정할 필요가 있다는 것이다. 리스크가 변하면 감사 계획도 변경되어서 이러한 변화를 수용해야 한다.

감사 영역 관련 감사 계획에 대한 업데이트에 경영진의 방향, 목표, 강조점, 중점 추진 사항이 반영되어야 한다. 조직의 가장 최근의 전략과 방향을 반영하기 위해 감사 영역을 최소한 연례적으로 평가하는 것이 권장할 만하다. 조직의 경영 활동 환경상의 변화에 대응하여 보다 자주예컨대 분기마다 업데이트될 필요가 있는 경우도 있을 수 있다.[38]

예비 조사

우리의 모델에서 그다음 측면은 예비 조사이다. 이는 리스크 기반 연간 감사 계획에 포함되어 있는 감사 활동이 적절히 구조화되고 계획되도록 다소의 배경 작업을 수행하려는 것이다. 이 모델은 예비 조사와 ERM 프레임워크 사이의 명확한 연결 관계를 보여 준다. 이는 감사 주제는 ERM 프로세스 안의 리스크 관리 정책과 절차에 비추어 평가되어야 함을 의미한다. 감사 목표가 설정되는 방식을 통해 판단할 때 감사 분야가 조직의 전반적인 방향과 연결되는지 평가하는 것이 하나의 좋은 출발점이 될 것이다.

> 내부 감사인은 운영상의 목적과 목표가 어느 정도로 확립되었으며 조직의 목적과 목표들과 일치하는지 확인해야 한다.[39]

비즈니스 리스크 관리는 목표 설정을 잘하는 것에 의존한다. 리스크 식별과 평가 방식에 관해 생각하기 전에 감사 점검 분야에 대한 운영상 목표가 이 테스트를 통과하도록 할 필요가 있다. 예비 조사는 다음과 같은 핵심 질문들을 하게 될 것이다.

- 목표들은 어떻게 설정되는가, 그리고 이 목표들은 회사의 목표와 정렬되는가?
- 관리자와 직원들 사이의 리스크 인식은 어떠한가, 직원들이 리스크가 다루어지는 방식에 대해 우려를 표명하였는가?
- 비즈니스의 각각의 측면에 대해 역할과 책임이 명확하게 정의되어 있고 리스크 오너가 할당되었는가?
- 리스크 성향에 대해 잘 이해하고 있으며 통제 후의 잔여 리스크에 대한 용인 수준이 작동하고 있는가?
- 리스크가 어떻게 식별되고 평가되는가? 리스크 식별과 평가는 이사회의 변화와 새로운 상황을 충분히 반영할 수 있을 정도로 유연한가?
- 모든 새로운 리스크들을 포착해서 리스크 관리 프로세스에 들어오게 하는 믿을 만한 프로세스가 있는가?
- 중요한 리스크들에 대한 경감 방안과 비상사태 발생 시 대응 방안은 무엇인가?
- 현행 리스크 대장은 얼마나 신뢰할 만하며, 리스크 관리 프로세스를 뒷받침하기 위해 어떤 종류의 문서들이 작성되고 유지되는가?
- 비즈니스 라인 매니저가 품질 관리 프로세스를 운영하여, 리스크가 체계적이고 신뢰할 만하게 다루어지는지에 대해 의견을 표명하는가?
- 핵심 통제 장치들을 잘 준수하는가, 비상사태 대응 계획이 테스트되었는가?
- 비즈니스 부서에서 리스크를 분석하고 리스크를 수용할 만한 수준으로 유지하기 위해 취해진 언급, 데이터, 의사 결정들을 포착하도록 도와주는 테크놀로지를 잘 사용하고 있는가?

- 니어 미스가 기록되며 리스크 대장을 업데이트하는 데 사용되는가?
- 리스크 관리 장치를 회사의 리스크 정책과 조직의 다른 부서나 다른 조직의 유사 부서에서 행하고 있는 바에 비추어 벤치마크하려는 시도가 있었는가?
- 통제가 의도한 바를 달성하고 있으며, 직원들에게 적절히 이해되고 있는가?
- 통제에 대한 문서화가 합리적인 모든 경우에 이를 문서화하고 있는가?
- 고위 경영진에게 중요한 리스크, 통제 실패, 그리고 리스크 관리 수행과 업데이트되는 방식에 대해 보고하기 위한, 받아들일 만한 방법이 있는가?

ERM 프레임워크

이 단계에서의 마지막 부분은 조직에 의해 적용되는 ERM 프레임워크를 다룬다. 이점은 매우 중요하다. 과거 수년 동안에 감사 방법에 일어난 주된 변화는 감사가 절차 준수에 대한 강조에서 리스크가 전략적인 내부 통제 프레임워크를 지원하도록 관리되는 방식에 대한 강조로 옮겨갔다는 것이다. 이러한 변화는 ERM 프레임워크를 감사 업무가 계획, 수행, 보고되는 감사 방법론 안에 위치시킨다. 사전 조사가 이뤄지면 ERM 프로세스를 사용하여 감사 부서의 어슈어런스 활동과 컨설팅 활동이 아래와 같은 핵심 과제 측면에서 비즈니스 부문을 도울 수 있는 방법에 관한 몇 가지 사항을 고려하도록 촉진시킨다.

- 의미 있는 비즈니스 사명을 향해 나아감
- 비즈니스가 성장해 나갈 필요가 있는 미래 비전 개발
- 이 사명 달성에 대한 주요한 모든 위협들을 포착할 수 있음
- 비즈니스가 위협과 기회를 염두에 두면서 현재 상태에서 있어야 할 곳으로 옮겨 가게 하는 분명한 전략을 지님
- 비즈니스가 어떻게 운영되며 각 부분이 회사 전체에 어떻게 들어맞는지를 보여 줄 수 있으며, 이는 다시 이해관계자들에게 보고됨

리스크 관리가 효과를 발휘하게 하려는 이러한 이동이 성공적인 조직과 비성공적인 조직을 구분한다. 각각의 역할이 적절히 이해되고 적용되는 한 감사는 많은 것을 제공할 수 있다.

> 내부 감사인이 아니라 관리자들이 운영상의 의사 결정을 내린다. 그러나 내부 감사인은 이러한 의사 결정들의 근거가 되는 데이터를 제공하거나 검증할 수 있다. 감사인은 의사 결정의 효과를 평가하고 예기치 않았던 리스크를 지적할 수도 있다.[40)]

ERM 프레임워크는 감사인이 확정된 감사 수행 계획을 수립하기 전에 실시하는 사전 조사에 정보를 제공해 주지만, 동시에 감사 업무는 ERM이 진정으로 일선 부서에까지 미치고 있는지 결정하도록 도움을 준다. 감사 할당 계획을 세울 때 어슈어런스에 관하여 감사인이 유념해야 할 세 가지 주요 고려 사항이 있다.[41)]

• 리스크 관리 프로세스이의 설계와 이 프로세스가 효과를 얼마나 잘 발휘하는가를 모두 고려

• 핵심적이라고 분류된 리스크들의 관리통제의 효과성과 이들 리스크에 대한 다른 대응 조치 포함

• 신뢰할 만하고 적절한 리스크 평가와 리스크 및 통제 상태에 대한 보고

감사 방법론 모델: 4단계

사전 조사가 더욱더 역동적이 되도록 하기 위해 우리의 모델에 두 가지 중요한 구성 요소를 덧붙인다. 그림 6.4에 우리의 모델이 계속된다. 이 모델의 새로운 각각의 요소를 아래에 설명한다.

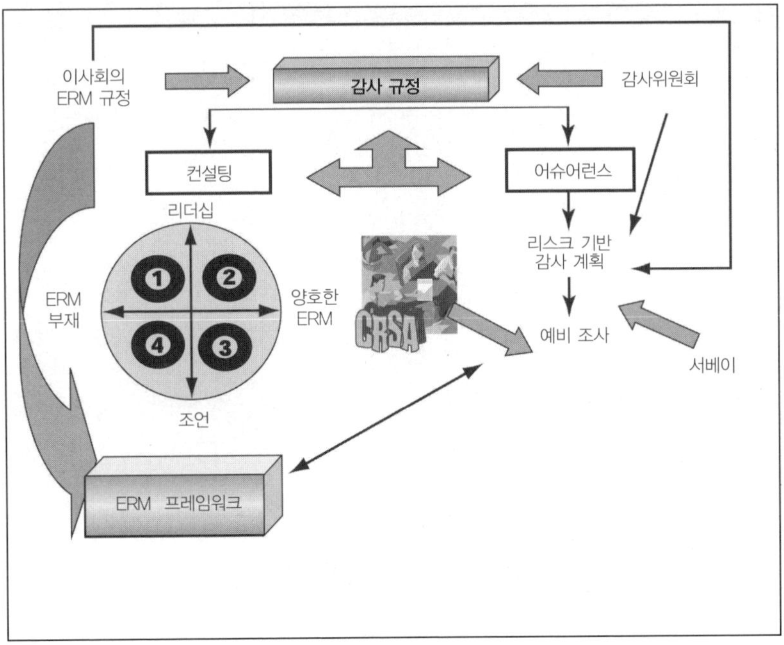

[그림 6.4 감사 방법론 모델: 4단계]

CRSA

CRSA는 이 책의 앞부분에서 직원들이 자신의 리스크와 통제를 점검하게 하는 경영 관리 도구라고 말했었다. 내부 감사인도 CRSA를 사용하여 두 가지 면에서 감사 프로세스를 진전시킬 수 있다. 첫 번째는 감사를 받게 될 분야의 직원들이 최근에 수행한 CRSA가 있을 경우 이에 의존하는 것이다. 이 정보는 경영진이 핵심 리스크들을 단절시키고 현재의 통제가 만족스러운지를 점검하려는 시도를 나타낼 것이다. 이 프로세스가 건전하고 잘 문서화되어 있을 경우 감사인은 이 결과를 사용하여 계류 중인 감사의 주안점을 정할 수 있을 것이다.

사례 연구

리스크 기반 계획

감사가 예정된 분야의 팀에서 최근에 CRSA를 수행했는데, 이 자체 평가는 안전 리스크가 가장 중요하며 연수를 다녀온 뒤 안전 담당 고문으로 임명된 팀원에 의한 특별 점검이 이에 대한 핵심 통제임을 시사했다. 이 사실을 인식하고서 감사의 주안점에 안전 리스크에 대한 평가가 높은 기준에 따라 수행되었는지 그리고 신임 안전 담당자는 이 리스크를 실제로 적정하게 경감했는지에 대한 점검을 포함시켰다.

사전 조사에서 CRSA가 사용될 수 있는 또 다른 방법은 새로운 감사를 시작할 때 아래의 절차를 도입하는 것이다.

- 주안점의 개요를 해당 감사를 받는 부서의 관리자와의 감사 착수 면담

의 토대로 사용한다.

• 부서의 관리자에게 주안점의 초안에 포함될 수 있는 다른 우려 사항이 있는지 문의한다.
• 수검 대상 분야의 핵심 직원들을 진행자의 도움을 받는 워크샵에 소집하여 책정된 목표라는 관점에서 그들의 목표, 리스크 식별, 리스크 평가의 표준 단계에 대해 토의하게 한다.
• 감사가 주도한 이 CRSA 결과를 이용하여 감사의 주안점을 개발하고 확정한다.

이런 방식으로, 계획된 감사는 전적으로 해당 분야의 실제 리스크에 초점을 맞출 수 있다. 이 두 가지 접근법은 감사를 무엇이 중요한지에 대해 미리 예상된 생각을 가지고 나타나 뒷방에서 점검하는 사람으로부터 감사 프로세스가 해당 비즈니스 분야의 실제 이슈, 우려사항과 인식에 열중하게 하는 전향적인 기능으로 이동시킨다. 그러나 감사는 단순히 경영진이 중요하다고 말하는 것을 취해서 이를 중심으로 계획을 수립할 수는 없다는 점을 기억해야 한다. 보다 넓은 범위의 리스크에 대해서도 고려할 필요가 있다.

> 내부 감사인은 감사 수행 목표를 정할 때 중대한 오류, 불규칙성, 법규 미준수, 기타 익스포져의 가능성을 고려해야 한다.[42)]

서베이

이 모델에 들어가는 두 번째 요소는 감사가 시작되기 전에 수검 대상자들에게 발송될 수 있는 설문 조사서 또는 설문서와 관련이 있다. 이의 취지는 통제 상태와 통제에 대한 인식 수준에 관한 적절한 정보를 수집하여 여기서 발견된 사항들을 이용하여 계획된 감사가 어느 분야에 중점을 둘지를 정하는 데 도움을 주자는 것이다. 거버넌스 레이더에 나타나기 시작하는 한 가지 큰 이슈는 조직의 전체적인 통제 문화이다. 조사 후에 몇 번의 후속 면담을 실시하면 이를 이용하여 통제에 대한 인식 상태를 판단할 수 있으며, 일정 기간 동안의 추세를 기록하면 상태가 개선되고 있는지 그렇지 않은지를 판단할 수 있다. 이렇게 하고 나면 통제 문화가 취약한 분야에 감사 작업을 집중시킬 수 있다. 통제 문화가 취약한 곳의 사람들은 리스크에 대한 이해가 별로 없으며, 양호한 통제와 이러한 통제를 엄격히 준수하는 것의 중요성을 인식하지 못한다. 양호한 문화는 이와 반대이며, 관리자와 직원들이 자신의 리스크 식별과 관리 방식을 잘 파악하고 있는 곳에서는 감사인이 상세한 작업을 할 필요가 훨씬 줄어들 수도 있다. 또한 훌륭한 직원들은 거버넌스, 책임성과 공시에 관해서도 알고 있다. 감사 기준에서도 기업 문화의 영향이 인식되고 있다.

> 경영진은 목표와 목적이 달성될 것이라는 합리적인 어슈어런스를 제공하기 위해 충분한 조치들을 계획하고, 조직하며 이의 실행을 지휘한다. 경영진은 정기적으로 목표와 목적을 점검하고, 내부와 외부의 변화를 수용하기 위해 이러한 프로세스를 수정한다. 경영진은 또한 리스크 익스포져를 이해하고 이를 관리하기 위한 효과적인 리스크 관리 전략을 실행하는 윤리적인 문화 등 조직 문화를 세우고 이를 유지한다.[43]

조직에서 통제가 잘 되는 부분에 대해서는 정기적인 감사 대상이 되기보다는 문제를 해결할 필요가 있다는 것이 명백할 경우 예외적으로 감사를 받을 수도 있다고 주장하는 사람도 있다.

> 전사적 리스크 관리 시스템이 번성해지고 조직들이 자신의 리스크 평가와 부합하는 지속적인 감사 접근법을 향하여 옮겨감에 따라 특히 리스크가 높은 영역에서의 감사인의 전통적인 현장 감사가 변하게 될 것이다. 현장 감사는 일정 기간에만 수행되는 것이 아니라 상시 감사인에 대해 예외 보고서가 제출되고 특정 기간 말에 요약 보고서가 제출되는 계속적인 감사가 될 것이다. 또한 현장 감사는 특정 지역이나 공장에서가 아니라 본사의 감사 부서에서 수행될 수도 있을 것이다.[44]

CRSA 워크샵과 통제 인식 조사는 모두 감사인들에게 잘 알려져 있고 감사 업무에 적용될 수 있는 기법들이다. 이 기법들은 또한 경영진이 자신의 시스템을 올바르게 작동하게 하는 데에도 사용할 수 있다. 누가 어떤 기법을 사용해야 하는가에 대한 역할이 흐려지더라도 문제가 되지 않는데 전문적인 지침에서도 이 점을 명확히 하고 있다.

> 고위 경영진은 리스크 관리 프로세스와 통제 프로세스의 수립, 실행, 평가를 감독할 책임이 있다. 운영 부서 관리자들의 책임에는 자기 부서의 리스크와 통제에 대한 평가가 포함된다. 내부 감사인과 외부 감사인들은 조직의 리스크 관리와 통제 프로세스의 효과성에 관해 다양한 정도의 어슈어런스를 제공한다. 관리자와 감사인 모두 초점을 분명하게 하고, 현행 리스

크 관리와 통제 프로세스를 평가하려는 노력을 확대하며, 리스크 관리와 통제 프로세스의 효과성을 개선하는 방법을 찾아내기 위한 기법과 도구 사용에 관심이 있다.[45)]

감사 방법론 모델: 최종

우리의 모델인 감사 방법론이 리스크 관리 프로세스 점검을 다루기 위해서는 몇 가지가 더해져야 한다. 이 마지막 항목들은 감사 프로세스를 좀 더 다루지만 지나치게 상세하게 다루지는 않는다. 완성된 모델이 그림 6.5에 나와 있다.

이 모델의 새로운 항목 각각에 대해 아래에서 설명한다.

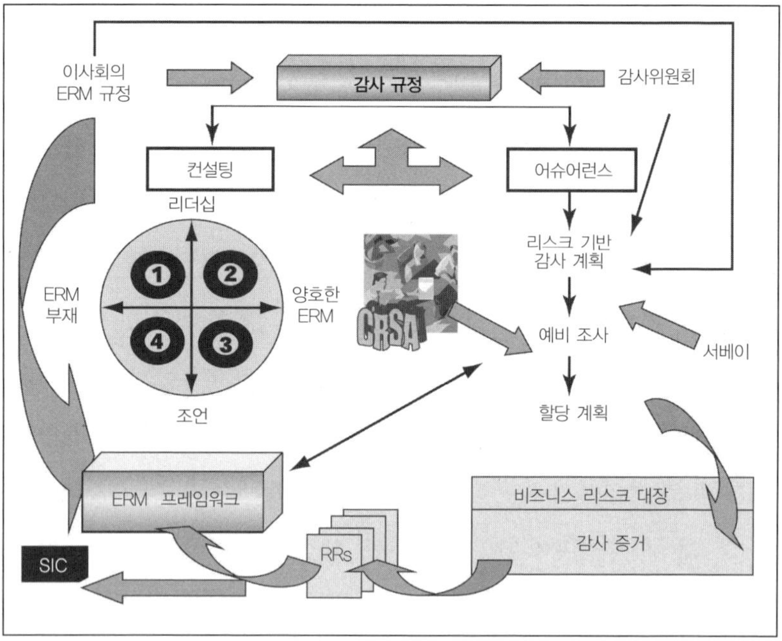

[그림 6.5 완성된 감사 방법론 모델]

자원 배정 계획

점검 대상 분야에서 리스크 관리가 어떤 상태에 있는지를 정확하게 파악하고 나면 최종 감사 수행 계획을 세울 수 있다. 이 계획은 정확하게 무엇을 할 것인지와 누가 이를 할 것인지를 정한다.

> 내부 감사인은 각각의 감사 수행에 대해 범위, 목표, 시기와 자원 할당 등의 계획을 세우고 이를 기록해야 한다.[46]

감사 수행 계획 수립 시 고려할 사항이 많이 있는데, 앞에서 언급한 바와 같이 많은 부분을 수검 고객과 함께 수집하거나 고객과 별도로 수집할 수 있다.[47]

- 점검될 활동부서의 목표와 이 활동이 자신의 성과를 통제하는 수단
- 이 활동에 대한 중요한 리스크 활동의 목표, 자원, 오퍼레이션 리스크의 잠재적 영향이 수용할 만한 수준으로 유지되게 하는 수단
- 관련 통제 프레임워크나 모델 대비 이 활동의 리스크 관리와 통제 시스템의 적정성과 효과성
- 이 활동의 리스크 관리와 통제 시스템을 상당히 개선할 수 있는 기회

감사 수행 계획 수립 프로세스는 어슈어런스 또는 컨설팅 프로젝트에 대한 올바른 자원 할당을 포함한다. ERM 상황은 감사인들에게 새로운 도전을 던져 주고 있으며, 체크 리스크 접근법은 변화하는 리스크 프로필과 이 리스크들이 어떻게 관리되고 있는지에 대한 점검의 역동적인 성

격을 포착하지 못한다고 말한 바 있다. 새로운 상황은 감사인에게 새로운 기술을 요구한다. 감사팀이 복잡한 회의 진행을 이끌 채비가 갖춰져 있지 않을 경우 감사팀이 진행을 지원하는 CRSA 행사가 감사 수행 목표 수립에 입력 요소가 되는 것은 아무런 의미가 없다.

> 내부 감사인은 감사 수행 목표를 달성하기 위해 적절한 자원을 결정해야 한다. 직원 배치는 각각의 수행 업무의 성격과 복잡성, 시간 제약, 활용 가능한 자원에 대한 평가에 근거해야 한다.[48)]

자원 배정 계획은 점검 대상 분야에 대한 몇 가지 고려 사항을 다뤄야 한다.

- 최종 감사 목표, 범위, 업무 수행 방법론
- 해당 분야 오퍼레이션 리스크 측면과 리스크 성향에 대한 회사의 관점
- 영향이 큰 그리고/또는 가능성이 높은 것으로 파악된 리스크들
- 그들의 리스크 프로필이 해당 비즈니스 분야에 영향을 주는 제휴자와 파트너
- 해당 감사 업무의 성격–어슈어런스 작업 또는 컨설팅 작업
- 수검 대상 분야의 법률적 요건과 공시 요건
- 핵심 인물, 연락처, 소재지 목록
- 현행 내부 통제 절차
- 재무적 측면–예산 계획과 지출 계획
- 면담, 데이터 조사, 서류 분석, 중간 보고 등 감사 수행 방식 명확화

- 해당 감사에 감사 부서 직원 배정
- 감사인별 작업 프로그램의 개요
- 종전 감사로부터 후속 조치가 필요한 이슈
- 다른 점검팀이나 컨설턴트의 작업
- 이 감사 작업의 감독과 검토 방법
- 민감한 데이터, 복사, 저장, 보안상 고려 사항에 관한 이슈
- 보고된 직원의 악습 또는 그러한 혐의가 있는 경우 이에 대한 배경
- 시간, 자원, 시기, 또는 기타 특수 사정으로 인해 감사 범위가 제한된 경우 그 내용
- 감사 대상 분야의 관리자와 직원들 사이의 통제 환경의 상태
- 감사팀의 브리핑 시에 우려사항이 제기된 경우 그 내용
- 각각의 감사팀원에 대한 시간 예산과 시간 책정
- 해당 비즈니스 시스템에서의 문제 영역에 대한 최초의 평가
- 추가 작업 요청이 있는 경우 그 내용
- 해당 비즈니스 분야에서의 경영진과 정보 시스템의 변동

위의 항목들 중 많은 항목들이 감사 작업 프로그램 안에 반영될 것이다.

> 내부 감사인은 감사 목표를 달성하는 작업 프로그램을 개발해야 하며 이 작업 프로그램들은 기록되어야 한다.[49]

비즈니스 리스크 대장

리스크 관리 프로세스 감사의 한 가지 중요한 측면은 리스크 대장의 역할이다. 이 문서는 전체 감사 프로세스의 중심점이 된다. 첫째, 우리의 모델에서 명백히 알 수 있는 바와 같이, 이 리스크 대장을 올바로 이해해야 한다. 리스크 대장은 식별, 평가, 관리라는 리스크 주기를 포착하는데 이는 훌륭한 비즈니스 관리자라면 누구나 모아 두어야 할 내용이다. 이는 관리자와 경영진에 의한 검토, 팀들의 리스크 워크샵 후 관리자에 대한 보고, 또는 정보 및 추세 분석에 대한 평가에 의해 이뤄질 수 있다. 어떤 형식을 사용하든 리스크 관리에 대한 성숙한 접근법을 갖추고 있는 조직들은 비즈니스 관리자들이 자신의 리스크를 평가하고 그 결과를 자신의 리스크 대장에 기록하기를 원할 것이다. 리스크 관리가 빈약한 조직에서는 리스크가 주먹구구식으로 관리될 것이고, 분명히 체계적으로 기록되지 않을 것이다. 이 경우 감사인은 다음과 같은 기본적인 과제를 수행함으로써 내부 통제를 평가하기 원할 것이다.

- 해당 비즈니스 분야의 목표를 파악한다.
- 각 목표가 누구의 책임인지를 알아낸다이 사람들이 리스크 오너가 될 것이다.
- 위협 또는 기회 상실이라는 관점에서 이들 목표 달성에 대한 리스크들을 파악한다.
- 이 리스크들이 목표에 미칠 잠재적인 영향과 아무런 통제가 없을 경우 발생 가능성을 평가한다.
- 리스크를 수용 가능한 용인 수준 이내로 경감한다는 관점에서 기존 통제의 효과성을 판단한다.

- 중요한 리스크를 방비하는 핵심 통제들이 실제로 효과를 발휘하는지와 이의 효과에 대한 증거가 있는지 알아낸다.
- 통제가 허술한 분야나 법규 미준수를 통해 건전한 통제가 약해지고 있는 분야가 있는지 탐색하고, 실제 문제에 대한 증거를 모은다.
- 통제가 취약한 즉, 경감되지 않은 리스크가 과도한 분야에 대한 전반적인 의견을 형성하고 그렇게 판단하는 이유를 결정한다.
- 취약한 통제를 다루고 현행 리스크 관리 제도를 전반적으로 강화시킬 수 있는 적절한 권고 사항을 작성한다.
- 발견 사항과 권고 사항을 필요한 변화를 가장 잘 이루어 낼 수 있는 사람에게 소통한다.
- 앞의 과제들을 문서화하고 정해진 일정 기간 뒤에 이를 사후 관리한다.

이 마지막 과제는 사실상 리스크 대장과 아주 흡사해 보이는 것들의 편찬에 관련될 것이다.

> 내부 감사인은 결론과 감사 수행 결과를 지원하는 적절한 관련 정보를 기록해야 한다.[50]

그러한 리스크 대장은 뛰어난 관리자가 편찬하거나, 감사인이 만들거나, 감사인과 관리자또한 직원들가 공동으로 개발할 수 있다. 이 모델에서 리스크 대장은 다양한 비즈니스 부문들 사이의 연결 관계와 상호 관련성을 인식하면서 조직 전체의 리스크 대장을 합산하는 것에 관련된다. 예를 들어 직원들의 역량에 관련된 리스크가 있는 오퍼레이션 영역들은 리스크들이 인재개발팀에 연결되게 해서 이 이슈를 다루기 위한 행동 계획이 공유되고 있음을 보여 줄 수 있다. 또한 하위 단계의 리스크 대장은 다수의 비즈니스 부문을 포함하며 실제로 경영진에게 속하는 상위 단계의 전략적 대장에 취합될 수 있다.

감사 증거

우리의 감사 방법론 모델의 마지막 구성 요소는 증거에 관한 것인데, 증거가 조금이라도 쓸모가 있으려면 특정 기준을 충족시켜야 한다.

> 정보는 감사 수행상의 관찰 사항 및 권고 사항에 대한 건전한 근거를 제공하기에 충분하고, 유능하고, 관련성이 있고, 유용해야 한다. 충분한 정보란 사실에 입각하고, 적정하며, 설득력이 있어서 정보를 제공받은 신중한 사람이라면 감사인과 동일한 결론에 이르게 할 정보를 말한다. 유능한 정보란 신뢰할 만하며 적절한 감사 기법을 통해 얻을 수 있는 최선의 정보이다. 관련성이 있는 정보는 감사 수행상의 관찰 사항과 권고 사항을 지지하고 감사 수행 목표에 부합하는 정보이다. 유용한 정보는 조직이 그 목적을 이루는 데 도움이 되는 정보이다.[51]

증거가 조직의 각 부분의 리스크들에 관해 기록된 정보들이 확인될 수 있는지 또는 최소한 이 정보들이 좋은 증거에 의해 지지되는지를 결정한다는 점에서 증거는 리스크 대장 안에 자리한다. 리스크 관리 기준 중 하나는 리스크 프로세스가 점검되고 이 점검 결과 다음과 같은 몇 개의 일반적인 질문들이 다뤄지고 답변될 것을 요구한다.[52]

- 정보의 신뢰성은 어떠한가?
- 리스크 목록이 포괄적이라는 데 대해 얼마나 확신하는가?
- 특정 리스크들에 대해 추가로 조사할 필요가 있는가?
- 목표와 범위가 적정하게 다뤄졌는가?
- 리스크 식별 프로세스에 올바른 사람이 관여했는가?

또한 감사인은 조직의 리스크 관리와 통제 프로세스에 전반적인 평가를 내릴 때 세 가지 핵심적인 사항을 고려하기 원할 것이다.[53]

- 수행된 감사 작업 또는 수집된 정보에 대한 평가로부터 중대한 불일치나 취약점이 발견되었는가?
- 그럴 경우 그러한 발견 이후 시정 또는 개선이 이뤄졌는가?
- 이러한 발견 사항과 그 영향에 비추어 볼 때 이러한 상황이 팽배해 있고, 이로 인해 받아들일 수 없는 수준의 비즈니스 리스크가 초래되는가?

문제는 이것이다. 감사인들은 조직 전체에 대한 출장을 통해 리스크 관리와 내부 통제 상태에 관한 많은 증거를 수집할 수 있지만, 그 결과 전반적인 리스크 관리 상태에 관한 의견을 형성할 수 있는가? 이 질문은 다수의 훌륭한 리스크 관리 관행들이 비즈니스 영역에 흩어져 있는 조직들이 반드시 이러한 긍정적인 사항들을 전반적인 ERM 프레임워크 안으로 모으는 것은 아니라는 사실과 궤를 같이 한다. 리스크 프레임워크가 정의되고 리스크 활동들이 이 프레임워크에 비추어 수행되게 할 필요가 있다. 감사인들에게도 마찬가지인데 그들은 전반적인 ERM 상태에 관한 증거를 입수할 필요가 있다. 이 복잡한 과제는 하나의 도전 과제로 묘사되었다.

> 내부 감사에 대한 도전 과제는 많은 개별 평가assessment들을 취합하여 조직의 리스크 관리와 통제 시스템의 효과성을 평가evaluate하는 것이다. 이러한 평가는 주로 내부 감사 수행, 경영진의 자체 평가와 외부 감사인의 작업으로부터 얻어진다. 감사가 진행될 때, 내부 감사인은 발견 사항을 적절한 직급의 경영진에게 적시에 소통해서 발견된 통제 불일치나 취약점의 결과들을 시정하거나 경감하기 위해 신속한 조치를 취할 수 있게 해야 한다.[54)]

전반적인 ERM 프레임워크에 대한 점검을 감사 계획에 포함시켜서, 개별 비즈니스 부문에 대한 감사에서 얻은 증거를 ERM에 대한 일반적인 평가와 비교할 수 있게 하는 것이 더 나을 수도 있다. 이 책은 이러한 접근법을 채택해서 각 장章에 나오는 모델들을 부록에 있는 다양한 체크리스트와 결합하여 리스크 관리의 핵심 구성 요소들을 평가하는 하나의 방법으로 사용하게 한다. 통상적인 개별 감사와 함께, 감사 부서는 두 가지 차원의 증거를 구할 수 있다. 첫 번째 증거는 리스크 기반 연간 감사 계획을 통해 파악된 우선순위가 높은 영역에 대한 일회성 감사를 통해 얻은 증거이다. 다른 증거는 조직을 이 책의 모델들과 같은 ERM 모델에 대해 벤치마킹함으로써 나오는 증거이다. 감사인은 일회성 감사로부터의 증거가 직원의 인식 수준, 리스크 용인 수준 결정 또는 CRSA의 폭넓은 사용 등과 같은 전반적인 ERM 구성 요소들에 대한 점검으로부터 확보한 견해를 지지하거나 이에 반하는지 알아보려 할 것이다. 감사인은 감사 작업의 결과를 소통하도록 요구된다.

> 소통에는 감사 수행 목표와 범위, 그리고 결론, 권고 사항과 조치 계획이 포함되어야 한다.[55)]

또한 이러한 소통은 정해진 기준을 충족해야 한다.

> 소통은 정확하고, 객관적이며, 명확하고, 건설적이며, 완전하고, 시의적절해야 한다.[56)]

연례 감사 보고에서 전체 조직에 메시지를 전달한다는 관점에서 큰 그림에 향할 때에는 사안이 복잡해질 수 있다. 여기서의 도전 과제는 증거를 바탕으로 이사회와 감사위원회에 의미 있는 보고서를 작성하는 것이다.

> 고위 경영진과 이사회는 일반적으로 최고 감사 책임자CAE가 리스크 관리와 통제 프로세스의 적정성과 효과성에 관한 판단을 내리기 위해 연중 충분한 감사 작업을 수행하고 기타 입수 가능한 정보를 수집하리라 기대한다. CAE는 조직의 리스크 관리 프로세스와 통제 시스템에 관한 그러한 전반적인 판단을 고위 경영진과 감사위원회에 소통해야 한다. 점점 더 많은 조직들이 외부 이해관계자들에 대한 자신의 연례 보고서나 정기 보고서에

리스크 관리 프로세스와 내부 통제 시스템에 대한 경영진의 보고서를 포함시키고 있다.[57]

그러한 보고서가 제공될 수 있는 한 가지 방법은 현상을 평가하고 전반적인 리스크 관리와 내부 통제 제도에 있어서의 갭을 찾아내는 데 사용할 수 있는 모델을 사용하여 보고서를 작성하는 것이다.

내부 통제 보고서SIC

이 모델의 좌측 하단의 SIC는 통제들을 인증하고 중대한 갭이 있을 경우 이를 상술하는 하나의 방법으로서 관리자와 경영진이 작성하는 내부 통제 보고서Statement on Internal Control에 관한 것이다. 이는 ERM 프로세스로부터 나오며, 감사인은 이 보고서에 자신의 이름이 적힐 가치가 있는지에 관한 의견을 표명하기 원할 것이다. 감사인은 감사 대상 비즈니스 부분에서 리스크가 어떻게 관리되고 있는지에 관해 자신이 기대했던 바는 무엇이며, 감사 결과 실제로 발견한 바는 무엇인지에 관해 언급하는 보고서를 제공할 것이다.

기준과 현상을 비교함으로써 감사 수행 관찰 사항과 권고 사항이 출현한다. 갭이 있든 없든 감사인은 보고서를 작성할 근거를 지니게 된다. 상태가 기준을 충족시킬 경우 감사 수행 결과 소통 시 수검 부문이 만족스러운 성과를 보이고 있음을 인정하는 것이 적절할 수 있다. 관찰과 권고는 다음의 속성에 기초하여야 한다.[58]

- **기준** 평가 및/또는 확인에 사용할 기준, 척도, 또는 기대존재하여야 할 것
- **상태** 감사인이 조사 수행 과정에서 발견한 실제 증거존재하는 것
- **원인** 기대와 실제 상태 사이의 차이 이유왜 이러한 차이가 존재하는가
- **영향** 기준에 부합하지 않음에 따라 조직 및/또는 타인들이 직면하는 리스크 또는 익스포져차이의 영향

이 책에서 사용된 다양한 리스크 관리 모델들은 감사인이 '존재하여야 할 것'을 정해서 이를 '존재하는 것'과 비교하도록 도움을 줄 수 있다.

요약

리스크 관리 프로세스 점검에 관한 전반적인 감사 방법론은 여러 단계level로 작동한다. 리스크 감사 프로세스를 감사하는 한 가지 방법은 아래의 다섯 단계step를 거치는 것이다.

1. 감사 규정을 사용하여 이사회의 ERM 정책과 감사위원회의 견해를 고려하는 리스크 관리 점검 방법론을 개발한다. 이 규정 내에서 가장 중요한 핵심 어슈어런스 서비스를 보완하는 컨설팅 작업의 수준을 정한다.
2. 조직에서 ERM에 관해 수행한 다른 작업이 신뢰할 만한지 판단한 뒤 이를 이용하여 리스크 기반 감사 계획을 뒷받침한다.
3. 리스크 기반 감사 계획에서 우선순위가 정해진 감사 영역에 대해 사전 조사를 실시한다. CRSA 워크샵, 면담, 직원 조사들을 통해 계획된 감

사의 주안점을 명확히 해서, 감사 작업이 정해진 비즈니스 목표 달성에 대한 진정한 리스크에 중점을 두게 할 수 있다.

4. 수검 대상 분야에서 사용되고 있는 리스크 대장을 검토하고, 이 대장이 비즈니스 관리자의 내부 통제 점검을 지지함에 있어서 신뢰할 만한지 결정한다. 감사는 점검 대상 분야에서 현재 리스크가 관리되고 있는 방식을 지지하는 또는 그렇지 않은 증거를 찾아야 한다. 리스크 대장이 사용되지 않고 있는 경우 컨설팅 작업을 수행하여 해당 비즈니스 부서가 필요한 진전을 이루도록 지원할 수도 있으며 그동안에는 감사 작업에서 해당 분야의 리스크와 통제에 관해 전체적인 평가를 내릴 수도 있다.
5. 감사 작업을 통해 감사 반장이 점검된 분야의 ERM과 내부 통제에 관한 보고서를 작성하고, 비즈니스 관리자가 보다 광범위한 통제 공시 인프라스트럭쳐의 일부로서 자신의 통제를 인증하는 방식에 대해 언급할 수 있게 한다.

부록은 ERM 시스템의 전반적인 품질을 평가하고, ERM 프로세스 지원과 검토에 적용될 수 있는 감사 접근법의 유형 판단에 사용할 수 있는 체크 리스트들을 포함하고 있다.

Notes

1. IIA, 기준 2100.
2. 한스 보이머(Hans Beumer), '무(無)에서 시작하기(Starting from the Scratch)', The Internal Auditor (2004년 8월), 79-85쪽.
3. IIA, 기준 2210.A1.
4. IIA, 영국&아일랜드, Position Statement 2004, 전사 리스크 관리에 있어서의 내부 감사의 역할.
5. IIA, 수행권고 2120.A1-1.
6. IIA, 수행권고 2100-1.
7. IIA, 수행권고 2120.A1.
8. 폴 J 소벨(Paul J Sobel), '리스크 관리와 ERM을 통합시키기', Auditors Risk Management Guide (시카고: CCH Inc, 2004년) 3.01쪽.
9. 위의 글, 3.06쪽.
10. IIA, 기준 2010.A1.
11. IIA, 수행권고 2120.A1-4.
12. IIA, 수행권고 2120.A1-1.
13. '경제협력개발기구', OECD 기업 거버넌스 원칙, 2004년, 60쪽.
14. IIA, 수행권고 2060-2.
15. 웨스 스콧(Wes Scott), 감사위원회 의장, '사베인-옥슬리법의 좋은 측면', The Internal Auditor (2004년 6월), 36-39쪽.
16. IIA, 수행권고 2060-2.
17. 로렌스 B. 소이어(Lawrence B. Sawyer), 모티머 A. 디텐호퍼(Mortimer A. Dittenhofer), H. 샤이너(H. Scheiner), 소이어의 내부 통제(Sawyer's Internal Control), 5판(올란도, 플로리다: IIA, 2003년), 34쪽.
18. IIA, 수행권고 2100-1.
19. IIA, 수행권고 1000.C1-2.
20. IIA, 기준 2060.
21. 샘 M. 맥콜(Sam M. McCall), 탈라하시(Thallahassee) 시(市)의 시 감사인, '컨설턴트로서의 감사인', The Internal Auditor (2002년 12월), 35-39쪽.
22. IIA, 기준 2440.C2.
23. IIA, 용어 설명.
24. IIA, 기준 2120.A4.
25. IIA, 수행권고 1000.C1-1.
26. 위의 글.
27. IIA, 수행권고 2120.A1-2.
28. IIA, 수행권고 2010-2.
29. IIA, 수행권고 2120.A1-1.
30. 호주/뉴질랜드 기준: AS/NZS 4360 내부 감사 프로세스 내에서의 리스크 관리 이용에 관한 지침, 4쪽.
31. IIA, 기준 2010.
32. IIA, 기준 2110.A1.
33. IIA, 수행권고 2120.A1-1.
34. IIA, 기준 2010.C1.
35. IIA, 기준 2130.A1.
36. IIA, 수행권고 2120.A1-1.

37. IIA, 수행권고 2010-2.

38. 위의 글.

39. IIA, 기준 2120.A2.

40. 로렌스 B. 소이어(Lawrence B. Sawyer), 모티머 A. 디텐호퍼(Mortimer A. Dittenhofer), H. 샤이너(H. Scheiner), 소이어의 내부 통제(Sawyer's Internal Control), 5판(올란도, 플로리다: IIA, 2003년), 36쪽.

41. IIA, 영국&아일랜드, PositionStatement 2004, 전사 리스크 관리에 있어서의 내부 감사의 역할.

42. IIA, 기준 2210.A2.

43. IIA, 수행권고 2100-1.

44. 로렌스 B. 소이어(Lawrence B. Sawyer), 모티머 A. 디텐호퍼(Mortimer A. Dittenhofer), H. 샤이너(H. Scheiner), 소이어의 내부 통제(Sawyer's Internal Control), 5판(올란도, 플로리다: IIA, 2003년), 331쪽.

45. IIA, 수행권고 2120.A1-2.

46. IIA, 기준 2200.

47. IIA, 기준 2201.

48. IIA, 기준 2230.

49. IIA, 기준 2240.

50. IIA, 기준 2330.

51. IIA, 수행권고 2310-1.

52. 호주/뉴질랜드 기준: AS/NZS 4360: 2004년, 39쪽.

53. IIA, 수행권고 2120.A1-1.

54. 위의 글.

55. IIA, 기준 2410.

56. IIA, 기준 2420.

57. IIA, 수행권고 2120.A1-1.

58. IIA, 수행권고 2410-1.

Auditing the Risk
Management Process

Chapter 7

완벽하다는 환상

The Illusion Of Perfection

Chapter 7

완벽하다는 환상

감사는 적절한 전문가적인 주의로써 능숙하게 수행되어야 한다.

IIA 기준 1200

개요

지금까지 우리의 모델들은 비즈니스 리스크 관리에 있어서의 모범 관행 확립 관점에서 준비되어 왔다. 이 모델들의 각각의 구성 요소들을 개발할 때 우리는 조직들이 무엇을 하고 있어야 하는지에 대하여 벤치마크를 적용할 수 있었다. 이번 장에서 사용되는 모델은 무엇이 좋은 관행인가가 아니라 무엇을 하지 말아야 하는지를 보여 주기 위해 고안되었다는 점에서 이전의 장들과 다르다. 리스크 관리와 ERM에 대해서 잘못된 곳에 초점이 맞춰져 있다즉, 모든 어두운 구석마다 리스크들이 보이고, 사람들은 가게에 가기가 불안해지기 시작하는 사회가 되어가고 있다고 느끼는 비평가들이 점점 더 많아지고 있다. 어떤 조직들은 리스크 게임을 하기 시작했는데, 여기서 그들은 자신들의 리스크 관리 제도가 모든 것이 봉쇄되고 통제될 수 있는 완벽한 조직을 만든 것처럼 가장한다. 한편 어떤 조직들은 이러한 리스크를 아예 무시하고 만일 무언가가 잘못되면 누군가 다른 사람이 비난을 받을 거라고 희망하면서 평소와 같이 행동한다. 일부 회사에는 농담조로 대충 '감옥에 갈 채비가 되어 있는 이사' 즉, 심각한 문제가 발생하면 몰락을 받아들일 수 있는 사람로 일컬어지는 사람들이 고용되어 있다고도 말한다.

어떤 CEO들은 필요한 경우 훌륭한 ERM에 대한 이러한 증거가 자신을 방어하는 데 사용할 수 있다는 희망에서, 수백 가지의 체크리스트를 만들고 조직의 다양한 사람들이 이에 표시하게 한다. 관리자들이 내부 감사인에 의해 조직된 리스크 워크샵에 출석해서 리스크 게임 내내 자리를 지키며 연회의 게임처럼 제안과 논평을 덧붙일 수도 있다. 잡담을 마치고 나면 그들은 진짜 일로 돌아가서 하루나 이틀 뒤에는 워크샵에서 논의된 내용의 대부분을 잊어버린다. 그리고 이 조직은 자신의 ERM을 떠받치는 CRSA의 광범한 사용에 관한 보고서를 작성한다.

대개 이사회가 한번 수행되고 나서는 다음 연도까지 무시되는 연례 리스크 워크샵을 고수할 때 문제가 발생한다. 완벽하다는 환상은 우려할 현상이다. ERM에 대해 점검할 때 다양한 조치들을 조사하고 잘 쓰인 문서와 설치된 보고 소프트웨어들을 고려할 것이다. 불행하게도 직원들의 마음과 기업 문화가 항상 얻어지는 것은 아니다. 그 결과로 만들어지는 보고서가 ERM이 어떻게 되어 가고 있는지를 묘사하기는 하지만, 이 보고서를 사용하여 규정상의 분기 보고서를 형성하는 외에는 그 가치에 대해 진정으로 신뢰하지는 않는다는 점을 놓칠 수도 있다. 이번 장에는 감사인이 리스크 관리가 진정으로 효과를 발휘하지 않을 리스크를 평가함에 있어서 주의해야 할, 완벽하다는 환상의 몇 가지 징후들이 포함되어 있다.

취약한 관행 모델: 1단계

이번 장에서 사용되는 모델은 일부 조직들이 자신을 보호하기 위해 수행하는 리스크 관리 과부하와 문서 작성 추구에 초점을 맞춘다. 우리의 첫 번째 모델에는 그림 7.1에서 보는 바와 같이 다양한 이해관계자 그룹 사이의 내재적인 갈등이 나와 있다.

이 모델의 각각의 측면에 대해 아래에서 설명한다.

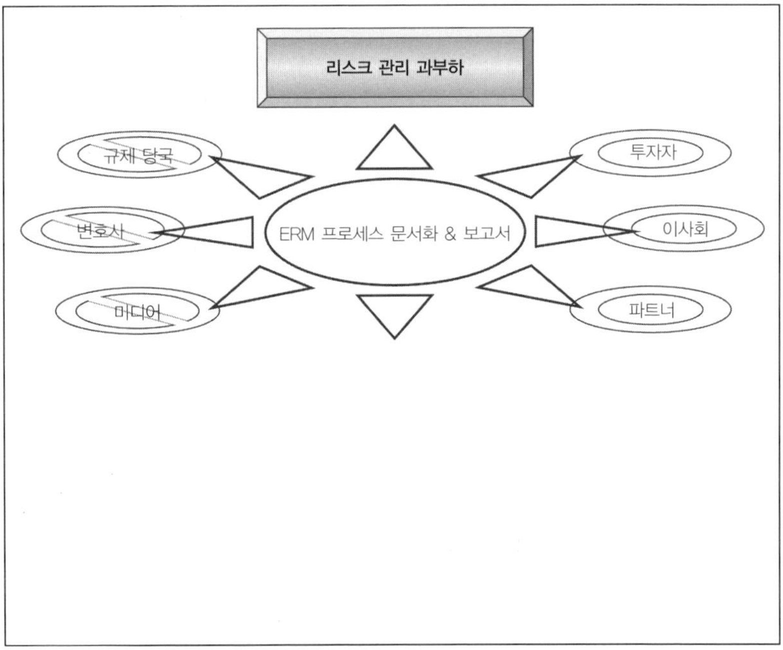

[그림 7.1 나쁜 관행 모델: 1단계]

리스크 관리 과부하

일부 조직들은 마치 사람이 흙탕물 강에 빠져드는 것과 매우 비슷하게 리스크 관리로 빠져든다고 묘사하는 것이 가장 적절해 보이는 방식으로 리스크 관리를 출범시킨다. 컨설턴트들이 리스크 관리 제도가 갖춰질 필요가 있다고 말하고, 전문 저널들에 실리는 이 주제에 관한 논문 수가 늘어나고 있으며, 다양한 규제 기관들이 이사회 위원들을 접촉하여 리스크 관리를 시작하라고 말한다. 그러면 이사회는 이에 대한 반응으로 "우리는 이에 대해 도대체 뭘 해야 하는 겁니까?"라고 묻는다. 대개 답변은 다음과 같은 형태를 띤다. "누군가 이 일을 할 사람을 고용하십시오. 누가 됐든 고용하기만 하면 됩니다." 그래서 리스크 업계가 행동에 돌입하는데 최악의 시나리오에서는 조직의 모든 부분을 점검하여 사람들이 리스크에 대해 먹고, 마시고, 말하게 한다.

리스크 관리 활동에 관한 거창한 움직임은 이해관계자들에게 자랑스럽게 보고되며, 연례 보고서에는 수립된 리스크 관리 프로세스에 관해 설명하는 많은 부자연스러운 문구들이 포함된다. "리스크 관리라는 것은 단지 보다 나은 관리에 관한 것이 아닌가?"라는 외로운 음성이 반복적으로 들릴 수도 있지만 사람들은 리스크에 관한 것risk stuff을 수행하는 모습을 보여 주기 원하기 때문에 이 목소리는 무시된다. 몇 년 뒤에는 이 리스크에 관한 것이 무엇인지와 이것이 비즈니스에 어떻게 기여하는지를 설명하기가 점점 더 어려워진다. 극단적인 경우에는 경영진이 ERM을 시도해 봤지만 효과가 없었다는 근거에서 ERM을 그만 둔다. 예를 들어 기업 거버넌스의 맥락에서 경영진의 역할은 다음과 같이 묘사되어 왔다.

> 대체로 경영진은 전체 조직의 지속 가능성에 대해 책임이 있으며 조직의 행위, 행동과 실적에 대해 소유자, 기타 이해관계자, 규제 당국, 일반 대중

에 대해 책임을 진다. 특히 전반적인 관리 프로세스의 주요 목표는 다음 사항들을 달성하는 것이다.[1]

- 적절하고, 신뢰할 수 있고, 믿을 수 있는 재무 정보와 오퍼레이션 정보
- 효과적이고 효율적인 조직의 자원 사용
- 조직의 자산 보호
- 법률, 규정, 윤리 및 비즈니스 규범과 계약 준수
- 리스크 익스포져를 식별하고 이 리스크들을 통제하기 위한 효과적인 전략 사용
- 오퍼레이션과 프로그램들에 대한 확립된 목표와 목적

그러나 조직은 표명된 목표 달성을 추구해야 하는데 리스크 관리 프로세스는 그 자체가 목표가 아니고 다른 목표들의 달성을 증진하는 방법의 일부라는 점에서, 마지막에서 두 번째 항목 '리스크 익스포져를 식별하고 이 리스크들을 통제하기 위한 효과적인 전략 사용'은 완벽하다는 환상의 일부임을 시사한다는 주장이 있다. 관리자들이 리스크 관리 프로세스에 집중하라고 요구될 때에는 그들이 진정으로 중요한 비즈니스를 보지 못하게 될 수도 있다. 리스크 관리 과부하는 다음 사항들과 관련이 있다.

- 개념이 불명확하여 모든 사람이 리스크 관리에 대해 자신의 개념을 갖고 있음
- 실제적인 방법론이 없음

- 현업 부서 직원이 마음으로부터 수용하지 않음
- 실제적인 도구들이 사용되지 않음
- 이사회 위원 중 아무도 ERM을 인도할 자세가 갖춰져 있지 않음
- CRO가 경영진의 관심 결여에 대해 불평함
- 리스크는 고위 경영진이 안전하다고 느끼기 원하기 때문에 다루어지는 낯선 개념으로 여겨짐
- 리스크 관리 이니셔티브에 대한 예산 할당 노력이 없음
- ERM이 어떻게 비즈니스에 큰 도움이 되었는지에 관한 좋은 예가 없음
- 직원들의 역량과 이해에 대해서는 별로 관심을 기울이지 않으면서 보고서들과 상세한 문서화를 강조함
- 리스크 관리를 뭔가 다른 유행에 의해 대체될 때까지만 수행할 필요가 있는 것으로 봄
- 연수, 리스크 워크샵 등 인식제고를 위한 행사 참여가 저조함
- 리스크 성향이라는 개념을 설명하려는 시도가 없음
- ERM과 내부 통제 보고서statements on internal control 사이에 연결 관계가 없음
- 리스크 오너십을 비즈니스 목표 달성과 정렬하려는 시도가 없음
- 리스크 관리 책임을 CRO나 CAE에게 부여하고, 이를 비즈니스 부문이나 직원들에게 부여하려는 시도가 없음
- 처음에는 ERM에 열의를 보이다 잠시 후에 열의가 사라져 버림
- ERM은 감사인을 기분 좋게 만들기 위해 행해지는 것이라고 여겨짐

리스크 관리는 단지 일을 좀 더 잘하기에 관한 것이라는 점을 인정하려 하지 않는 전문가들에 의해 리스크 개념이 강요될 수 있다. 리스크 관

리는 사람들이 운명의 희생자라고 느끼지 않고 자신의 일에 대해 책임지게 하기에 관한 것이다.

> 리스크 관리의 요체는 결과에 대해 전혀 통제하지 못하며 원인과 효과가 감춰져 있는 영역을 최소화하는 한편, 결과에 대해 통제할 수 있는 영역을 최대화하는 데 놓여 있다.[2)]

규제 당국, 변호사와 대중 매체

우리 모델의 다음 부분은 존재감이 점점 커져 가고 있는 외부 이해관계자들에 초점을 맞춘다. 뛰어난 사람들이 키를 잡고 배가 가라앉지 않게 한 결과 비즈니스의 성공을 이루었던 옛날과는 회사 사회가 바뀌었으며 사정이 크게 달라졌다. 새로운 사회적 측면은 이해관계자들의 필요와 비즈니스 미디어의 눈부신 조명 요구에 주의를 기울이는데, 이들은 실패의 여지없이 신속한 결과를 보기 원한다. 많은 기업들에게는, 평온했던 상황이 모든 사람들의 일관성 없고 높은 압력을 가하는 요구로 구성된 격랑과 흐릿한 지평으로 변했다. 집단 소송은 현재 많은 조직들에게 가장 큰 위협이자 CEO가 밤잠을 이루지 못하게 하는 것으로 보일 수도 있다. 엔론과 월드콤 사건은 회사의 리더들이 수갑을 차고 형사 소추를 당하는 사진에서 정점에 이르렀는데, 이 광경은 많은 임원들의 등골을 서늘하게 했다. 많은 회사들이 자신의 연례 보고서 독자들과 자신의 가치, 접근법, 사회에 대한 영향에 관한 대화를 발전시키고 있다. 또 다른 회사들은 그들이 자신의 비즈니스 내에서 거버넌스를 어떻게 증진하는지 설명하기 위해 노력한다.

우리는 한 가지 단순한 이유로 디즈니 사에서 거버넌스를 높은 우선순위로 확립했습니다. 이유는 바로 그것은 옳은 일이라는 것입니다. 비즈니스에 투자함으로써, 주주들은 이사회가 회사 비즈니스의 전반적인 방향을 제시하고 경영진이 그 성과에 책임을 지도록 도와줄 것이라고 신뢰하는 것입니다. 결국, 거버넌스는 모든 주주들의 이익이 되는 방향으로 정보에 입각한, 객관적 의사 결정을 증진하는 환경 조성에 관한 것입니다.[3)]

문제는 이러한 진술이 실제 생활 속에서 회사의 관행이 되게 하는데 있다. 규제 당국, 변호사 및 대중 매체는 잘 관리되고, 윤리적이며, 모든 법규를 준수하고, 경제와 사회 전체를 위해 존경할 만한 속도로 성장하는 조직들을 보기 원한다. 그들은 또한 각각의 조직들이 이러한 것들이 어떻게 달성되고 있는지에 대한 강력한 메시지를 발표하기를 원한다. 공식적인 리스크 관리 프로세스는 리스크들이 억제되며 아무도 당황스러워하지 않고, 다치지 않으며, 또는 단순히 오도되지 않도록 하는 좋은 방법 중 하나이다. 표준적인 리스크 관리 관행이 이러한 마술 공식을 제공해 주는 것처럼 보일 수도 있다.

어느 조직이든 조직에 부정적으로 또는 긍정적으로 영향을 미칠 수 있는 많은 불확실성과 리스크에 직면한다. 리스크는 수용, 회피, 이전, 또는 통제 등 다양한 방식으로 관리될 수 있다. 내부 통제는 리스크와 불확실성의 잠재적인 부정적 영향을 감소시키기 위한 보편적인 방법이다.[4)]

투자자, 이사회, 파트너

우리의 모델에는 왼쪽뿐 아니라 오른쪽도 있다. 우리는 규제 당국에 대해서 그리고 그들이 대기업들이 어떻게 올바르고 적절한 방식으로 처신하기를 원하는지에 대해 설명했다. 오른쪽은 자신들의 수익 목표를 달성하고 신속한 승리를 얻기 위해서는 어떠한 기회에도 달려들 수 있는 이해관계자들을 포함하고 있다. 투자자들은 이러한 수익이 클 때 목표를 달성하며, 이사회 구성원들은 불가피하게 이익 목표와 연결된 자신들의 보너스에 눈독을 들이고 있다. 파트너들은 비즈니스가 경쟁자들을 이기고 확장되어서 자신들이 그러한 이득으로부터 혜택을 입을 수 있기를 바란다. 이런 상황에서는, 이익을 발생시키라는 엄청난 압력이 있게 되고 끊임없이 잠재적인 인수 대상자나 파트너를 찾게 된다. 회사는 리스크를 취할 용의가 있으며 성장, 확대, 새로운 비즈니스 기회 포착을 향하고 있다는 점이 강조된다. 이해관계자들과의 이러한 대화는 중요하다.

> 리스크 관리는 조직 목표를 정하고 이를 성취하는 것에 관해 외부 이해관계자들, 지배 기구, 경영진, 모든 계층의 사람들 사이의 의사소통과 협의를 촉진하는 구조를 제공해 준다.[5]

그러나 무엇이 말해지는가와 그처럼 말해지는 바가 조직에서 일어나고 있는 실제를 어느 정도나 반영하는가에 많은 것이 좌우된다. 표준 리스크 모델은 모든 관련 이해관계자들의 견해를 고려하는, 분석 · 평가 · 비교에 대한 체계적인 프로세스를 포함한다. 일부 이사회는 자신들의 성공이 최대의 리스크를 취하는 데 기초하고 있다고 생각하면서도, 나중에 자신들의 의사 결정을 리스크 용어로 치장하기도 한다. 많은 사람들이 모델의 오른쪽의 이해관계자들은 왼쪽의 이해관계자들과는 다른 관점을 가지고 있다고 주장한다. 앞에서 언급한 것처럼, 일부 경영진들은 리스크 게임을 하면서 모든 사람들을 기분 좋게 하는 요령을 배우게 되었다. 규제 당국에게는 회사의 리스크 성향과 정렬된 주의 깊은 리스크 평가를 하지도 않은 채 회사에 아무 일도 없다고 말하고, 투자자들에게는 자신들처럼 해당 산업에 감각이 있는 역동적인 기업을 고수하고 있으면 큰 수익을 올릴 수 있다고 말한다. 완벽하다는 환상에 관한 첫 번째 요점은 모든 이해관계자 집단을 항상 만족시키려면 많은 시간과 수고 그리고 어느 정도의 행운이 필요하다는 것이다.

ERM 문서와 보고서

우리의 모델에서 다음에 등장하는 항목은 ERM 기록과 보고서이다. 이제 조직들이 자신들은 성과가 좋으며 잘 처신하고 있다고 말하는 것으로는 충분하지 않다. 그들은 이 말이 진정으로 그렇다는 것을 입증해야 한다. 완벽하다는 환상에 대한 두 번째 요점은 어느 조직이 단지 ERM에 관한 많은 문서를 만들어 낸다는 이유만으로 이 조직에서 ERM이 존재하고 있고 효과를 잘 발휘하고 있음을 의미하지는 않는다는 것이다. 실상은 과도한 수준의 문서화는 리스크에 대해 잘 아는 사람들을 양성한다는 기본적인 원칙이 아니라 상세한 분석에 초점이 맞춰져 있음을 시사할 수도 있다. 리스크 관리가 내재화되면 많은 리스크 데이터를 만들어 내지 않는다. 그 대신 훌륭한 리스크 평가와 경감 원칙을 통합하는 표준적인 비즈니스 도구, 시스템과 기법을 사용하게 된다. 달리 말하자면 리스크 활동이라고 불리는 것으로부터 만들어지는 문서와 보고서가 적어야 한다. 리스크 데이터, 리스크 보고서 또는 리스크 평가 준비가 잘못된 게 분명하다는 것을 알게 되면 사람들은 이에 대해 우려하게 된다. 그들이 준비하여 사용하기 원하는 것은 비즈니스 데이터, 비즈니스 활동과 훌륭한 의사 결정 기준이다. 리스크를 주요 산출물의 하나로 사용하는 것은 실제로는 별 의미가 없다. 이는 조직과 업무 팀들이 무엇을 달성하려 하는지에 의존한다. 그렇다면 리스크는 업무에 묵시적으로 스며들어 있어야 하며, 사람들이 무엇을 하려고 하는지에 관해서가 아닌, 리스크에 관한 서류 작업은 많지 않아야 한다. 이는 점검 대상 주제에 관한 문서를 좋아하는 감사인에게는 낯선 환경이다. 최악의 경우에는 주로 감사인에게 뭔가를 보여 주기 위하여 문서가 작성될 수 있다. 이는 문서화가 중요하지 않다고 말하려는 것이 아니다. 호주/뉴질랜드 리스크 기준은 다음과 같은 이유로 리스크 관리 프로세스의 각 단계를 문서화하는 것이 중요하다고 말한다.[6)]

- 이해관계자들에게 프로세스가 적절히 수행되었음을 보여 줌
- 리스크 식별과 분석에 체계적인 접근법을 사용했다는 증거를 제공함
- 의사 결정 또는 프로세스가 점검될 수 있게 해줌
- 리스크에 대한 기록을 제공하고 조직의 지식 데이터베이스를 개발함
- 리스크 관리 계획 승인과 이후의 실행을 위해 의사 결정자에게 품의함
- 책임성 구조와 도구를 제공함
- 지속적인 모니터링과 점검을 촉진함
- 검사 이력 관리를 제공함

• 정보를 공유 및 소통함

이 기준은 더 나아가 리스크 관리 프로세스의 각 단계마다 어떤 문서를 포함해야 하는지를 설명한다.[7)]

• 해당 단계의 목표
• 결과의 근거가 된 정보 원천
• 해당 프로세스에서의 모든 주요 가정들
• 관여자
• 합의된 결정

이에 대해 얘기하면 곤란에 처해질 수 있고 경쟁자들이 이를 이용할 수 있다는 점을 염두에 두면서도 이러한 이슈들에 관해 말하려면 경영진이 용감해야 하고 조직은 그보다 더 용감해야 한다.

취약한 관행 모델: 2단계

앞에서 조직이 어떻게 행동하는지 및 조직이 대중에게 어떻게 말하려 하는지에 내재된 갈등들에 대해 설명했다. 이제 조직 내에서 훨씬 큰 갈등을 일으킬 수도 있는 또다른 실제적 요인들을 살펴보기로 한다. 그림 7.2에 우리의 모델이 계속 이어진다. 이 모델의 새로운 측면들에 대해 아래에서 설명한다.

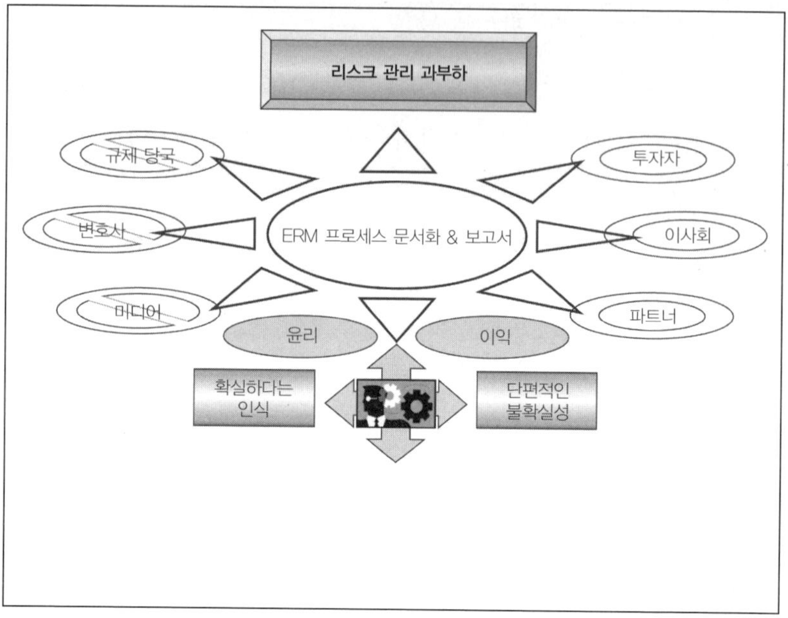

[그림 7.2 나쁜 관행 모델: 2단계]

윤리

ERM 등식에 윤리 개념을 도입할 필요가 있다. 무엇보다도 내부 감사인들은 아래와 같이 행동하도록 자신을 인도해 주는 명확한 윤리적 프레임워크를 갖추고 있어야 한다.[8)]

1.1 정직하고, 근면하고, 책임감 있게 업무를 수행한다.

1.2 법률을 준수하고 법률상으로 그리고 직업상으로 기대되는 사항을 공시한다.

1.3 알면서 어떠한 불법적 행동에 참여하거나, 내부 감사 직무 또는 조직의 평판을 떨어뜨리는 행동에 관여하지 않는다.

1.4 조직의 합법적이고 윤리적인 목표를 존중하고 이에 기여한다.

이러한 윤리적 가치들은 조직에서 재무적 거래들의 점검에만이 아니라 훨씬 더 많은 부분에 영향을 준다. 거버넌스는 주로 조직의 행동 방식에 관한 것이며, 이 맥락에서 내부 감사인은 거버넌스 프로세스 개선을 추구함에 있어서 몇 가지 사안을 명심해야 한다.[9)]

- 조직 내에서 적절한 윤리와 가치를 증진함
- 효과적인 조직 성과 관리와 책무가 확보되게 함
- 리스크와 통제를 조직의 적절한 영역에 효과적으로 소통함
- 이사회, 외부 감사인과 내부 감사인 그리고 경영진 사이의 활동을 효과적으로 조정하고 정보를 소통함

한편 우리는 이사회와 고위 경영진이 모든 사항을 동일하게 고려하리라고 기대하지만 그렇다고 조직이 행하는 모든 일들이 일반 대중의 조사 대상임을 의미하는 것은 아니다. 일반적으로 비즈니스 운영에 있어서 가장 리스크가 큰 측면의 사안들이라 할지라도 민감한 사안에 대해서는 외부에 공개되지 않고 회사 내에서만 관리하는 배제 조항이 있다.

어떤 경우에는 조직이 상업적 또는 보안상 이유로 이해관계자들에 대한 소통이 적절하지 않다고 여길 수도 있다. 이런 상황에서 소통 계획은 이해관계자들을 관여시키지 않기로 한 결정을 문서화해야 하지만 예를 들어, 첩보나 비즈니스 정보와 같은 다른 수단들을 통해 이해관계자들의 관점을 고려할 수도 있다.[10)]

감사인은 항상 점검 대상 비즈니스 부분의 윤리적 풍토를 주시한다. 이는 감사 기준에 확고하게 자리 잡고 있다.

> 중대한 감사 관찰사항들은 CAE가 판단하기에 조직에 불리하게 영향을 미칠 수 있는 상태들이다. 중대한 감사 관찰 사항에는 불규칙, 불법적 행동, 비효율성, 낭비, 비효과적임, 이해 상충, 통제의 취약성들을 다루는 상태가 포함될 수 있다. 그러한 상태를 고위 경영진과 논의한 뒤에, CAE는 중대한 감사 관찰 사항이 만족스럽게 해결되었든, 해결되지 않았든 이러한 사항과 권고사항을 이사회와 소통해야 한다.[11]

ERM은 사람들이 자신의 비즈니스가 관리되는 방식에 관해 개방적이고 정직하며, 내부 통제에 있어서의 중대한 취약점 등 모든 중요 정보들이 완전히 공개되게 하는 데 기반을 두고 있다.

수익

수익 관리는 비즈니스 관리의 다른 측면 중 하나인데, 문제는 대부분의 관리자들이 그들의 수익 흐름을 잘 이해하지만, 항상 완전하게 윤리적인 것은 아니라는 점이다. 많은 사람들이 과도하게 높은 목표에 내몰리고 실수에 대해 신속히 벌하는 문화 속에서 일하고 있다. 목표를 맞추지 못하거나 실수를 인정하면 현직에서 잘리게 된다. 실적이 좋은 일부 조직들은 이런 식으로 경쟁자보다 앞서고 있다. 이런 환경에서 리스크 관리는 쥐와 고양이 게임이 되어, 관리자들은 자신의 리스크가 수용할 만하기 때문이든 단지 대차대조표에 기록되지 않기 때문이든 리스크 보고서가 용인 수준 이내로 유지되게 한다. COSO ERM은 양호한 실적이 기업 성공의 열쇠임을 인식하지만, 동시에 지속 가능 성장이라는 장기적 관점을 취한다.

> 전사 리스크 관리에 내재된 이러한 능력들은 경영진이 조직의 실적과 수익성 목표를 달성하고 자원의 손실을 막는 데 도움이 된다. ERM은 효과적인 보고와 법규 준수를 확보하고, 조직의 평판 손상과 이와 관련한 결과들을 피하도록 도움을 준다. 요컨대 ERM은 조직이 가기 원하는 곳에 도달하고, 그 곳에 가는 도중에 함정과 서프라이즈를 피하도록 도움을 준다.[12)]

이는 이론상으로는 이치에 맞지만 임원의 임기가 짧고 그들의 보너스가 주가에 연결되어 있는 경우에는 항상 수치를 조작하거나 단기 이익을 시현하기 위해 필요한 절차 등을 생략하려는 유혹에 노출된다. 이것이 바로 우리의 모델에서 윤리와 수익이 반대편에 보이는 이유이다. 때로는 이 두 요인들이 서로 충돌하며, 이해관계자들에게 모든 이슈들즉, 초라한 실적과 수익성 리스크뿐 아니라 불규칙성과 법규 미준수와 관련된 리스크들이 파악되고 억제되고 있음을 납득시키기 위해 ERM이 악용된다. ERM은 이해관계자들이 우려하는 모든 리스크들이 조직의 모든 부문에서 다뤄지기를 요구하는데, 이는 조직들이 ERM 프로세스를 이용하여 모든 우려 사항들을 잘 다루고 있다고 선전할 수도 있음을 의미한다. 불행하게도 의사 결정에 관해 완전한 리스크 평가가 이뤄졌음을 보여 줄 수 있다는 이유만으로 그러한 의사 결정이 언제나 옳다는 것을 의미하지는 않는다.

연구자들은 예기치 않은 사건들에 대해 체계적으로 분석할 수 있는 방법을 탐구했다. 그들은 전쟁 전에는 의사 결정에 투입되는 요소들에 집중했다. 이제 그들은 의사 결정은 시작에 불과함을 깨달았다. 악마는 결정 자체에 있는 것이 아니라 우리가 내리는 결정의 결과에 존재한다.[13]

양호한 결과를 달성하고 올바르게 행동하는 것과 이를 입증하는 것 사이에는 항상 긴장이 있을 것이다. 이러한 긴장을 다룰 만큼 충분히 정교하지 않은 ERM 프로세스는 환상이 되고즉, ERM 프로세스는 투자자들이 듣고 싶어 하는 얘기를 말하며, 규제 당국과 사법 기관에게 모든 것이 잘 되고 있다고 말하는 보고서를 산출할 것이다, 직원과 관계자들에게 그런 조직에서 일한다는 사실에 대해 편안하게 느끼게 할 것이다. 대규모 조직에 공식적인 리스크 관리 프로세스가 존재함에도 불구하고 그들이 추락하거나 대중의 기대를 저버릴 때에는 언제나 사람들이 경악하게 된다. 이것이 바로 ERM이 잘못된 손에 들려져서 잘못 사용될 때에는 완벽하다는 환상을 만들어 내는 도구가 될 수 있는 이유이다.

확실하다는 인식

우리 모델의 다음 단계는 지금까지 발전시켜 왔던 주제즉 확실하다는 인식 에 입각하고 있다. ERM 프로세스는 목표에 대한 리스크가 조사되어 경감되거나, 리스크에 대한 익스포져가 이해관계자들의 기대치 이내에 있을 경우에는 이를 그대로 내버려 둘 수도 있다고 말한다는 점에서 매우 단순하다. 이러한 기대들이 소위 리스크 성향을 형성한다.

> 이 프로세스의 가장 초기 단계에서 내부와 외부 이해관계자들에 대한 소통 계획 수립이 중요하다. 이 계획은 리스크 자체와 이를 관리하기 위한 프로세스 모두에 관한 이슈들을 다루어야 한다.[14)]

문제는 모든 사람에게 리스크 용인 수준을 명확하게 전달할 때 그 안에 리스크에 대해 확실하게 알 수 있다는 메시지를 내포하고 있는 셈인데, 이는 리스크의 첫 번째 규칙인 '우리는 아무 것도 확신할 수 없다' 는 사실에 위배된다. 사실 실제로는 경계 상태에 있어야 하는 곳에 위안을 줄 수도 있기 때문에 확실하다는 인식은 위험하다.

단편적인 불확실성

확실하다는 인식은 모델의 왼편에 위치하며 규제 당국, 변호사 그리고 대중 매체에게 다른 조직에 집중하라고 말한다. 단편적인 불확실성은 해당 기업이 어떻게 해 나가고 있는지에 대해 대충 아는 핵심 투자자, 파트너와 이사회에 의해 이해되는 이미지이다. 많은 대규모 조직들이 성공에서 정체와 구조조정을 거쳐 다시 성공하거나 도산한다. 이러한 단편적인 불확실성은 유가 변동, 중요한 해외 지역의 변동성 확대 또는 환율의 급등락처럼 시장 변수들이 하룻밤 사이에 변할 수 있는 글로벌 시장을 다룸에 있어서의 현실이다. 아래의 예에서처럼 잘못된 요인들이 잘못된 시기에 함께 올 경우 많은 글로벌 시장들은 하룻밤 사이에 허약해질 수 있다.

사례 연구

최악의 시나리오

선도적인 콜레스테롤 강하제에 대해 안전 규제 당국이 심각한 우려를 제기하여 주식 시장에 충격파가 전해진 후 여러 제약회사들의 주가가 수십억 달러 하락했다.

많은 이사회 위원들은 다음 연도의 수백만 달러의 보너스에 영향을 미칠 다음번 위기를 다루는 데 시간을 보내지, 지난 연도의 공표된 재무 보고서를 위해 작성된 리스크 보고서를 검토하는 데에는 거의 시간을 보내지 않는다. 잘 짜여진 ERM 프로세스는 모든 기업체, 정부 기관 또는 비영리기관이 직면하는 실제 이슈들을 다룰 능력이 있기 때문에 COSO ERM은 이러한 사실을 인식하고 있다.

전사 리스크 관리가 중요한 이점을 제공하기는 하지만, 한계도 있다. 위에서 언급한 요인들 외에도 의사 결정에 있어서 인간의 판단이 잘못될 수 있고, 리스크에 대한 대응과 통제 확립은 상대적인 비용과 효용을 고려할 필요가 있으며, 단순한 오류나 실수와 같은 인간의 실패로부터 붕괴가 발생할 수도 있고, 여러 사람의 공모에 의해 통제를 빠져 나갈 수 있으며, 경영진은 전사 리스크 관리의 결정을 뒤엎을 수 있다는 점들로부터 한계가 초래된다.[15]

취약한 관행 모델: 3단계

가치 있는 리스크 관리 프로세스를 어렵게 만드는 세력들과 사람들에게 조직이 원하는 것들만 듣게 해 주도록 리스크 관리 프로세스가 어떻게 오용될 수 있는지에 대해 설명했다. 이러한 이슈들 위에 덧붙여질 필요가 있는 한 가지 중요한 요소는 ERM을 지지할 증거의 신뢰성이다. 여기가 바로 감사인이 제공할 것이 많은 지점이다. 그림 7.3에 우리의 모델이 계속된다.

이 모델의 새로운 측면 각각에 대해 아래에서 설명한다.

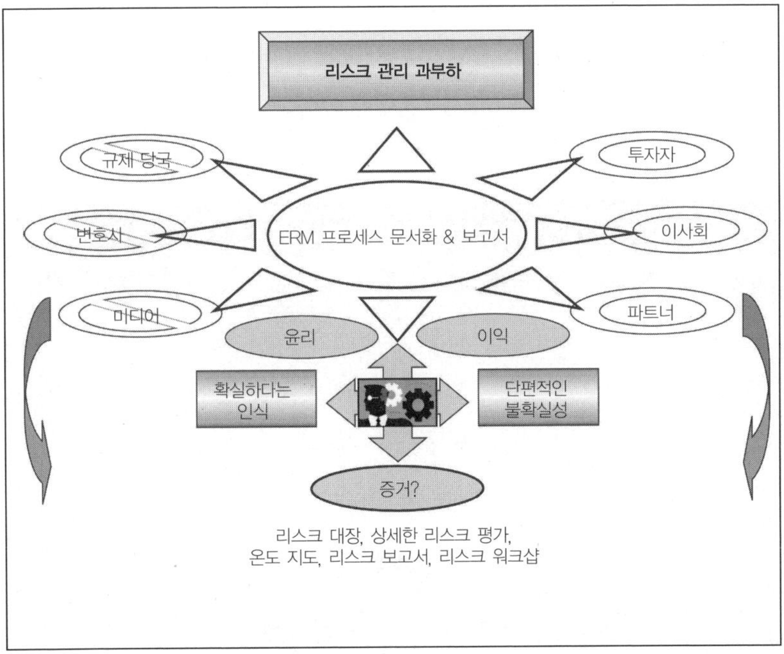

[**그림** 7.3 나쁜 관행 모델: 3단계]

리스크 대장

리스크 대장에 대해서는 이 책 전체에서 설명해 왔다. 리스크 대장은 리스크에 대해 평가된 활동의 결과를 포괄적인 데이터베이스 안에 파악하려는 간단한 장치로서, 이를 통해 비즈니스의 각 부분들에 대해 그 목표, 리스크, 리스크 스코어, 통제, 갭에 대한 견해, 약점 또는 과잉 통제 등을 표시해 둔다. 수용할 수 없는 수준의 리스크를 경감하려는 실행 계획들은 오퍼레이션 계획과 각각의 리스크 오너의 성과 목표에 반영된다.

큰 리스크들예. 적색 리스크들은 상부로 보고되어 고위 경영진 자체의 리스크 대장을 거쳐 이사회의 전사 리스크 대장에 등재된다. 이 이론은 단순한 것 같지만, 완벽하다는 환상을 고려할 때 그러한 대장을 도입할 때 무엇이 잘못될 수 있는지에 유의할 필요가 있다.

사례 연구

중요한 비즈니스 이슈를 빗나간 리스크 대장

고위 감사인이 비즈니스 부문 관리자와 계류 중인 감사의 주안점을 논의하기 위해 감사 착수 회의에 참석했다. 의례적인 인사말이 오간 뒤, 이 감사인은 탁자에 스프레드시트를 펼쳐 놓고서 비즈니스 부문 관리자에게 이것이 해당 비즈니스 부문에 대한 감사 부서의 리스크 대장이라고 설명했다. 리스크가 관리되는 방식을 확인하는 것이 이 감사 작업의 근거를 형성할 터였다. 이 대장을 훑어본 뒤, 비즈니스 관리자는 속으로 이 대장은 감사 작업에 배정된 2주 동안 감사인이 바쁘게 일하도록 할 뿐 진정으로 당혹스러운 이슈들은 이 대장에 없기 때문에 감사인은 해당 비즈니스 부문이 직면하고 있는 진정한 이슈들을 다루지 못할 거라고 생각했다.

사례 연구

리스크 관료주의

어느 조직은 리스크 관리가 리스크 대장에 편입되는 일련의 양식들을 채우는 일이라고 해석했다. 관리자와 직원들은 상세한 리스크 대장을 만드는 일에 착수했는데 이 일은 고역으로 여겨졌다. 이 일을 단순화하기 위해 자동화된 데이터베이스를 구입했지만 이는 더 많은 데이터 입력을 조장했다. 몇 년 뒤 대부분의 리스크 대장은 사용하지 않게 되었고, 역량과 소위 리스크에 대해 똑똑한 문화를 개발하는 데 더 많은 주의를 기울이는 방향으로 초점이 바뀌었다.

사례 연구

리스크 공포 전술

조직의 관리자들은 감사인들이 자신이 만든 리스크 대장을 가지고 정규적으로 해당 관리자의 사무실을 찾아오는 방식을 '무서운 리스크 대장'이라는 문구로 표현했다. 관리자들은 적색 리스크에 대해서나 중요한 리스크에 대한 핵심 통제가 적절하게 적용되고 있는지에 관해 수석 감사인으로부터 은근한 위협을 받곤 했다. 이상하게도 감사인들은 자신들이 리스크 대장을 사용하니 앞서 있다고 생각했다. 아무도 감사인들에게 리스크 관리는 관리자들이 스스로 해야 하는 것이지 관리자들에게 가해지는 것이 아니라는 사실을 말해 주지 않았다. 결국 감사팀은 해체되었고 이 일은 진정한 전문가들에게 맡겨졌다.

자세한 리스크 평가

증거의 다음 측면은 데이터가 리스크 대장에 보내지기 전에 수행되는 분석에 관련된다. 이사회는 조직의 하부에까지 리스크 관리를 가르치는 방법의 일환으로 다음과 같은 지침을 내릴 수 있다. “모든 중요한 조치들은 행동에 옮기기 전에 공식적인 리스크 평가를 거쳐야 한다.” 이로 인해 시간이 지남에 따라 의사 결정이 명확하고, 간결하며, 투명하게 이루어 짐이는 모두 양호한 거버넌스 속성이다을 보여주기 위해 산더미 같은 증거를 쌓아 올리게 될 수 있다. 회사 생활의 실상을 보여주는 데 도움이 될 수 있는 다른 사례를 살펴보자.

사례 연구

리스크 책임 전가하기

어느 조직에서는 리스크 관리팀이 위상이 높은 리스크 경찰로 알려졌는데, 그들의 임무는 큰 리스크를 발견하고 이를 해결하는 것이었다. 이는 관리자들이 자신의 소관 영역에서의 리스크 관리에 대해 책임지기를 거부함을 의미했다. 이러한 개념이 한번 세워지고 난 뒤에는 떨쳐내기 어렵다. 그 결과 일련의 대화에서 관리자는 문제들을 리스크 관리자에게 떠넘기고, 이슈들이 왜 자신들이 검토하고 의사 결정을 내리도록 자신들에게 되돌아오는지 이해할 수 없었다. 설상가상으로 좋지 않은 언급이 있는 감사 보고서들은 단순히 리스크 관리자에게 조치를 취하라고 넘겨졌다. 결국 제품을 만들어 내는 일선 부서의 직원들보다 후선 부서 직원들이 더 많은 힘을 지니게 되었다.

온도 지도

일부 조직들이 자신의 리스크 관리 프로세스의 증거로 삼는 또 다른 방법 중 하나는 조직 전체에 걸쳐 빨강, 노랑, 초록의 소위 온도 지도를 만드는 것이다. 이를 회사 전체에 대해 일련의 바둑판 무늬로 세분하여, 각각의 주요 비즈니스 라인과 지원 부서에 부여된 리스크 스코어에 따라 빨강은 높은 영향/높은 가능성을 나타내는 반면 초록은 낮은 영향/낮은 가능성을 의미하도록 나타내는 지도처럼 보이게 한다. 여기서의 아이디어는 고위 경영진과 이사회가 조직을 훑어보고 긴급한 조치와 면밀한 모니터링이 필요한 영역을 즉각적으로 알 수 있게 된다는 것이다. 여기서 건전하게 통제되고 있는 부분은 일단 뒷전으로 미뤄 둘 수 있다. 온도 지도를 유용한 증거로 사용함에 있어서 주된 문제는 온도 지도는 어떻게 빨강, 노랑, 초록을 정의하는지에 의존한다는 것이다. 만일 빨강이 나쁘다면 비즈니스 관리자들이 철저한 분석과 조치를 통해서든 단순히 스코어 조작을 통해서든 아무 것도 이 등급에 들어가지 않도록 할 유혹이 크다는 점이다. 현재 많은 대규모 복잡한 조직들에서 리스크에 대한 포트폴리오적 견해가 인기를 얻고 있다.

리스크에 대한 포트폴리오적 견해는 여러 방식으로 묘사될 수 있다. 리스크에 대한 포트폴리오적 견해는 비즈니스 부문들의 주요 리스크 또는 사건 범주에 집중하거나 리스크 조정 자본 또는 CAR capital at risk와 같은 측정기준을 사용하여 회사 전체의 리스크에 집중함으로써 구해질 수 있다.[16]

리스크 보고서

ERM 지지를 제공하는 증거의 또 다른 기법은 조직 내에 비즈니스의 모든 부분에 미치는 상세한 리스크 보고 인프라스트럭쳐를 구축하는 것이다. 이 보고서는 리스크 식별 활동, 리스크 스코어, 행동 계획 그리고 경영진과 리스크 오너에게 문제를 해결할 필요가 있다는 경고를 나타내기 위해 수립될 수 있는 다양한 리스크 트리거를 상세히 설명해 줄 것이다.

> 조직의 전략 개발과 실행, 그리고 수립된 목표 달성에 영향을 준다고 파악된 모든 전사 리스크 관리의 결함들은 필요한 조치를 취할 수 있는 지위에 있는 사람들에게 보고되어야 한다.[17]

전사적 및 해당 지역 정보 시스템의 무결성에 영향을 주는 적색 리스크가 출현하는 영역에 대해서는 IT 보안 책임자가 리스크 트리거를 세울 수 있다. 이러한 리스크가 최종 재무 보고 시스템에 영향을 주면 최고 재무 책임자가 추가적인 트리거를 부과할 수 있다. 이들 보고서가 비즈니스에 진정한 가치를 부가하는 하나의 방편으로서가 아니라 주로 많은 리스크 관리 활동들이 일어나고 있음을 보여 주기 위해 작성될 때 문제가 발생한다. 이러한 리스크 보고서의 오용 가능성을 다음 사례에서 보여 준다.

사례연구

보안으로서의 리스크

어느 운수 회사에서는 보안 담당 출신으로서, 비즈니스를 계속할 수 있는 능력을 위협하는 모든 것이 리스크라고 보는 사람을 CRO로 임명했다. 이러한 리스크는 주요 건물, 정보 시스템, 인프라스트럭쳐와 관련이 있었다. 이러한 협소한 관점을 취한 결과 비즈니스 목표에 대한 리스크를 고려하려는 시도는 안하고 비상 시 대응 계획과 예비 설비에 집착하게 되었다. 또한 리스크는 새로운 기회를 포착하지 못하는 것이 아니라 위협으로 여겨졌다.

리스크 워크샵

이는 공포의 대상이다. 완벽하다는 환상에 빠진 조직은 매일같이 개최되는 많은 워크샵을 자랑한다. 그들은 직원들이 리스크 관리 행사에 푹 빠져 있으며, 그 결과 직원들은 당연히 리스크를 이사회에 의해 수립되고 고위 경영진에 의해 실행되는 리스크 성향 이내로 관리할 수 있다고 주장한다. 아래의 사례가 이 점을 보여 주는 데 도움이 될 것이다.

사례 연구

리스크를 위한 리스크

새로 임명된 리스크 관리자가 이사회로부터 워크샵, 리스크 인식 세미나, 리스크 관리 소개 교육, 리스크 대장에 관한 교육, 핵심 관리자들과의 면담 등 리스크 기반 행사들의 프로그램을 실행하라는 말을 들었다. 그녀는 매월 최소 20회 이상의 행사를 치르도록 지시 받았는데, 이러한 행사를 수십 번 치르고 난 뒤 이러한 행사에 표준화된 접근법이나 전반적인 목표가 없음을 깨달았다. 1년 동안 업무를 수행하고 나니 이사회는 다른 이유 없이 그저 높은 수준의 리스크 관리 활동을 하고 있다고 서명하기 위해 이러한 프로그램에 비용을 지출하고 있음이 명백해졌다.

취약한 관행 모델: 4단계

ERM은 조직이 좋은 성과를 내고 잘 처신하며, 이것이 어떻게 성취되는지를 설명하도록 권장하는 훌륭한 장치로 여겨진다. 이처럼 간단한 등식에 방해가 되는 모든 것이 리스크로 간주될 수 있으며 모든 합리적인 조치를 취해 이를 다뤄야 한다. 이는 조직에 의해 제시된 공개적인 이미지는 해당 조직의 사무소, 공장, 부서, 문화 내부에서 실제로 벌어지고 있는 일들로부터 도출됨을 의미한다. 그림 7.4에 우리의 모델이 계속된다. 이 모델의 새로운 측면 각각에 대해 아래에서 설명한다.

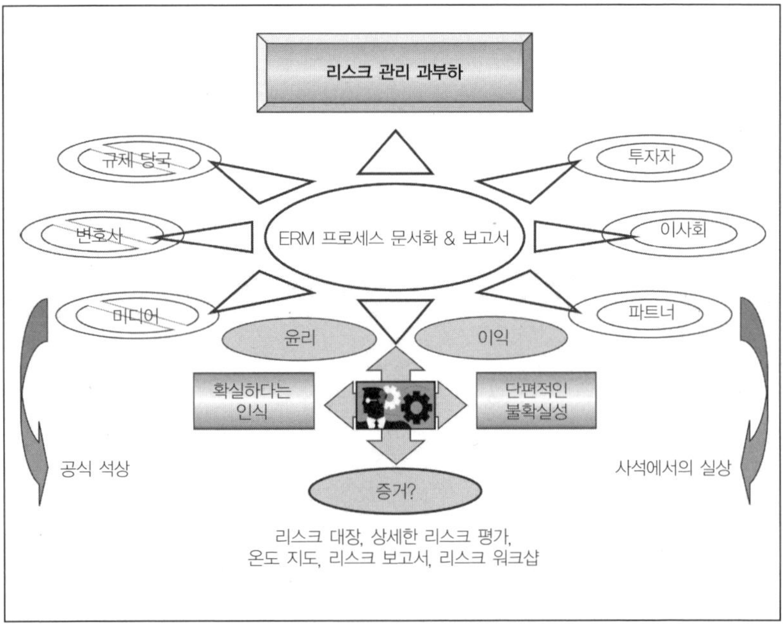

[**그림 7.4** 나쁜 관행 모델: 4단계]

공식 석상의 얼굴

조직에 의해 제시된 공식 석상의 얼굴은 미용실에서 새로 화장을 하고 돌아왔을 때처럼 멋져 보이는 경향이 있지만 파트너를 고를 때에는 화장하지 않은 모습을 보는 것이 좋다. 일부 조직들은 겉모습이 좋아 보이면 사람들이 좋게 생각해 줄 거라는 토대 위에서 일을 하지만, ERM은 이해관계자들에게 진실을 말하기에 관한 것이며 최소한 당신이 진실을 파악하고 있다고 말해 주기에 관한 것이다. 예를 들어 호주/뉴질랜드 리스크 관리 기준은 조직은 아래와 같은 리스크 관리의 핵심 요소들을 다뤄야 할 필요가 있음을 보여 준다.[18]

- 각각의 리스크의 원천은 무엇인가?
- 아래와 같은 결과를 일으킬 수 있는 것으로서 어떤 사건이 발생할 수 있는가?
  - 효과적인 목표 달성 가능성 증대 또는 감소
  - 목표 달성이 보다 또는 덜 효율적으로 되게 함 재무, 사람, 시간 면에서
  - 이해관계자들이 목표 달성에 영향을 줄 수도 있는 조치를 취하게 함
  - 추가적인 유익을 만들어 냄
- 그러한 사건들이 목표에 어떤 영향을 줄 수 있는가?
- 이러한 긍정적 또는 부정적 리스크들이 언제, 어디서, 왜, 어떻게 발생할 것 같은가?
- 누가 연루되거나, 영향을 받을 수 있는가?
- 이러한 리스크를 다루기 위해 긍정적인 리스크를 최대화하고 부정적인 리스크를 최소화하기 위해 현재 어떤 통제가 존재하는가?
- 무엇이 이러한 통제가 리스크에 대해 의도했던 효과를 발휘하지 못하게 할 수 있는가?

이해관계자들은 자신이 관련을 맺고 있는 조직이 이러한 문제들과 이와 유사한 많은 문제들에 대한 답을 구하는 프로세스를 갖추고 있다는 사실에 대해 만족스러워 하겠지만, 이러한 공식 석상의 얼굴은 이와는 다른 이야기를 하는 이면의 무언가를 가릴 수도 있다.

사석에서의 실제 모습

자신의 실제 모습이 널리 알려질 경우 일반 대중들이 깜짝 놀라거나 심지어 충격에 빠질 수도 있는 회사들이 있다. 대부분의 기업 스캔들은 시장에서 그들에게 기대하는 행동 기준을 충족시키지 못한 조직들에서 발생한다. 이의 공통적인 현상은 그들이 주요 이해관계자들의 전부 또는 일부를 저버렸으며 그 와중에 법률을 위반했을 수도 있다는 점이다. ERM이 잘 수행되고 있다는 환상은 기업의 실상을 가리는 데 사용될 수도 있는데, 그러한 기업에서는 책임자들과 직원들이 자신의 사무실을 활보하며 다음과 같은 말을 외쳐 대느라 많은 시간을 보낸다.

- "변명을 듣고 싶지 않습니다. 일을 똑바로 하세요."
- "망쳐 놓지 마세요. 설사 잘못되더라도 내게 영향이 없게 하세요."
- "당신이 무엇을 하든 나를 나쁘게 보이도록 하지 마세요."
- "내가 이미 빠져 있는 어려움 외에 더 이상 어떤 어려움에도 빠져들지 않게 하세요."
- "무슨 수를 써서라도 다른 사람들을 앞지르세요."
- "뛰어 내릴 필요가 있을 때 연착륙할 수 있도록 비상구를 열어 두세요."
- "반드시 누군가 다른 사람이 책임지도록 하세요."

취약한 관행 모델: 최종

우리의 완성된 모델이 그림 7.5에 나와 있다. 최종 모델의 새로운 측면 각각에 대해 아래에서 설명한다.

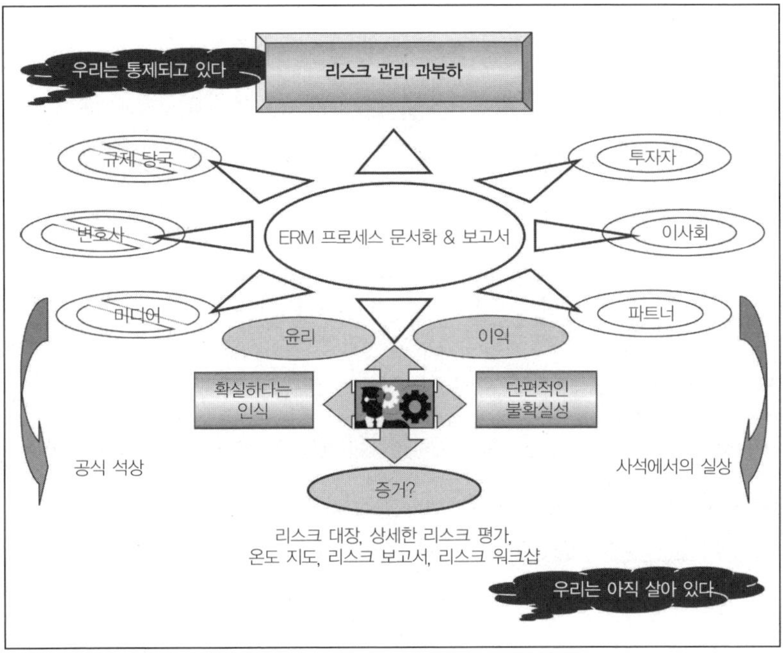

[그림 7.5 완성된 나쁜 관행 모델]

우리는 통제되고 있다

이 모델은 서로 대조되는 마지막 두 가지 요소를 추가함으로써 완성된다. 대부분의 조직들은 일반 대중에게 자신이 완전하게 통제되고 있다고 발표한다. 문제, 위기, 대규모 손실이 발생하거나 공공 서비스를 수행하지 못하는 곳에서조차 고위층은 자신의 조직이 평온하며 통제되고 있는 것으로 보여야 한다는 점을 알고 있다. ERM은 우려와 개선이 필요한 영역이 있는 곳에서도 통제되고 있음에 관한 것이다. 이런 의미에서 적정한 통제는 다음과 같다.

> 경영진이 조직의 리스크가 효과적으로 관리되어 조직의 목적과 목표가 효율적이고 경제적으로 달성되도록 계획을 세우고 조직을 구성디자인할 경우 적정한 통제가 존재한다.[19)]

그러나 이러한 평온한 분위기는 마치 호수에 떠 있는 듯이 보이는 멋진 백조가 실상은 수면 아래에서 맹렬하게 물갈퀴를 젓고 있는 것처럼, 문제를 숨기는 것일 수도 있다. 감사인은 해당 조직이 통제되고 있는지 여부에 관한 질문을 받을 때 아주 솔직하게 답해 줄 수 있는 소수의 사람 중 일부이다. 감사인은 통제의 실상이 발표된 입장과 다를 때 이러한 차이를 다룰 수 있는 공식적인 수단을 갖고 있다.

> 최고 감사 책임자가 고위 경영진이 조직에 수용될 수 없을 수도 있는 잔여 리스크 수준을 수용했다고 믿을 경우 이를 고위 경영진과 논의해야 한다. 잔여 리스크에 관한 결정이 해결되지 않을 경우 최고 감사 책임자와 고위 경영진은 이 사안을 이사회에 보고하여 그 결정에 따라 해결해야 한다.[20)]

통제되고 있다는 환상이 아니라 실제로 통제되고 있도록 증진하는 한 가지 방법은 감사위원회가 조직의 리스크 관리와 내부 통제 프로세스 설계와 관리 방식을 감독할 역량을 갖추는 것이다. 이 점에서 감사인은 이처럼 중대한 사안에 대해 인식하고 이를 다룰 수 있는 핵심적인 위치에 있다.

> CAE는 감사위원회의 규정, 역할과 활동이 위원회의 책임을 수행하는 데 적절하게 되도록 위원회를 지원해야 한다. CAE는 위원회가 정기적으로 그 활동을 검토하도록 지원하고, 개선 사항을 제안함으로써 중요한 역할을 할 수 있다. 이 같은 방식으로 CAE는 감사위원회와 규제상의 관행에 관해 위원회에 대한 귀중한 조언자 역할을 할 수 있다.[21]

우리는 아직 침몰하지 않고 있다

왜곡된 ERM 프로세스에 의해 만들어진 완벽하다는 환상은 임원들이 자신이 불안한 자리에 있는 동안 그들을 도와줄 누군가를 필요로 하는 많은 대기업과 정부 기관들의 실상과 비교된다.

> '불안한 자리' 에 있는 경영진들은 물론 상층부에 있는 모든 사람들은 자신의 조직이 리스크를 다루고 있으며 이러한 리스크를 효과적으로 경감하는 통제를 실행하고 있다는 어슈어런스를 구한다. 누가 내부 감사인보다 그러한 어슈어런스를 더 잘 제공할 수 있겠는가? 경영진이 재무 보고서에 서명하기 전에 세심한 부분까지 확인하는 일이든 모든 사람이 규정된 정책과 절차를 지키고 있는지 점검하는 일이든 감사인의 어슈어런스 역할은 조직의 책무에 스며들어 있다.[22]

대부분의 조직들은 자신들이 완벽하게 통제되고 있다고 자랑하는 공시 보고서를 작성하지만 많은 내부 보고서들은 회사가 아직 침몰하지 않고 있는지 알아내는 데 시간을 보낸다. 회사가 이 위기에서 저 위기 사이에서 비틀거릴 때에는 리스크 관리 전략을 위기관리에 집중할 수도 있다. 일부 조직들은 세심하게 수립된 계획을 실행에 옮겨 불을 끄고 통상적인 비즈니스 시스템이 작동하도록 하는, 자신의 위기 대응 능력을 자랑스럽게 여긴다. 여기서 리스크는 정보 시스템, 건물, 인력에 잠재적으로 영향을 줄 수 있는 외부의 위협들로 여겨진다. 많은 조직들이 IT 보안 분야 출신으로서 IT 용량, 탄력성, 복구를 중심으로 움직이는 사람을 최고 리스크 책임자로 고용한다. 이런 환경에서는 조직에서 발견되는 전략상 및 오퍼레이션상의 다양한 목표들과 결부된 비즈니스의 모든 측면들에 대한 리스크 관리를 확립하기 위한 영역에는 별로 주의를 기울이지 않는다. ERM의 적용 범위가 완전하지 않을 경우 감사인이 앞장서서 리스크가 어떻게 비즈니스가 수행되는 방식 안으로 들어 올 수 있는지 보여 줄 수 있다.

> 경영진에 대한 보고와 소통은 리스크 관리 감사의 결론과 익스포져를 줄이기 위한 권고를 전달해야 한다. 경영진이 익스포져 정도를 완전히 이해하기 위해서는 감사 보고가 목표 달성에 대한 리스크 익스포져의 중대성과 결과를 명시하는 것이 필수적이다.[23)]

끔찍한 현실에 처해 있는 조직들에게는 바쁜 임원의 시간을 빼앗는 초현실적인 개념으로서의 리스크 관리에 대해 말할 영역이 많지 않다.

임원들에게 조직이 외부와 내부의 세력에 신축적으로 대응하므로 전체 조직은 그 자체가 리스크 관리 시스템이라고 말할 때 더 많은 진보를 이룰 수 있다. ERM을 이런 방식으로 홍보하면 리스크, 리스크 개념, 복잡한 문제들에 대한 이론적인 해결책들에 관해 자세히 토론할 때보다 더 많은 긍정적인 결과들을 이끌어 낼 수 있다. 완벽하다는 환상이 아니라 진정한 ERM 구축이라는 관점에서, 고위 임직원들이 아래와 같은 다양한 단계를 거치게 하는 것이 하나의 아이디어가 될 수 있다.

1. 비즈니스를 합법적으로 운영하도록 하는 기본적 경영 원칙으로부터 시작한다.
2. 다음에 문제들과 중요한 이슈들을 해결함으로써 비즈니스를 보호하도록 설계된 리스크 관리를 추가한다.
3. 비즈니스를 보호할 뿐 아니라 증진시키기도 하는 하나의 방법으로서, 비상사태 대응 계획을 넘어서는 리스크 관리 범위를 발전시킨다.
4. 비즈니스가 주의 깊게 관리되면서 성장하도록 설계된, 풍부해진 경영 아이디어를 내기 시작한다.

이런 방식으로 ERM은 비즈니스와 통합되어지고 점차적으로 사람들이 일하는 방식이 되어 가도록 적용될 수 있다. 문화적 기반을 개발한다는 면에서 보면 업무 수행 시 리스크에 관한 7단계를 생각하도록 하는 리스크 개념을 발전시키는 것이 또 다른 방법이 될 수 있다.

1. 그것은 실상 대단한 일이 아니다, 우리는 어쨌건 그걸 하고 있다.

2. 이러한 리스크 개념에 대해 다소라도 아는 것이 도움이 될 수 있다.
3. 사람들이 우리에게 계속해서 리스크 관리에 대해 말하고 있으며, 비즈니스의 여러 부분들에서 리스크 관리가 시행되고 있는 것 같다.
4. 리스크 관리는 회사 리스크 관리 정책의 일부로서 충분하게 개발될 수 있다.
5. 우리는 비즈니스의 모든 부분에 통합된 ERM 프로세스가 있다는 것에 대해 자랑스럽게 생각한다.
6. 리스크는 우리의 언어와 일하는 방식 안으로 통합되어지고 있다.
7. 그것은 정말로 대단한 일이 아니며 우리는 어쨌든 그것을 하고 있다.

각각의 단계에 대해 이정표가 세워진다면, 관리자들과 직원들이 이뤄낸 진보를 표시할 수 있다. 한 가지 위험은 ERM이 사람들이 일하는 방식 안으로 주의 깊게 동화되었기 때문이 아니라, 그들이 이해하지 못하기 때문에 대단한 일이 아니라고 생각하여, 7단계가 1단계와 같다고 여기며 곧바로 이를 향해 나아가는 것이다. COSO는 ERM은 우리가 실제 세계에서 살며 일한다는 사실을 반영하여 몇 가지 중요한 한계가 있음을 명확히 밝히는 데 큰 도움을 준다.[24]

- 첫째, 리스크는 본질적으로 불확실한 미래에 관한 것이다.
- 둘째, ERM은 심지어 효과적인 ERM까지도 목표들마다 다른 수준으로 작동한다.
- 셋째, ERM은 이러한 목표들의 어느 범주에도 절대적인 어슈어런스를 제공하지 못한다.

요약

감사 작업은 리스크와 통제의 실상을 밝히는 것과 관련이 있기 때문에 비현실적인 리스크 관리 이론 적용으로 인해 생기는 완벽하다는 환상을 인식할 필요가 있다. 아래의 다섯 단계를 실시하는 것이 완벽한 리스크 관리라는 환상에 대해 주의를 기울이는 한 가지 방법이다.

1. 조직의 어느 부분이 리스크 관리 과부하 상태에 있어서 사람들이 자신의 삶을 보다 어렵게 하고 관리가 덜 되게 하는 사안들로 융단 폭격을 받고 있는지 진단한다.
2. 엄격한 감독 규정상의 공시 요구는 다양한 법률 규정 준수 요건의 최소 기준을 만족시키기만 하면 되는 문제로 인식되고 있는 등 다양한 이해관계자들 사이에서 오가는 메시지 사이에 일치되지 않는 부분이 있는지 파악한다.
3. 리스크 관리에 관한 문서들이 어느 정도나 비즈니스가 보다 지속 가능하고 성공적이도록 도와야 한다는 점에 대한 언급이 없이, 단지 리스크 관리 프로세스가 존재한다는 근거를 제시하기 위해 만들어지고 있는지 평가한다.
4. 비즈니스 리스크 평가를 지지하는 증거와 이에 따른 내부 통제에 대한 견해를 검토하여 리스크 관리가 비즈니스의 실제를 반영하며 조직의 비즈니스 시스템 안으로, 그리고 그 내부에 통합되는 방식으로 발전되어 있는지 판단한다.
5. 조직이 발표한 공식 석상의 얼굴이 조직이 일하는 방식이라는 사석에서의 실상과 어느 정도로 일치하는지와, 조직이 윤리적으로 건전한 입

장을 유지하면서도 수익 목표를 충족시킬 수 있는지에 관해 언급하는 감사 보고서를 작성한다.

부록은 ERM 시스템의 전반적인 품질을 평가하고, ERM 프로세스 지원과 검토에 적용될 수 있는 감사 접근법의 유형을 판단하는 데 사용할 수 있는 체크 리스트들을 포함하고 있다.

Notes

1. IIA, 수행권고 2100-1.
2. 피터 L. 번스타인(Peter L. Bernstein), Against the Gods: The Remarkable Story of Risk(Hoboken, NJ: John Wiley & Sons, 1996), 197쪽(국내에서는 『위험 기회 미래가 공존하는 리스크』라는 제목으로 한국경제신문사에서 번역 발간했음. 역자 주).
3. 디즈니 코퍼레이션(Disney Corporation), www.corporate.disney.go.com, 이사회 의장, 2004년10월.
4. IIA, 수행권고 2110-2.
5. 호주/뉴질랜드 기준: 리스크 관리 지침 AS/NZS 4360: 2004년, 11쪽.
6. 위의 글, 96쪽.
7. 위의 글, 96쪽.
8. IIA, 윤리 강령, 행동 규칙(Code of Ethics, Rules of Conduct).
9. IIA, 기준 2130.
10. 호주/뉴질랜드 기준: 리스크 관리 지침 AS/NZS 4360: 2004년, 21쪽.
11. IIA, 수행권고 2060-1.
12. COSO, 전사 리스크 관리, 2004년 9월, Executive Summary.
13. 피터 L. 번스타인(Peter L. Bernstein), Against the Gods: The Remarkable Story of Risk(Hoboken, NJ: John Wiley & Sons, 1996), 217쪽.
14. 호주/뉴질랜드 기준: 리스크 관리 지침 AS/NZS 4360: 2004년, 11쪽.
15. COSO, 전사 리스크 관리, 2004년 9월, Executive Summary.
16. 위의 글, 59쪽.
17. 위의 글, 80쪽.
18. 호주/뉴질랜드 기준: 리스크 관리 지침 AS/NZS 4360: 2004년, 39쪽.
19. IIA, 용어 설명.
20. IIA, 수행기준 2600.
21. IIA, 수행권고 2060-2.
22. 베티 맥필리미(Betty McPhilimy), IIA Inc. 이사회 의장, '순간을 잡아라(Seize the Moment)', The Internal Auditor (2004년 8월), 66-71쪽.
23. 수행권고 2010-2.
24. COSO, 전사 리스크 관리, 2004년 9월, 93쪽.

Auditing the Risk Management Process

Auditing the Risk
Management Process

Chapter 8

총체적 ERM 개념

A Holistic ERM Concept

Chapter 8

총체적 ERM 개념

어슈어런스 서비스와 컨설팅 서비스를 통한 조직 목표 달성 기회 향상, 오퍼레이션 개선 여지 파악, 리스크 익스포져 축소에 의해 가치가 제공된다.

IIA 용어설명

개요

이번 장에서는 지금까지 이 책에 등장했던 ERM의 측면들을 요약한다. 이로써, 이전 장들에서 다루었던 이슈들을 총체적으로 살피는 방식으로 전반적인 ERM 프로세스를 평가할 수 있다. 리스크에 대한 이처럼 보다 넓은 개념이야말로 내부 감사 발전의 원동력이 된다.

향후에는 리스크 인식에서 리스크 관리로 확장되려는 조짐이 있다. 그것은 유서 깊은 기능인 리스크에 대한 관심과 리스크 기반 감사에 '가치가 부가된' 요소를 제공함에 있어서 내부 감사가 이 분야를 선도하는 하나의 사례이다.[1)]

ERM 프로그램 모델: 1단계

조직에 영향을 주는 다음과 같은 세 가지 핵심적인 세력을 규합할 필요가 있다. (1) 이해관계자들의 기대 (2) 비즈니스 리스크 (3) 다양한 감독 당국에 의해 제정된 규칙들. 우리의 첫 번째 모델은 그림 8.1에서 보는 바와 같이 리스크 관리 프로그램 출범으로부터 시작한다.

이 모델의 각각의 측면에 대해 아래에서 설명한다.

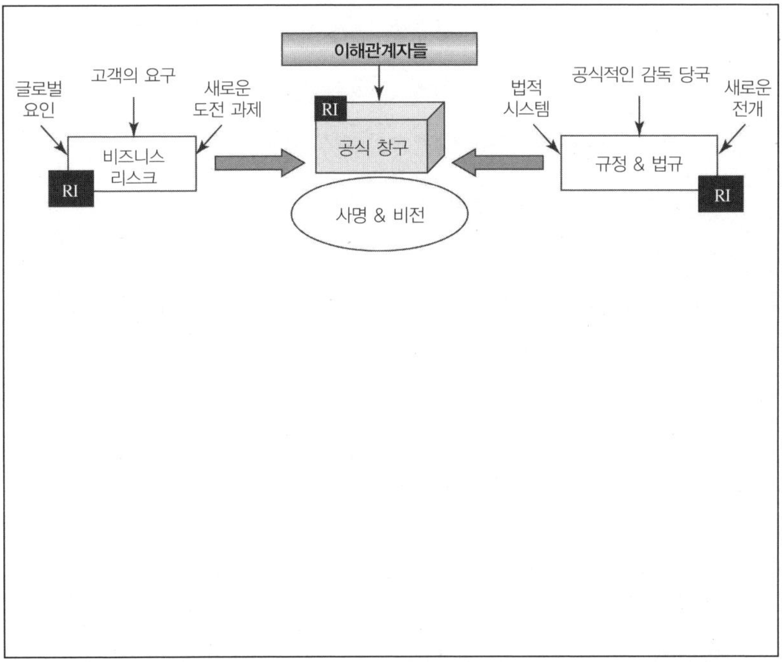

[그림 8.1 ERM 프로그램 모델: 1단계]

이해관계자들

조직들은 경영진의 행동 양식에 대해 목소리를 내는 집단들에 의해 점점 더 많은 영향을 받고 있다고 이미 언급한 바 있다. 이 요소는 세력들의 맨 위에서 모든 대규모 조직들의 방향과 속도를 조종한다. 수익과 빠른 성장을 추구하는 사람들이라는 주주 개념은 차츰 사회에 대한 영향과 지속 가능한 성장의 필요라는 보다 광범한 영역에 관심을 보이는 이해관계자 개념으로 대체되고 있다. 다음과 같은 지침에서도 이 점을 명백히 하고 있다.

> 최고 감사 책임자는 전사 리스크 관리 평가 시 환경, 건강 및 안전 리스크를 포함하여야 하며, 이러한 활동들을 조직의 오퍼레이션과 관련된 다른 유형의 리스크들에 비해 균형 있게 평가해야 한다.[2)]

- 조직의 보고 구조
- 환경 피해, 환경 보호청 또는 다른 정부 기구에 의해 부과되는 벌금과 벌칙을 야기할 가능성
- 부상과 사망 이력
- 고객 상실 기록, 부정적 여론과 대중의 이미지와 평판 추락 경험

비즈니스 리스크

이해관계자 다음으로 큰 요소는 조직에 영향을 미치고, 성공과 비참한 실패 사이에 차이를 만들어 낼 수 있는 중요한 리스크들과 관련이 있다. ERM 프로세스는 조직 전체에 걸쳐 이러한 리스크들을 체계적으로 포착하고 관리하고자 한다. 우리의 모델은 이러한 리스크들을 다음과 같은 관점에서 분석한다.

- 글로벌 상황 — 세계 시장이 점점 더 상호의존적이 되어 감에 따라, 점점 더 많은 조직들이 전략적 의사 결정에 직면할 때마다 세계적으로 어떻게 돌아가고 있는지를 평가해야 한다.
- 포착되기 전에 잠시 동안만 존재하다 곧 사라져 버리는 새로운 도전, 새로운 방향과 기회들.
- 높아진 고객의 요구는 기업들이 계속 자신이 좋다고 믿는 제품을 공급하기만 할 수는 없음을 의미한다. 사람들은 이제 자신들이 원하는 것을 결정하고, 자신에게 가장 잘 맞는 공급자들을 찾아 나선다.

규제와 법령

ERM에서 자주 잊히는 측면 중 하나는 법률과 감독 규정 위반 리스크에 대한 이해이다. 법규 위반 리스크는 가장 유력한 회사마저도 몰락시킬 수 있기 때문에 ERM은 이러한 리스크들이 회사의 의제에 올라 있어야 한다고 제안한다. 대부분의 규제는 공정한 경쟁과 투명성에 기반하고 있는데, 이것이 기업에 부담으로 여겨져서는 안 된다. 규제는 외부적 맥락의 일부이다.

외부적 맥락을 파악하라

이 단계는 조직이 운영되고 있는 외부 환경을 정의한다. 또한 해당 조직과 외부 환경 사이의 관계도 정의한다. 여기에는 예를 들어 다음과 같은 사항들이 포함될 수 있다.

- 비즈니스 환경, 사회적 환경, 규제 환경, 문화적 환경, 경쟁 환경, 재정

적 환경, 정치적 환경

- 조직의 강점, 약점, 기회, 위협
- 외부 이해관계자들
- 핵심 비즈니스 동인

> 외부 이해관계자들의 관점과 가치들에 대해 고려하고, 이들과의 소통 정책을 확립하는 것이 특히 중요하다.[3)]

공적 창구

우리는 이해관계자, 비즈니스 리스크, 규제의 요구를 다루는 메커니즘을 공적 창구라 부른다. 이는 조직의 이미지, 소통 그리고 대중을 상대하는 일선 부서이다. 이는 외부에 조직이 어떻게 돌아가고 있으며 조직이 어떤 계획을 가지고 있는지 말해 주는 PR 기구다. ERM 맥락에서 볼 때 공적 창구는 조직이 무엇이 수용할 만하다고 생각하고 무엇이 다루어질 필요가 있다고 생각하는지 분명히 말해 줌으로써 조직 외부에 조직의 리스크 성향에 대한 통찰력을 제공해 준다. 은행 부문에 대해서는 리스크 관리에 관해 완전히 공개할 필요가 있음이 분명하게 규정되어 있다.

> 은행은 시장 참여자들이 은행의 오퍼레이션 리스크에 대한 접근법을 평가할 수 있도록 충분하게 공시해야 한다.[4)]

사명과 비전

이제 조직의 내부 프로세스를 살펴보기로 하는데, 이는 사명으로부터 시작한다. 회사의 사명이 단순하게 "우리는 이 분야 또는 저 분야에서 최고가 되기를 원한다"고 말하기보다는 지금까지 이 모델에 나왔던 모든 요인들을 고려하는 ERM 맥락으로부터 사명이 나올 수 있다. 또한 사명은 다양한 이해관계자들의 기대에 대한 이해와, 양호한 성과 및 규칙과 규제를 준수해야 된다는 제약 사이의 균형을 유지할 필요로부터 나온다. ERM은 이 목표 달성에 도움이 될 수 있다.

> 과거 수년 동안 리스크 관리에 대한 강력한 기업 거버넌스의 중요성에 대한 인식이 점점 더 증가되었다. 조직은 그들이 직면하는 모든 비즈니스 리스크, 즉 재무 리스크와 오퍼레이션 리스크뿐만 아니라 사회적, 윤리적, 환경적 리스크들을 모두 파악하고 자신이 이 리스크들을 어떻게 수용할 만한 수준으로 관리하는지 설명하라는 압력을 받고 있다. 한편 조직들이 전사 리스크 관리 프레임워크가 덜 통합된 리스크 관리 방법들보다 유리하다는 점을 인식함에 따라 이를 사용하는 조직이 늘어나고 있다.[5]

그러나 ERM이 비즈니스에 진정한 영향을 주려면 먼저 목표들이 의미와 가치를 지녀야 하며 전반적인 회사의 사명으로부터 나와야 한다.

> 리스크 목표를 모든 조직의 활동에 관한 전략을 지원하고 이와 정렬되게 수립하는 것이 성공에 매우 중요하다.[6]

ERM 프로그램 모델: 2단계

조직 상층부의 거버넌스 측면이 확립되면 양호한 리스크 관리의 맥락을 정하는 잔여 요소들을 살펴볼 필요가 있다. 그림 8.2에 우리의 모델이 계속된다.

이 모델의 새로운 측면 각각에 대해 아래에서 설명한다.

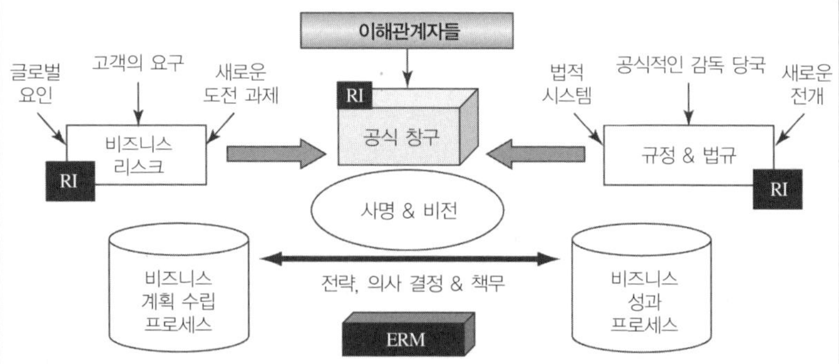

[그림 8.2 ERM 프로그램 모델: 2단계]

비즈니스 계획 수립 프로세스

계획 수립은 대부분의 조직들을 그들의 목표로 나아가도록 촉진한다. 비즈니스 계획 수립 모델은 조직원들이 그들의 에너지를 방출하고 앞으로 나아가게 하는 제약들과 동인들을 설정한다. 이것이 바로 ERM 프로세스가 진정한 가치를 지니려면 계획 수립 프로세스에 연결되어야 하는 이유이다. 리스크는 계획 수립 프로세스에 정보를 제공해 주며, 계획 수립 기준이 평가되고 분석되는 방식으로부터 생겨나기도 한다. ERM을 개발할 때 계획 수립 프로세스에 되돌아가 이 프로세스가 리스크를 파악하고 리스크에 대응하도록 도와주는 방식을 평가하는 것이 매우 중요하다. 좋은 계획은 외부 맥락과 내부 맥락을 조화시키고 이들에 대해 효과적으로 대응하고자 한다.

내부 맥락을 파악하라

어느 수준에서건 리스크 관리 활동이 시작되기 전에 조직을 이해할 필요가 있다. 핵심 분야에는 다음 사항들이 포함된다.[7]

- 문화
- 내부 이해관계자들
- 구조
- 사람, 시스템 등과 같은 자원 면에서의 역량
- 프로세스, 자본
- 목적과 목표 및 이들을 달성하기 위한 전략

내부 맥락 파악은 다음과 같은 이유로 중요하다.

- 리스크 관리는 조직의 목적과 목표라는 맥락에서 수행된다.
- 대부분의 조직들에게 있어서 주요 리스크는 전략적 목표, 비즈니스 상

의 목표 또는 프로젝트의 목표를 달성하지 못하는 것이거나, 이해관계자들에게 목표를 달성하지 못했다고 인식되는 것이다.

- 조직의 정책, 목적과 이해관계는 조직의 리스크 정책을 정하는 데 도움이 된다.
- 특정 프로젝트 또는 활동의 목표와 기준은 전체 조직의 목표에 비추어 고려되어야 한다.

비즈니스 성과 프로세스

이 모델의 다른 측면은 성과 관리 시스템을 다루고 있다. 계획 수립은 조직의 방향을 정하는 반면, 성과 관리는 이러한 계획들을 개인적 프레임워크와 팀별 프레임워크 안으로 견인한다. 이는 현재의 리스크와 신규 리스크들로부터 초래되는 행동들이 조직의 성과 관리 대상이 될 수 있음을 의미한다.

> **사례 연구**
>
> **리스크 관리 목표를 성과 목표에 추가하기**
>
> 어느 일선 비즈니스 라인에서는 리스크 관리 워크샵에서 나온 행동 계획이 각각의 할당된 리스크 오너들의 개인 목표와 연결되었다. 성과 평가 시스템은 모든 목표들이 달성되는 방식과 직원들이 문제의 리스크 관리를 어떻게 채용하고 있는지를 검토하였다.

전략, 의사 결정, 책무

많은 사람들이 훌륭한 리스크 관리는 본질적으로 직원들이 조직의 유익이 되는 방향으로 좋은 의사 결정을 내리도록 능력을 갖춰주고 동기를 부여하는 것에 관련된다고 말한다. 이러한 사고의 흐름을 따라서 이 모델의 다음 부분은 전략적 의사 결정과 비즈니스 상층부에서 이러한 결정에 대해 전적인 책임을 지도록 할 필요를 결합시킨다.

> 전사 리스크 관리가 목표들의 4개의 범주 각각에 대해 효과적이라고 판단될 때, 이사회와 경영진은 자신들이 이해하는 한 조직의 전략적 목표와 오퍼레이션상 목표들이 달성되고 있으며, 조직의 보고가 신뢰할 만하고, 관련 법규가 준수되고 있다는 사실에 대해 합리적인 확신을 가질 수 있다.[8]

ERM

외부 맥락과 내부 맥락이 설정되고 나면 어떤 활동들이 ERM에 포함되는지 질문함으로써 이제 ERM에 대해서 그리고 ERM이 큰 그림에서 어디에 해당하는지를 살펴볼 수 있다.[9]

- 조직의 목표를 분명하게 하고 이를 소통함
- 조직의 리스크 성향을 결정함
- 리스크 관리 프레임워크를 포함한 적절한 내부 환경을 파악함
- 목표 달성에 대한 잠재적인 위협들을 파악함
- 리스크즉, 위협이 발생할 가능성과 영향를 평가함
- 리스크에 대한 대응책을 선정하고 이를 실행함
- 통제와 기타 대응 활동들을 수행함
- 리스크에 관한 정보를 조직의 전 직급에 일관성 있게 소통함

- 리스크 관리 프로세스와 그 결과를 본사 차원에서 모티터하고 조정함
- 리스크가 효과적으로 관리되고 있다는 어슈어런스를 제공함

마지막으로 조직이 그 목표를 달성하기 위해 수립한 대응책으로서의 리스크 관리는 조직이 처한 환경적 상황으로부터 도출되어야 하는데, ERM의 여덟 가지 구성 요소들이 이에 포함되어야 한다.

> 전사 리스크 관리는 여덟 개의 상호 관련된 요소들로 구성되어 있다. 이들은 경영진이 조직을 경영하는 방식으로부터 도출되며 경영 프로세스에 통합된다.[10]

ERM 프로그램 모델: 3단계

ERM은 민간 부문과 공공 부문이 자신의 약속을 지키고 이를 수행함에 있어서 적절하게 처신하라고 요구하는, 변화하는 환경에 대한 반응이다. 우리의 모델에서 우리는 지금까지 ERM을 이처럼 어려운 과업을 성취하는 주된 장치로 정의할 수 있었다. 본질적으로 ERM은 비즈니스의 모든 부분들이 자신들이 일하는 방식에 영향을 줄 수 있는 모든 것들에 주의를 기울이고 있으며, 양호한 진전을 이루고 또 이를 유지하기 위해 이러한 영향들을 다루기 위한 모든 합리적인 조치들을 취했느냐고 묻는다. 이러한 고위층의 열망은 일선의 비즈니스 프로세스로 전환되어야 한다. 우리의 모델은 그림 8.3에 계속된다.

이 모델의 새로운 측면 각각에 대해 아래에서 설명한다.

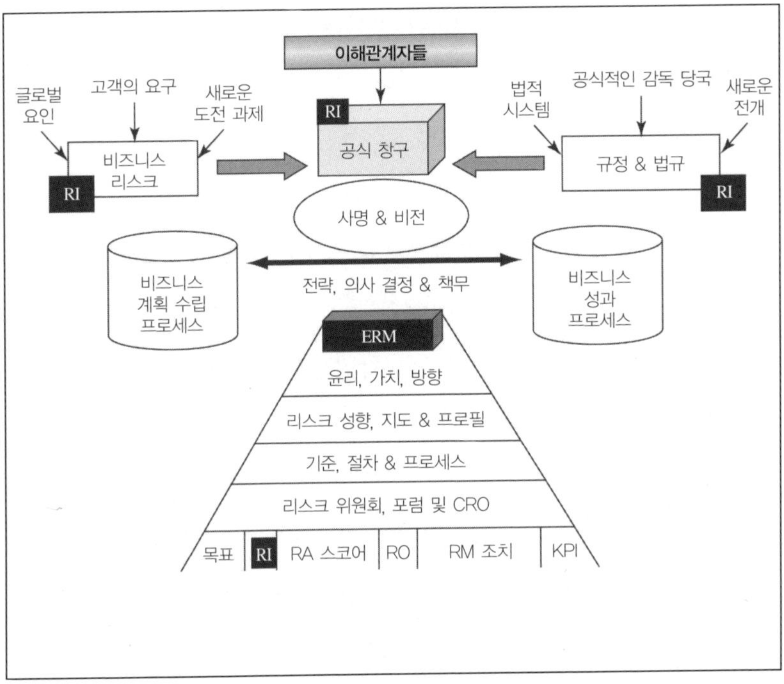

[그림 8.3 ERM 프로그램 모델: 3단계]

윤리와 가치 그리고 의사 결정

우리는 의사 결정이 전략적 계획 수립과 리스크 평가와 관련되는 방식이라는 관점에서 의사 결정을 논의해 왔다. 이제 회사의 윤리 및 가치와 관련 있는 의사 결정이라는 추가적인 관점을 살펴보기로 하자. ERM은 조직이 최고의 행동 기준을 충족시키지 못할 위험을 다룰 필요가 있으며, 의사 결정은 이러한 개념을 증진시키는 방식으로 이뤄질 필요가 있다고 말한다.

조직의 좋은 평판이 매우 귀중하기 때문에 행동 기준은 단순히 법규를 준수하는 수준을 넘어선다. 성공적인 기업들의 경영진은 윤리는 이익이 되며 윤리적 행동은 양호한 비즈니스라는 견해를 점점 더 받아들이고 있다.[11]

이같이 되려면 조직의 어딘가에 윤리를 옹호하는 사람이 있어야 하는데, 이곳이야말로 감사인이 가치 있는 경쟁자로 등장할 수 있는 곳이다.

내부 감사인과 내부 감사 부서는 조직의 윤리적 문화 지원에 있어서 적극적인 역할을 수행해야 한다. 그들은 조직 안에서 윤리적 행동의 효과적인 옹호자가 되기 위한 높은 수준의 신뢰와 고결성 그리고 기술을 지니고 있다. 그들은 조직의 리더, 관리자와 기타 직원들에게 법률적, 윤리적, 사회적 책임을 완수하라고 호소할 수 있는 역량과 힘이 있다.[12]

리스크 성향, 지도와 프로필

이 모델의 목표는 ERM을 지지하는 기반을 넓히는 것인데, 이는 이를 통해 투명한 공적 창구에 기여하기 때문이다. 이 메뉴에서의 다음 항목은 조직이 리스크가 자신의 상품에 어떻게 영향을 주는지 대략적으로 보여 주는 지도의 관점에서 자신을 정의하는 방식이다. 이 프로필은 높은 수준과 낮은 수준의 리스크를 나타내는 봉오리와 바닥을 선명하게 비춰주는 조명에 의해 들춰내어질 필요가 있다. 이 조명은 조직이 핵심 이해관계자들의 기대에 대응하여 설정한 리스크 성향에 의해 힘을 제공받는다. 우리의 비유를 따르자면 단단한 땅과 도전적인 언덕뿐 아니라 위험한 강, 늪지도 가려낼 수 있는 데, 이 그림이 조직의 리스크 지도가 된다. CEO와 이사회는 이처럼 복잡한 기업의 지도를 그릴 책임이 있다.

보고의 신뢰성 및 법규 준수와 관련된 목표들은 조직의 통제 내에 있기 때문에 전사 리스크 관리는 이러한 목표들의 달성에 관한 합리적인 어슈어런스를 제공해 주리라고 기대될 수 있다. 그러나 전략적 목표와 오퍼레이션상의 목표들의 달성은 항상 조직의 통제 안에 있지는 않는 외부 사건들의 영향을 받는다. 따라서 이러한 목표들에 대해서 리스크 관리는 경영진과 감독 역할을 하는 이사회가 조직이 목표 달성을 향하여 어느 정도로 나아가고 있는지에 대해 적시에 보고를 받고 있다는 데에 합리적인 어슈어런스를 제공할 수 있다.[13)]

기준, 절차, 프로세스

리스크 관리를 지원하기 위한 기준과 절차들이 개발되면 실체에 보다 가깝게 접근하게 된다. 각각의 조직들은 자신이 리스크 관리를 어떻게 보는지 그리고 비즈니스를 증진하기 위해 리스크 관리가 어떻게 적용되는지에 대해 설명할 필요가 있다. 이는 결코 쉬운 일이 아니다. 이는 ERM에 대한 접근법을 문서화하고, 자신이 이 중요한 일에 어떻게 체계적인 접근법을 취할 수 있는지 사람들에게 말해 줌을 의미한다. 이러한 조치들은 단순히 발간된 지침을 취해서 이를 관리자들과 그 부하 직원들에게 나눠주는 것을 의미하지 않는다. 이는 더 높은 성공의 기회를 제공하기 위해 리스크가 비즈니스에 어떻게 반영될 지에 대해 보다 자세하게 평가하는 것과 관련이 있다. 각각의 조직들은 동일한 비즈니스 부문에 종사하는 조직일 경우에도, 자신이 운영되는 방식에 합당한 ERM 프로세스를 채택할 필요가 있기 때문에 '천편일률적' 인 접근법은 오래 전에 포기되었다. 예를 들어 COSO ERM 구성 요소들은 유연하게 적용되어야 한다.

> 여덟 가지 요소들이 모든 조직에서 동일하게 기능하지는 않을 것이다. 예를 들어 중소 규모의 조직들에 대한 적용은 덜 공식적이고 덜 구조화될 수 있다. 그럼에도 각각의 구성 요소들이 존재하고 적절히 기능을 발휘하는 한 소규모 조직들도 효과적인 ERM을 가질 수 있다.[14]

리스크 위원회, 포럼, CRO

사안들을 다뤄 나가도록 도와주는 구조의 밑으로 내려가면 ERM의 최종 그림에 가까워진다. 조직은 자신의 ERM 비전을 펼치기 위해 수많은 정책, 기준, 절차들을 만들 수 있다. 조직은 이러한 메시지를 직원들에게 전하고 모든 직원들이 자신의 소관 사항 내에 있는 리스크 프로필을 이해할 필요가 있다고 설명할 수 있지만, ERM을 위한 예산 투입과 ERM 실행이 모든 차이를 만들어낸다. 그러한 예산을 사용하는 가장 좋은 방법은 관련 사업 또는 프로그램을 이끄는 구조를 채택 또는 확립하고, 새로운 기구가 그 일을 잘 수행하게 하는 것이다. 리스크 위원회를 구성하여 비즈니스에 ERM을 적용하게 하는 방법을 살펴보기 전에 감사위원회의 감독 역할이 고려되어야 한다.

> 뉴욕 거래소의 기업 거버넌스 규칙은 상장 회사의 감사위원회가 동 위원회의 의무와 책임을 다루는 성문 규정을 갖추도록 요구하는 데, 이 의무와 책임에는 리스크 평가와 리스크 관리 정책에 대한 논의가 포함되어야 한다.[15]

일부 조직들은 이에서 더 나아가 ERM이 확립되고 적용되는 방식에 대해 이사회에 직접 보고하는 데 사용될 수 있는 리스크 위원회를 설치하기도 한다. 경영진, 프로젝트 리더 또는 조직의 전체 부문의 대표들로 구성된 다양한 리스크 포럼을 구성하여 이들로 하여금 비즈니스 라인에서의 리스크 관리 리더 역할을 하게 하거나 ERM을 지원하는 방법론을 형성하는 데 도움을 주게 할 수 있다. 이들은 단순히 감독 책임만을 수행하는 것이 아니라 비즈니스 라인을 대표하며 임원으로서 의사결정을 내릴 능력이 있으므로 아주 중요하다. CEO는 ERM에 대한 조언과 지도를 제공해 줄 뿐만 아니라 모니터링 프로세스가 갖춰지기를 원할 것이다.

> 모니터링은 두 가지 방식으로 수행될 수 있다. 하나는 상시 모니터링 활동이고 다른 하나는 별도의 평가이다. ERM 메커니즘은 일반적으로 – 최소한 어느 정도는 – 상시적으로 모니터하도록 설계된다.[16)]

마지막 구성 요소는 리스크 후원자 직무를 수행하는 소위 최고 리스크 책임자이다. 이 사람은 조직에서 리스크가 다뤄지는 방식, 절차와 프로세스가 결합하여 총체적인 관점을 형성하는 방식에 관한 전문가 역할을 한다. CRO는 이번 장에 나오는 모델 등을 사용해서 ERM이 어떻게 진전되고 있는지 판단할 수 있다. CRO의 책임에 관한 COSO의 요약적인 견해는 다음과 같다.[17)]

• ERM 정책을 수립함

- ERM 권한과 책무의 틀을 정함
- 조직 전체적인 ERM 역량을 증진함
- 다른 비즈니스 계획 수립, 경영 부서들과 함께 ERM의 해석을 지도함
- 공통의 리스크 관리 언어를 확립함
- 관리자의 보고 프로토콜 개발을 촉진함
- 진전 사항과 권고 사항을 CEO에게 보고함

목표, 리스크 파악, 리스크 평가, 리스크 관리, 행동, 핵심 성과 지표

이 섹션의 마지막 부분은 기본적인 리스크 주기이다. 맥락을 설정하고 필요한 구조를 갖춘 뒤에는, 일선 부서와 후선 부서의 직원들에게 리스크 관리 관점에서 자신의 오퍼레이션 포지션을 수행시킬 수 있다. 이 등식은 잘 알려져 있는데, 이곳에서 이를 다시 반복한다.

- 비즈니스 목표를 다시 살펴봄
- 이러한 목표 달성에 대한 리스크를 파악함risk identification, RI
- 목표에 대한 리스크의 영향 및 그러한 리스크가 현실화될 가능성을 평가함risk assessment; RA
- 통제를 개선하고 높은 수준의 리스크에 대해 합당하게 대응하기 위한 리스크 관리 전략을 개발함risk management; RM
- 리스크 주기에 비추어 필요한 변화와 개선을 취하기 위한 행동 계획들을 수립함
- 행동들이 핵심 성과 지표key performance indicators; KPIs 안으로 통합되게 해서 특히 전략적으로 중요한 리스크 분야에 대해 진행 상황이 모니터될

수 있게 함

ERM에 관한 총체적인 사고와 접근법을 적용할 때 기본적인 리스크 주기가 잊히지 않게 할 필요가 있다. 한편 실제 사례를 살펴보면 리스크 주기가 업무 관행에 통합되는 방식을 명확히 이해할 수 있을 것이다.

사례 연구

리스크 관리가 소통 문화에 영향을 주다

어느 정부 부서에서는 워크샵이 사람들이 연결되는 방식의 보편적 특징이었다. 워크샵은 궁극적으로 사람들이 모여서 해결할 필요가 있는 이슈에 대해 자유토론하는 자발적인 모임이 되었다. 많은 사무실의 한쪽 구석에는 플립 차트와 몇 개의 의자가 놓여 있으며, 업무 팀들은 리스크 평가 프로세스를 이해하며 합의와 경청 기술을 증진한다. 한편 라인 매니저는 팀원들에게 그들이 제기하여 월례 팀 회의 토론에서 제안된 시스템 변경을 실행할 권한을 부여했다. 소통이 보다 개방적이 되게 하고 프로세스와 프로젝트에 대한 오너십을 고취시키는 데 리스크 관리가 사용되었다.

목표에 대한 이러한 강조는 COSO의 ERM 정육면체그림 3.4 참조에 확고하게 자리 잡고 있다.

조직이 달성하고자 하는 바인 목표들과 이의 달성에 필요한 사항들을 나타내는 전사 리스크 관리 구성 요소들 사이에는 직접적인 관계가 있다. 이

관계는 정육면체 형태의 3차원 매트릭스로 묘사된다.[18]

ERM 프로그램 모델: 4단계

우리는 ERM이 잠재력을 완전히 발휘할 기회를 지니기 위해 갖출 필요가 있는 많은 주요 구성 요소들을 제공하였다. 이 모델의 바닥 부분은 이 과업을 위한 견고한 플랫폼 세우기와 관련이 있는 데, 이를 놓치는 경우가 흔하다. 그림 8.4에 우리의 모델이 계속된다. 이 모델의 새로운 측면 각각에 대해 아래에서 설명한다.

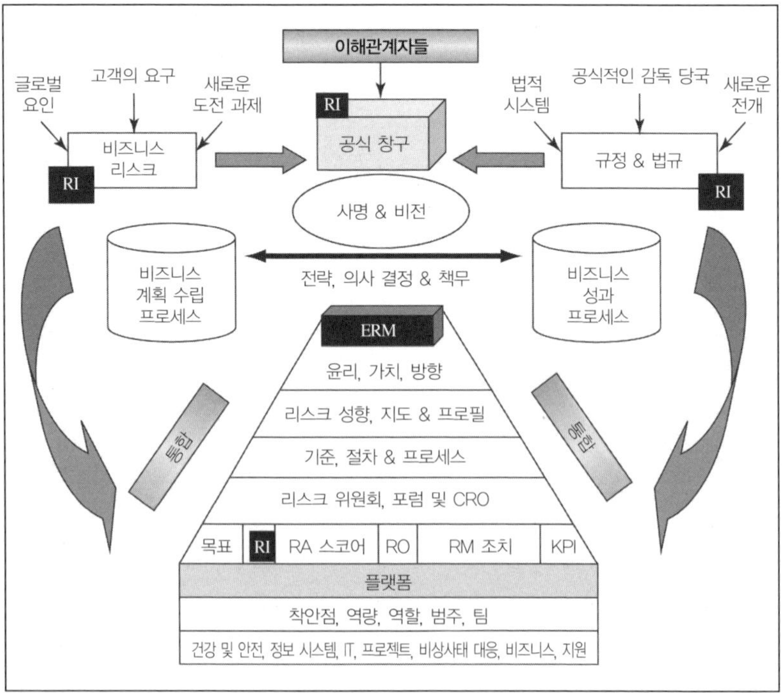

[그림 8.4 ERM 프로그램 모델: 4단계]

토대

ERM의 토대는 단순한 정서에 기반하고 있다.

조직의 모든 사람들이 성공적인 전사 리스크 관리를 확보함에 있어서 나름의 역할을 하지만 리스크를 파악하고 관리할 주된 책임은 경영진에게 있다.[19)]

용어, 역량, 역할, 범주 및 팀

ERM의 유익을 완전히 향유할 수 있는 조직을 다른 조직과 구별시키는 요소는 단순한 정서즉, 조직이 새로운 상황을 포착할 수 있는지 여부에 있어서 일반 직원들이 가장 중요한 요소라는 생각에 기반을 둔 기초적인 토대의 질이다. 지원 부서, 본부, 프로젝트 요원, 기술자, 운전기사, 로비의 안내원, 생산 팀, 지점, 본점, 다른 모든 부분의 직원들이 리스크와 리스크 관리라는 개념에 대해 편안하게 느낄 경우 희망이 있다.

실제로 모든 사람들이 리스크 관리가 효과를 발휘하게 하는 데 어느 정도의 역할을 한다.[20)]

이는 새로 만든 정원의 조경 공사를 함에 있어서 신기술을 이용하여 계획을 수립하고, 설계자를 임명하여 이곳을 어떻게 꾸밀지 그리고 다뤄질 필요가 있는 기타 모든 사항들을 정하더라도, 씨를 뿌리고 이들이 자라도록 해 주는 행동이야말로 정원이 실제로 무성해지게 하는 요인인 것과 유사하다. 효과적인 ERM에는 직원의 역량에 대한 명확한 기준 설정이 중요하다.

역량은 할당된 과업 수행에 필요한 지식과 기술을 나타낸다. 경영진은 조직의 전략과 목표를 이의 실행 및 달성 계획에 비춰볼 때 이들 과업이 얼마나 잘 수행될 필요가 있는지 결정한다.[21)]

건강 및 안전, 정보 시스템, IT, 프로젝트, 비상사태, 비즈니스 및 지원

다음 항목은 조직 내에 이미 존재하고 있는 전문성 동원에 관련된다. 이 점도 ERM을 갖출 때 간과될 수 있다. ERM 프로그램에 착수하고 모든 사람이 출발점에 있다고 가정하기보다는 아래의 사례에서 보는 바와 같이 조직 내에서 전통적으로 자신의 업무에 리스크 평가를 사용해 왔던 팀들을 찾아서 이들로 리스크 커뮤니티를 구성하는 것이 낫다.

사례 연구

리스크 커뮤니티

어느 조직은 전통적인 리스크 관리의 일선에 있는 사람들의 리스크 커뮤니티라는 개념을 발전시켰다. 이 커뮤니티에는 보안, 보험, IT, 프로젝트, 재무, 안전, 비상사태 대응 계획 및 비즈니스 계획 수립 팀들이 포함되었다. 리스크에 대한 그들의 견해가 통합되어서 조직 전체에 용어, 접근법과 기본적인 도구들로 전파되었고 대부분의 사람들은 이에 합의하고 이를 표준적인 관행으로 사용하였다.

이처럼 느슨하게 연결된 그룹을 이용하여 아이디어, 방법론과 리스크 메시지를 조직의 다른 부분에 전파하는 방식 개발에 도움을 받을 수 있다. 이 그룹에 포함될 수 있는 사람들은 다음과 같다.

- 건강과 안전
- 정보 시스템 및 정보 기술
- 프로젝트 관리자
- 비상사태 대응 계획, 재해 복구 및 비상 시 비즈니스 지원 담당 팀
- 보안 인력
- 회사 보험 책임자
- 외부 감사인과 내부 감사인
- 자체의 리스크 언어와 기법을 개발한 기타 직원들

통합

첫 번째로 해야 할 사항은 리스크 커뮤니티의 각 구성원들에게 리스크를 어떻게 보는지와 보다 넓은 ERM 프로세스에 대한 토대로 사용할 공통적인 기반이 개발될 수 있는지를 묻는 것이다. 이런 사람들을 배제하면 그들은 리스크 개념을 단순한 리스크 주기로 홍보하는 데 이용되었다고 느껴서 불쾌해질 수 있다. 내부 감사인이 리스크 전문가들 중에서 리더가 되어 이러한 접근법을 개발함에 있어서 아래의 원칙들이 적용되게 할 수 있다는 점은 말할 나위도 없다.

> 전사 리스크 관리는 한 구성 요소가 다음번 요소에만 영향을 주는 엄격한 순차적 프로세스가 아니다. 이는 거의 모든 구성 요소가 서로 영향을 줄 수 있고 영향을 주는, 다각적이고 반복적인 프로세스이다.[22]

리스크 파악

리스크 관리란 간단히 말해서 조직이 자신의 레이더에 산재해 있는 리스크들에 대응하는 방식이라는 점을 보여 주려는 의도에서 이 모델의 도처에 리스크 파악risk identification; RI이 산재해 있다. 완전히 성숙된 리스크 관리에 기반을 둔 조직들에서는, 리스크 주기가 실제로 적용되지는 않는다. 이는 조직에 내재화되어 있으며, 점점 더 목표 달성을 방해하는 어떤 위협도 충분히 찾아낼 수 있을 만큼 정교한 진단 메커니즘이 확실히 작동되도록 하는 방향으로 나아간다. 이는 크거나 커지고 있는 리스크를 찾아내기에 가장 좋은 위치에 있기만 하면 조직이 파악된 리스크에 합리적으로 대응할 수 있을 정도로 충분히 유연한 통제를 갖추고 있음을 알기에 리스크 파악에 중점을 둔다는 것을 의미한다. 리스크 파악의 중요한 원천 중 하나는 감사인이며 최고 감사 책임자는 이 사안에서 뚜렷한 역할을 한다.

> CAE는 고위 경영진과 이사회가 보고된 상태를 시정하지 않는 리스크를 떠안는 경우 이전에 보고되었던 중대한 관찰 사항과 권고사항을 이사회에 알리는 것이 적절한지 심사숙고해야 한다. 이는 조직, 이사회, 고위 경영진 또는 기타 변화가 있을 경우에 특히 필요하다.[23]

ERM 프로그램 모델: 최종

이제 역동적이고 유연한 ERM에 관한 총체적인 설명을 완성하는 이 모델의 마지막 부분에 도달했다. 우리의 완전한 모델은 그림 8.5에 나와 있다.

이 모델의 새로운 측면 각각에 대해 아래에서 설명한다.

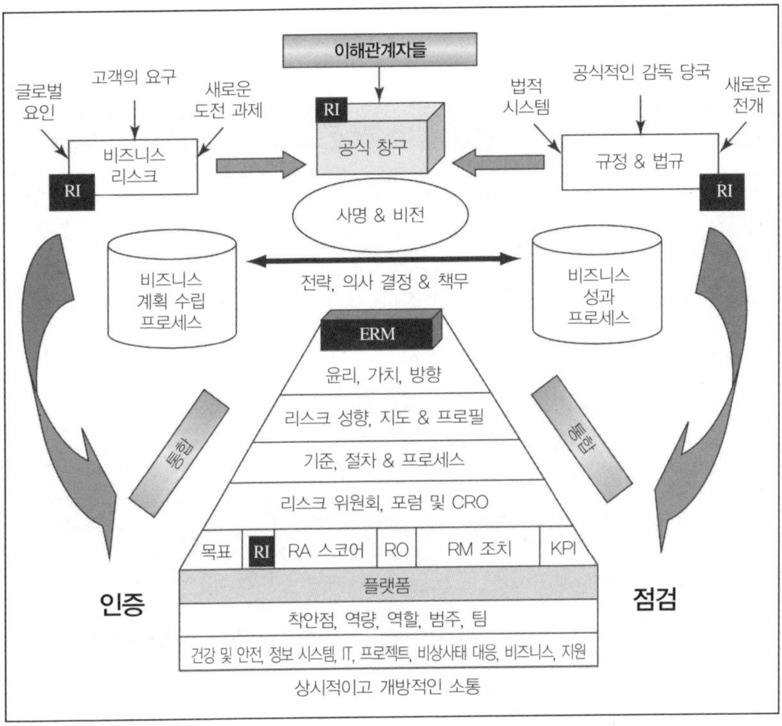

[그림 8.5 완성된 ERM 프로그램 모델]

인증

맥락, 토대와 비즈니스에 대한 리스크가 식별되어 다뤄지는 올바른 문화가 확립되고 나면, 이제 이의 효과를 입증할 때이다. ERM이 어떻게 작동하는지 그리고 이를 통해 내부 통제가 강조되고 올바르게 수행되고 있음을 설명하는 분기별 공식 인증에 동기를 부여하고, 이를 지원하며 포착하는 시스템이 갖춰질 필요가 있음을 보여 주기 위해 이 모델에 인증이라는 항목이 추가되었다. 이는 재무 보고 제도에 영향을 주는 통제에 특히 적합하다. 인증은-아래의 예에서 보여 주는 바와 같이-ERM을 실행하는 모든 임직원들의 노력을 반영해야 한다.

사례 연구

Top 10 리스크

어느 디자인 회사는 자신들이 Top 10 리스크라 부르는 것들에 집중했다. 이사회, 경영진, 감사위원회, 부문장과 조직의 모든 부분들은 자신의 Top 10 리스크를 정하고 잔여 리스크 수준이 높은 큰 리스크들에 대해 모니터하고 보고 라인을 따라 상부에 보고하도록 요구되었다. 정지 신호 모델이 사용되었지만 적색 신호와 초록색 신호뿐 아니라 노랑색 신호도 있었다. 세 개의 노랑색 수준이 있어서 관리자들은 잔여 리스크를 다양한 색깔 코드에 할당할 때 선택의 여지가 많았다. 전체 리스크 관리 프로세스는 비즈니스 목표들을 중심으로 수행되었으며 조직의 모든 부분의 다양한 리스크 오너즉, 특정 목표를 달성할 필요가 있는 사람들을 정의하는 데 기초했다. 적색 리스크는 항상 월례 이사회 모임의 의제가 되었다. 회사 차원의 논의 주제는 핵심 비즈니스 관리자들로 구성된 리스크 포럼의 감독 아래 지각 있는 리스크 취하기에 기초했다. 리스크 주기와 이에 따른 리스크 대장는 매월 짧은 회의, 프레젠테이션과 워크샵을 이용하여 갱신되었으며, 이는 성과 측정 프레임워크에 반영되었다. 모든 신상품, 변화 프로그램, 대규모 비즈니스 프로젝트들에 대해서는 보다 자세한 리스크 관리 노력이 기울여졌다.

경영진의 인증들을 취합하여 내부 통제에 관한 공식적인 하나의 보고서를 공표할 수도 있다. 이에는 세 가지 주요 접근법이 있다.

1. 대개 사내 변호사의 조언을 받은 일련의 정해진 문구를 따르는 표준 문안 인증
2. 상시적인 국제 사업 재조정과 같이 잘 알려진 전략적 리스크와 이러한 리스크를 억제하기 위해 취한 조치에 대한 설명
3. ERM 프레임워크와 이 프레임워크가 잘 이해되게 하고, 이를 비즈니스에 내재화하기 위해 취해진 조치에 대한 완전한 설명

세 번째 접근법은 이해관계자들에게 조직이 어떻게 장기적 성공의 기초가 되는 올바른 프로세스를 개발하고 있는지를 말해 주기 때문에, 이 접근법이 입지를 넓히기 시작했다.

점검

ERM 프로세스에서 때로는 간과되는 또 다른 사안은 점검 측면이다. ERM은 매우 중요하므로 설계와 실행 뒤 단지 운에 맡겨 두기만 할 수는 없다. ERM이 효과를 발휘하며 이치에 합당하도록 하기 위해서는 ERM을 계속적인 평가 대상으로 삼아야 한다. 관리자들이 자신의 리스크 관리 방식에 관해 상부에 보고하는 내장된 메커니즘 외에도 감사인은 이 점검 역할을 가장 잘 수행할 수 있다.

독립적이지만 내부의 관찰자라는 독특한 위치로 인해 우리 내부 감사인은 이사회, 고위 경영진과 외부 감사인들이 리스크와 통제 이슈들을 알게 하고 리스크 관리의 효과성 등을 평가함으로써 거버넌스 프로세스 안에서 필수적인 역할을 수행한다. 우리 내부 감사인은 독립성을 유지해야 하지

만, 단지 잘못된 것에 대한 지적을 넘어서야 한다. 우리는 해결책의 일부가 될 필요가 있다.[24)]

이 점은 COSO ERM에서도 언급된다.

내부 감사인은 ERM의 효과성 평가와 이에 대한 개선 권고에 있어서 핵심적인 역할을 한다.[25)]

COSO에서 잘못된 재무 보고와 관련된 회사의 주요 리스크를 염두에 두면서 외부 감사인들의 기여를 인정하고 있기 때문에 감사 프로세스를 마치기 전에 외부 감사인을 레이더 위에 올려놓아야 한다.

외부 감사인은 조직이 대외 재무 보고 목표와 기타 목표들의 달성에 기여할 수 있는, 독특하고, 독립적이며 객관적인 견해를 경영진과 이사회에 제공한다.[26)]

지속적이고 개방적인 소통

마지막 항목은 훌륭한 ERM의 심장즉, 조직 내 소통으로 향하는데, 이는 사람들에게 리스크 의제를 받아들이게 할 수 있으면 커다란 진보를 이룰 수 있기 때문이다.

소통은 다음 사항을 전달해야 한다.[27)]

- 효과적인 전사 리스크 관리의 중요성과 적실성
- 조직의 목표
- 조직의 리스크 성향과 리스크 용인 수준
- 공통적인 리스크 언어
- ERM의 구성 요소 수행과 지원에 있어서 사람들의 역할과 책임

이 마지막 사항은 ERM이 리스크 관리에 대해 모든 사람을 포함하는 접근법을 채택한다는 면에서 매우 중요하다.

> 비즈니스의 모든 차원에서의 바람직하지 않은 결과의 영향에 대해 인식이 높아지면, 모든 직원들이 새로운 리스크 식별과 기존 리스크 관리에 탁월한 수단을 제공한다는 점에서 '리스크 관리자'가 된다. 경영진은 여전히 리스크 관리 프로세스에 대한 책임을 진다. 그러나 먼저 직원들에게 리스크 관리가 회사의 미래에 중요함을 교육시키고, 나아가 직원들이 지속적인 리스크 관리에 참여할 수 있게 하는 구조를 갖춤으로써 리스크에 대한 인식이 높아지고 유지된다.[28)]

즉 모든 직급 그리고 모든 곳의 리스크 관리자들로 구성된 인력을 얻는 것이 바로 진정한 목표이다. 사람들이 리스크라는 명패를 떼고 더 효과적인 업무 수행에 대해 말하기 시작할 때 사건들은 운명적으로 발생한다는 생각을 거부하고 자신의 업무를 통제하며, 이해관계자들의 기대를 충족시키고, 이를 상회하며 심지어는 그들에게 기분 좋은 서프라이즈를 선사하는 결과를 낳을 수 있는 유능한 인력에 보다 가까워질 수 있다. 많

은 부분이 지식 공유와 서로 다른 부서들 간의 연결에 의존한다. 점검 역할과 함께, 이 또한 감사인들이 잘할 수 있는 분야의 하나이다.

> 지식 공유와 가교 건설을 통해, 내부 감사인은 계속 변하는 비즈니스 리스크 상태와 회사 전체의 관련 통제를 프로세스 오너, 관리자, 임원진에게 알려주고 이들을 교육시킬 수 있다.[29)]

요약

감사인은 전반적인 리스크 관리 프로세스에 대해 연례적으로 점검을 실시하여, 조직의 리스크가 높은 다양한 영역에 대해 계획된 개별 어슈어런스와 보충적인 컨설팅 프로젝트를 강화할 수 있다. 아래의 다섯 단계가 리스크 관리 프로세스에 대한 이러한 전반적인 감사를 실시하는 한 가지 방법이 될 수 있다.

1. 조직이 자신의 ERM 프레임워크와 내부 통제 시스템을 이해관계자들에게 어떻게 보고하는지 판단한다.
2. 전략, 의사 결정, 명확한 책무가 비즈니스를 앞으로 나아가게 하는 데 도움을 주기 위해, 비즈니스 계획 수립과 비즈니스 성과 평가 프로세스에서 리스크가 어느 정도나 평가되는지 평가한다.
3. ERM 프레임워크의 구성 요소 각각을 적절한 모델예컨대, 이번 장에서 사용된 완전한 모델 등에 비추어 평가하고, ERM이 회사의 사명이라는 맥락에서 비즈니스 실적과 법규 준수를 개선한다는 목적을 달성할 수 있게 해 주

는 신뢰할 만하고 효율적인 시스템이 있는지 판단한다.

4. 전략 수립과 실행 이전, 그 도중 그리고 그 이후에 조직의 모든 부분에의 기존 리스크와 신규 리스크, 대두되고 있는 리스크를 식별할 수 있게 해 주는 다양한 효과적인 장치들이 갖춰지게 한다.
5. 좋은 관행, 취약한 부분 및 경영진과 직원의 리스크 성숙도라는 맥락에서 ERM이 최고의 품질 기준을 충족할 수 있게 하는 데 필요한 조치 등과 함께, 조직에서의 ERM의 신뢰성에 대해 언급하는 감사 보고서를 작성한다.

부록은 ERM 시스템의 전반적인 품질을 평가하고, ERM 프로세스 지원과 검토에 적용될 수 있는 감사 접근법의 유형을 판단하는 데 사용할 수 있는 체크 리스트들을 포함하고 있다.

Notes

1. 로렌스 B. 소이어(Lawrence B. Sawyer), 모티머 A. 디텐호퍼(Mortimer A. Dittenhofer), H. 샤이너(H. Scheiner), 소이어의 내부 통제(Sawyer's Internal Control), 5판(올란도, 플로리다: IIA, 2003년), 122쪽.
2. IIA, 수행권고 2100-7.
3. 호주/뉴질랜드 기준: 리스크 관리 지침 AS/NZS 4360: 2004년, 14쪽.
4. 은행 감독에 관한 바젤 위원회, 국제 결제 은행(BIS), 2003년 2월, 원칙 10.
5. IIA, 영국&아일랜드, Position Statement 2004, 전사 리스크 관리에 있어서의 내부 감사의 역할.
6. COSO, 전사 리스크 관리, 2004년 9월, Executive Summary.
7. 호주/뉴질랜드 기준: 리스크 관리 지침 AS/NZS 4360: 2004년, 14쪽.
8. COSO, 전사 리스크 관리, 2004년 9월, Executive Summary.
9. IIA, 영국&아일랜드, Position Statement 2004, 전사 리스크 관리에 있어서의 내부 감사의 역할.
10. COSO, 전사 리스크 관리, 2004년 9월, Executive Summary.
11. 위의 글, 29쪽.
12. IIA, 수행권고 2130-1.
13. COSO, 전사 리스크 관리, 2004년 9월, Executive Summary.
14. 위의 글.
15. 위의 글, 적용 기법, 97쪽.
16. 위의 글, 75쪽.
17. 위의 글, 87쪽.
18. 위의 글, Executive Summary.
19. IIA, 영국&아일랜드, Position Statement 2004, 전사 리스크 관리에 있어서의 내부 감사의 역할.
20. COSO, 전사 리스크 관리, 2004년 9월, 88쪽.
21. 위의 글, 3쪽.
22. 위의 글, Executive Summary.
23. IIA, 수행권고 2060-1.
24. 르로이 E. 부칼(LeRoy E. Bookal), IIA Inc. 전 의장, '내부 감사인: 좋은 기업 거버넌스에 불가결하다', The Internal Auditor (2002년 8월), 45-49쪽.
25. COSO, 전사 리스크 관리, 2004년 9월, 88쪽.
26. 위의 글, 89쪽.
27. 위의 글, 71쪽.
28. 네일 코완(Neil Cowan), 효과를 발휘하는 기업 거버넌스 (Prentice Hall, Pearson Education South Asia Pte Ltd., 2004년), 43쪽.
29. 낸시 할라(Nancy Hala), '잠재력의 빗장을 풀라', The Internal Auditor (2002년 8월), 30-35쪽.

Auditing the Risk
Management Process

부록

ERM 진단 도구 적용하기

Applying An ERM Diagnostic Tool

부록

ERM 진단 도구 적용하기

이 책의 각 장은 리스크 관리의 주요 측면들과 적절한 감사 범위 제공 측면에서 내부 감사에 대한 시사점을 설명하였다. 몇 가지 당면 이슈들을 설명하는 데 도움이 되는 다양한 모델들이 개발되었다. 각 장은 핵심 이슈들을 떼어 내서 다양한 요인들이 어떻게 상호 관련되어 전사 리스크 관리 개념의 큰 그림을 형성하는지 설명하기 위해 쓰였다. 마지막 장은 몇 가지 주요 이슈들을 총체적이고 통합된 프레임워크 안에서 함께 고찰하고자 하였다.

부록은 이 책의 본문에 나오는 많은 내용들을 취해서 감사인들이 ERM 실행이라는 면에서 조직이 어디에 위치하고 있는지 평가하는 데 사용할 수 있는 종합적인 체크리스트를 제공한다. 감사 접근법을 다루는 별도의 체크리스트도 수록하였는데 이 체크리스트는 ERM 프로세스 감사라는 관점에서 감사인이 어느 위치에 있는지를 판단하는 데 사용할 수 있다. 리스크 관리 상태를 판단하고 최상의 결과를 내기 위해 어디에 감사 자원의 중점을 둘지 결정하는 일반적인 진단 도구 또는 벤치마크로 이 두 개의 체크리스트를 사용할 수 있다.

이 부록은 리스크 관리 프로세스 감사에 적용될 수 있는 종합적인 모델 수립으로부터 시작한다. 이 모델의 측면들은 이에 수반되는 두 개의 체크리스트에 의해 다루어진다. 보다 상세한 체크리스트는 11개의 주요 요소들에 대해 150개의 질문들로 구성되어 있는데, 이는 ERM 프로세스의 효과성을 측정하기 위해 고안되었다. 보다 짧은 체크리스트에는 10개의 주요 요소들에 대해 약 50개의 질문들이 있으며, 이는 ERM 프로세스를 보완하기 위해 적용되는 감사 접근법을 평가하는 데 사용할 수 있다. 위의 두 체크리스트에 나오는 질문들은 해당 조직이나 비즈니스 부문의 상황과 감사 부서에서 사용하는 접근법에 맞게 사용자들에 의해 준비된, 보다 자세한 보조 질문 목록을 참조하여 답변되어야 함을 주의하기 바란다. 또한 이 체크리스트들은 공공, 민간, 비영리 부문의 모든 유형의 조직들에 적용될 수 있다는 사실을 감안하여 보편성을 갖도록 만들어졌다.

체크리스트의 각각의 항목에 대해 1점에서 10점까지의 점수를 부여할 수 있다.

1 기준을 전혀 충족하지 못함

5 기준을 일부 충족함

10 기준을 완전히 충족함

이 중간의 점수들은 해당 조직, 비즈니스 부문 또는 업무 영역이 양극단1점과 10점 사이의 어느 곳에 위치하는지 최선의 추정을 반영할 것이다.

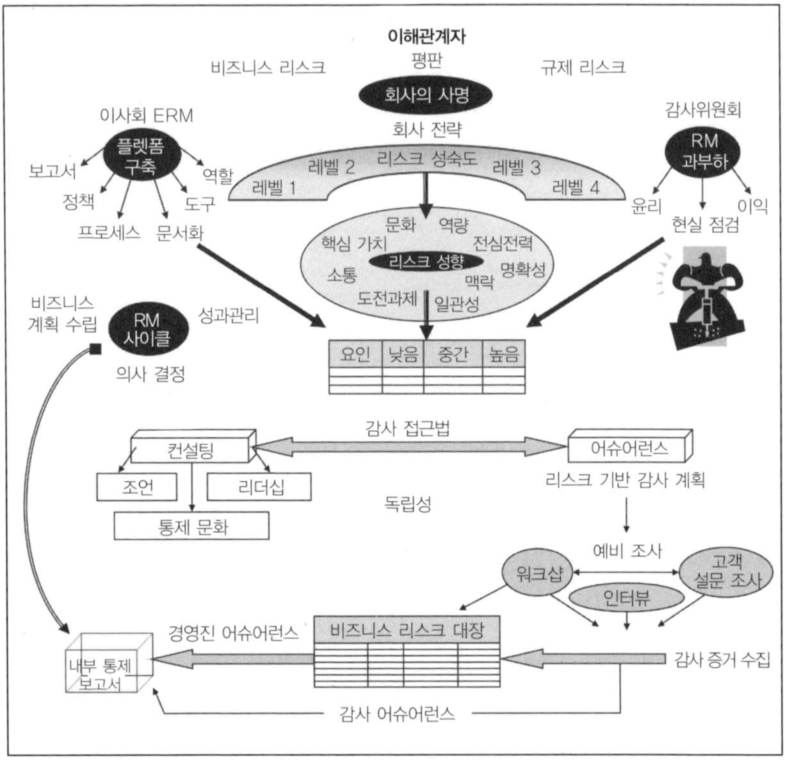

[그림 A.1 종합적인 ERM 감사 프레임워크]

ERM 구성 요소 평가 체크리스트

이해관계자들

A.	이해관계자들 : 조직의 리스크 인식과 관리 방식에 이해관계자들의 이익이 반영되어야 한다.	점수 (1-10)	증거	조치
A.1	조직에 직접적인 영향을 미치거나 미칠 수 있는 이해관계자들을 식별하고 그들의 기대 또는 기대의 변화를 평가하는 효과적인 절차가 있는가?			
A.2	조직에 이해관계를 갖고 있거나 가질 수 있는 이해관계자들을 식별하고 그들의 기대 또는 기대의 변화를 평가하는 효과적인 절차가 있는가?			
A.3	기존의 이해관계자들과는 다른 집단으로서, 예기치 못했던 방식으로 조직에 영향을 행사하기 위해 결합할 수 있는 집단을 식별하기 위한 효과적인 절차가 있는가?			
A.4	다양한 이해관계자들의 리스크 성향을 식별하고, 가능하면 이 리스크 성향이 조직이 떠안은 리스크 성향과 보조를 맞추고 있는지 식별하기 위한 효과적인 절차가 있는가?			
A.5	조직의 다양한 이해관계인 집단의 인식을 식별하고, 인식된 회사의 평판에 관하여 조직에 심각하게 피해를 줄 수 있는 우려 사항이 있는지 식별하기 위한 효과적인 절차가 있는가?			
A.6	조직의 리스크 인식과 관리 방식에 관하여 핵심 이해관계자들 사이에 양방향 대화를 가능하게 해 주는 효과적인 절차가 있는가?			
A.7	비즈니스에 피해를 끼칠 정도의 리스크가 현실화될 경우, 조직이 시장의 계속적인 신뢰를 받을 수 있도록 대응한다는 측면에서 효과적인 절차를 갖추고 있는가?			
A.8	조직이 조직의 고결성, 책무, 투명성과 의사 결정 및 실행 방식(이해관계자들의 리스크에 대한 인식을 포함하고 또 이를 충분히 이해해야 함)에 대해 이해관계자들에게 핵심 메시지들을 전달하는 효과적인 절차가 있는가? 또한 직원들은 이 메시지들 및 이 메시지들이 자신의 고객, 파트너, 기타 이해관계자들과의 상호 작용에 있어서 중요한 부분이라는 점을 충분히 인식하고 있는가?			
A.9	조직이 최고의 전략적 리스크들과 ERM이 어떻게 비즈니스 부서들이 이러한 리스크들을 가장 적절하게 관리하도록 하는지에 관해 이해관계자들과 효과적으로 대화하고 있는가?			
A.10	조직이 유사한 조직들에 영향을 주는 우려 사항에 대해 자세히 조사하여 이러한 리스크들이 자신의 조직에서는 어떻게 관리되고 있는지에 관하여 질문을 제기할 수 있는 효과적인 절차가 있는가?			
A.11	이해관계자 개념, 특히 조직의 한 부분이 다른 부분에 의존하는 경우 내부 고객에 관한 개념이 목표 수립과 리스크 평가/관리에 고려되는가?			
만점 :	**득점 :**	**백분율 :**		

비즈니스 리스크

B.	비즈니스 리스크 : 조직은 비즈니스 환경으로부터 발생하는 리스크에 대해 명확하게 이해하고, 이 정보를 적절하고 효과적으로 ERM에 입력할 수 있어야 한다.	점수 (1–10)	증거	조치
B.1	조직이 국제 시장 상황의 변화와 경제적 변화에 기인하는, 자신의 비즈니스에 대한 글로벌 리스크를 식별할 수 있는가?			
B.2	조직이 자신의 상품, 고용 정책, 확장 계획, 기타 전략적 요인들에 기인하는 자신의 비즈니스에 대한 중요한 모든 환경적 리스크를 식별할 수 있는가?			
B.3	조직이 자신의 목표 달성에 영향을 줄 수 있는 모든 외부 요인들과 상황들에 대해 광범위하게 조사하는 프로세스가 있으며, 이 프로세스는 유사한 조직이나 경쟁자들이 적용하고 있는 프로세스와 대등하거나 그보다 훌륭한가?			
B.4	비즈니스 역량(예컨대, 물리적, 지식, 지능 또는 정보 역량)에 위협이 되거나 실제로 이에 피해를 주는 상황과 사건들에 역동적으로 대응할 수 있게 하는 공식적인 역량과 자원 전략이 있으며, 이러한 대응은 적절한 자원을 갖추고 있고, 현재 상황 및 새로운 상황과 잠재적인 상황에 비추어 테스트되었는가?			
B.5	조직에 영향을 줄 수 있는 사기, 오용, 불규칙성에 관한 최근의 추세와 관행을 인식하고 이를 다루는 공식적인 프로세스가 있는가?			
B.6	조직의 재무 관리에 잠재적인 영향을 줄 수 있는 이자율, 환율, 공급자 지위, 상품 가격에 관한 경제적 추세를 인식하고 이를 다루는 공식적인 프로세스가 있는가?			
B.7	품질, 효율성, 지속 가능성과 비즈니스의 효과성 면에서 조직의 비즈니스 오퍼레이션에 중대한 리스크를 제공할 수 있는 내부 요인들을 인식하고 이를 다루는 공식적인 프로세스가 있는가?			
B.8	계약과 구매 프로젝트, 특히 대규모 정보 시스템 개발과 소프트웨어 솔루션에 관한 분쟁의 경우 유사한 조직에 대한 민사 소송에 관한 최근의 추세와 관행을 인식하고 이를 다루기 위한 공식적인 프로세스가 있는가?			
B.9	직원들이 비즈니스가 현재와 장래에 전략적 방향과 변화에 맞추어 성장하는 데 필요한 올바른 재능과 역량을 지니도록 할 필요를 인식하고 이를 다루기 위한 공식적인 프로세스가 있는가?			
B.10	조직의 비즈니스 프로세스 수행과 사용자, 고객, 기타 이해관계자들의 기대 변화에 대응하는 방식을 최적화한다는 면에서 조직과 조직의 비즈니스 프로세스에 영향을 주는 COSO ERM, 기타 발표된 지침 내에서 소통되는 모범 관행 이슈들을 인식하고 이를 다루는 공식적인 프로세스가 있는가?			

만점 :	득점 :	백분율 :

규제 리스크

C.	규제 리스크 : 조직은 규제 기관과 법규의 기대를 명확히 이해하고 이에 적절히 대응해야 한다.	점수 (1–10)	증거	조치
C.1	조직이 규칙은 최소한의 법적 요건만을 준수하고 가능하면 빠져 나갈 구멍을 이용해야 할 문제로 인식하기보다, 감독 규정과 법적 요건의 정신을 역동적이고 성실하게 받아들이는 정책을 갖고 있는가?			
C.2	조직이 중앙 정부와 지방 정부의 법률을 준수할 완전한 책임을 지고, 조직에 영향을 줄 수도 있는 진행 중의 소송 절차로부터 발생하는 새롭고 잠정적인 이슈들을 다룰 수 있게 하는 효과적인 절차를 갖고 있는가?			
C.3	조직이 자신과 관련된 산업 또는 서비스 분야에 영향을 주는 특정 규칙과 지침을 준수할 완전한 책임을 지고, 당국과 자문 기관이 발표한 지침과 규정 초안으로부터 발생하는 새롭고 잠정적인 이슈들을 다룰 수 있게 하는 효과적인 절차를 갖고 있는가?			
C.4	비즈니스 전략과 프로세스들이 법규 준수를 증진하고, 규제 당국, 감독관, 기타 당국의 기대를 충족시키지 못할 리스크를 충분히 다루는 방식으로 감독 규정 또는 법률 규정에 부합하도록 하는 효과적인 메커니즘이 있는가?			
C.5	법규를 잘 준수하고 좋은 업무 관행을 격려하는 방식으로 조직과 관련 규제 당국 사이의 관계와 상호 이해를 강화하기 위해 마련된 양 당사자 사이의 효과적인 대화가 확립되었는가?			
C.6	조직 내 모든 직급의 직원들이 감독 규정/법률과 절차를 잘 이해하고 있어서 직원들이 자신의 업무에 영향을 주는 그러한 모든 규정들을 채택하고 이를 준수할 수 있게 하는 데 도움이 되고 있는가?			
C.7	모든 직원, 제휴자, 파트너들이 조직이 관련 법률, 규정, 규칙, 절차 준수에 관한 우려를 보고할 수 있게 하고 그러한 문제에 대한 보고가 있을 경우 이를 공개적이고 솜씨 있게 철저히 조사하여 해결할 수 있게 하는 효과적인 절차가 있는가?			
C.8	고위 경영진이 자신의 업무 수행에 있어서 고결성과 리더십을 증진하는 방식으로 전문적이고 책임감 있게 행동하려는 열망을 격려하는 방식으로 감독 규정과 지침에 대응할 필요가 있음을 이해하는가?			
C.9	조직이 컴플라이언스 이슈들을 비즈니스에 아무런 가치나 유익은 없는, 자세한 많은 체크 리스트들을 작성함으로써 요건을 충족시킬 수 있는 비즈니스에 대한 짐으로 보지 않게 하려는 조치를 취하는가?			
C.10	ERM 관행과 이에 따른 리스크 경감 의사 결정을 지원하는 건전한 증거라는 개념과, 규제 당국 및 외부의 조사와 임명된 감독자나 컴플라이언스 팀의 점검을 만족시킬 필요가 있음이 직원들에게 충분히 설명되었는가?			
C.11	조직이 비즈니스 리스크뿐만 아니라 감독 규정과 법률을 위반할 리스크를 다루기 위해 ERM 프레임워크를 완전하게 채택하고 있는가?			

만점 :	득점 :	백분율 :

전사적 전략

D.	전사적 전략 : 조직의 전사적 전략은 이해관계자의 기대, 비즈니스 이슈와 규제상의 요인들이 해당 조직이 목표를 달성하고 시장에서 성공하는 데 영향을 줄 리스크에 의해 견인되어야 한다.	점수 (1–10)	증거	조치
D.1	전사적 전략은 이사회 수준에서 식별된 리스크를 고려하고 있는가?			
D.2	전략은 리스크가 정의되고, 식별되며, 의사결정이 이루어지고 실행되는 방식 안으로 통합되어지는 방식을 고려한다는 점에서 리스크 정책과 정렬을 이루고 있는가?			
D.3	수립된 목표들은 전사적 전략으로부터 나오며는 이 목표를 달성할 책임이 특정 임원들에게 부여되고, 이러한 임원들은 목표에 영향을 주는 리스크들에 대한 오너로 지정되도록 하는 프로세스가 존재하는가?			
D.4	전략 수립 프로세스는 조직이 다양한 유형의 주요 이해관계자들 각각에 대한 의무를 충분히 인식하면서, 높은 성과와 규제/법규 준수의 균형을 이룰 필요가 있음에 대한 이해와 통합되어 있는가?			
D.5	전사적 전략은 수익 흐름, 비용 억제, 비즈니스 성장기회가 타인의 권리를 침해하거나 공정성과 고결성에 관한 회사의 명성을 손상시키지 않도록 할 필요가 있다는 관점에서 윤리적 고려 사항을 감안하는가?			
D.6	전사적 전략은 신속한 수익에 대한 이해관계자들의 기대에 대응할 필요와 비즈니스 성장과 시장 지위가 현재 및 장래에도 지속 가능하도록 해야 할 보다 거시적인 필요 사이의 본질적인 갈등을 조정하지 못할 리스크를 다루는가?			
D.7	전략의 핵심 측면들과 이의 입안 및 실행과 관련된 리스크들을 연관시키는 방식으로 전사적 전략을 직원들에게 소통하는 견고한 시스템이 있는가?			
D.8	전사적 전략은 상시적 프로젝트와 관련된 리스크 및 보다 넓은 비즈니스 전략의 성공적인 실행의 연쇄 효과가 고려되도록, 이러한 프로젝트들과 정보 시스템에 완전히 정렬을 이루고 있는가?			
D.9	전사적 전략은 리스크 전략의 언어와 정서를 통합하여, 전사적 전략이 표명된 목표를 이루지 못할 리스크를 다룸에 있어서 총체적인 접근법을 형성하도록 하는가?			
D.10	ERM은 전사적 전략이 효과적인 리스크 관리에 의존한다는 관점에서 전사적 전략으로부터 나오며, 전사적 전략은 리스크 떠안기가 리스크 관리 프레임워크의 사건 식별 요소로부터 나온다는 관점에서 ERM으로부터 정보를 제공받는가?			
D.11	전사적 목표는 전략적 목표, 오퍼레이션상의 목표, 재무 보고 목표와 컴플라이언스 목표라는 COSO ERM 측면들과 일치하는 다양한 차원에서의 목표들을 세울 필요가 있음을 인식하는가?			
D.12	전사적 전략은 (COSO ERM과 같은) 공식적인 모델에서 다양하게 정의된 범주에 속하는 리스크들을 통합하는가?			

만점 :	득점 :	백분율 :

리스크 성숙도

E.	리스크 성숙도 : 조직은 자신의 직원들 및 비즈니스 프로세스에서의 리스크 성숙도 정도를 파악하고, 핵심 이해관계자들의 기대를 감안하여 만족스러운 수준의 리스크 성숙도를 이루도록 충분히 진보하기 위한 전략을 개발해야 한다.	점수 (1–10)	증거	조치
E.1	조직이 문서화된 전반적인 사명이라는 관점에서 ERM의 사용을 통해 무엇을 달성하기를 바라는지 정했는가?			
E.2	조직이 정해진 기준에 비추어 본 리스크 성숙도 단계 면에서 어디에 위치하는지 결정할 수 있는 공식적인 조사 프로세스가 있는가?			
E.3	조직이 공식적인 리스크 성숙도 단계와 이들 각각의 단계에 대한 지표 측면에서 무엇을 달성할 필요가 있는지 정하였는가?			
E.4	조직에서 이사회 위원급의 유능한 공식적 리스크 후원자가 리스크 관리가 비즈니스에 도움이 되며(비즈니스 관리와 내부 통제 보고 개선) 전반적인 비즈니스 전략의 중요한 부분이라고 여겨지게 하는 역할을 맡는 프로젝트 리더로 활동하며, 비즈니스 부문이 리스크 성숙도 단계와 개선을 거치게 하도록 독려하는가?			
E.5	조직이 다양한 리스크 성숙도 단계를 거쳐가는 정도를 정의하고 리스크 프로젝트 후원자가 진전 사항을 모니터하며 이 과업을 지원하기 위한 의사 결정을 내릴 수 있도록 증진한다는 관점에서, 이 프로젝트의 진전 사항 기록 역할을 하는 정보 시스템을 정의하였는가?			
E.6	리스크 관리 프로세스가 현행 비즈니스 프로세스 안에 구축되게 하고, 리스크 관리가 조직의 실제 비즈니스로부터 제거됨을 시사하는 새로운 기록 시스템과 보고 시스템을 만들어 내지 않을 필요가 있기는 하지만, 조직에 ERM 프로젝트에 대한 공식적인 예산이 있으며 이 예산은(특히 초기 단계의) ERM 프로젝트를 위한 노력에 충분한 자원이 투입될 필요가 있음을 인식하고 있는가?			
E.7	ERM 프로젝트는 조직에 ERM 메시지와 기법이 조직 전체의 직원들과 비즈니스 시스템이 채택되는 방식에 전달되도록 하는 조치가 필요한 경우 취해야 할 조치를 포함하고 있으며, 리스크 후원자는 비즈니스에 ERM을 독려하는 과제에 관한 의사 결정을 내릴 권한과 동기를 부여받고 있는가?			
E.8	이사회가 조직 전체의 리스크 성숙도 강화라는 관점에서 ERM의 성공 여부를 모니터할 수 있게 해 주는 견고한 시스템이 있으며, 이사회가 리스크 후원자(ERM 프로젝트 리더)가 이 부분에서 진보를 이루기 위해 취할 필요가 있는 조치들을 이해하고 이를 승인할 역량을 갖추고 있는가?			
E.9	조직이 ERM과 목표 달성에 대한 리스크의 효과적인 식별, 평가, 관리 기법/접근법을 직원들이 어느 정도나 이해하고 있는지 측정하기 위하여 직원들을 대상으로 정규적인 설문 조사를 수행하는가?			

뒷장에 이어짐

리스크 성숙도

	점수 (1-10)	증거	조치
E.10 ERM이 성공적이기 위해서는, 배운 교훈을 통해 리스크가 조직 내에서 작동하는 공식적인 프로세스와 비공식적인 문화 안으로 구현되어지는 방식을 개선하기 위해 시험적인 프로그램을 사용하는 등 주의 깊게 실행되어져야 하는 프레임워크로 여겨지는가?			
E.11 리스크 성숙도 프로젝트는 더 나은 비즈니스 실적을 이끌기 위해 변화가 고안된 경우에도 조직에 새로운 사고방식과 새로운 도구들을 도입할 때 내재된 고유한 어려움을 인식하고 이를 다루는가?			
E.12 ERM 실행 프로젝트는 사람들이 자신의 업무에 대해 더 많은 책임을 지고 통제를 자신들의 성공 가능성을 높이기 위한 권한을 부여하는 조치로 여기도록 하기 위해 고안된 문화 변혁 프로그램과 정렬을 이루고 있는가?			
E.13 리스크 성숙도 프로젝트는 시간과 자원을 주의 깊게 사용할 필요가 있음을 인식하고 있으며, 리스크에 대한 강박관념이 사람들이 더 나은 의사 결정을 내리게 하고 이에 대해 책임을 지게 하는 진정한 이슈를 대신하지 않도록 하는가?			
E.14 리스크 성숙도 프로젝트는 (빨강, 노랑, 녹색 등) 색깔이 표시된 보고서 등과 같은 간단한 장치를 사용할 때의 유익을 활용하여 적절한 곳에만 경영진의 조치가 취해지게 하는가?			
E.15 리스크 성숙도 프로젝트는 보고 소프트웨어, 리스크 데이터베이스, 투표 기술 등과 같은 기술에 별도의 투자를 행하는가?			

만점 :	득점 :	백분율 :

이사회 ERM

F.	이사회 ERM : 이사회는 적합한 ERM 프레임워크의 핵심 구성 요소들을 다루는 ERM 정책을 수립해야 한다.	점수 (1-10)	증거	조치
F.1	이사회는 조직이 자신의 ERM 프로세스를 어떻게 개발하고 운영할지를 정하는 ERM 정책을 수립하였으며, 이 정책은 모범 관행, 발표된 지침, 외부 감사인과 내부 감사인의 견해의 모든 측면을 고려하면서도 해당 조직의 상황에 부합하게 정해졌는가?			
F.2	리스크 정책은 관련 이슈들을 조직의 문화와 비즈니스 프로세스와 인력들이 운영되는 방식에 가장 적합한 방식으로 포착하는 리스크 정의와 공통의 언어를 사용하는가?			
F.3	리스크 정책의 효용이 적절히 설명되었으며, 효과적인 ERM 프로세스의 개발, 운영 관련 비용을 염두에 두면서 이러한 효용이 완전히 실현되게 할 노력을 하고 있는가?			
F.4	리스크 정책은 조직에서 ERM이 설계, 적용, 검토되는 방식에 관해 임원, 관리자, 제휴사, 파트너, 감사인, 모든 직원들의 역할과 책임을 충분히 설명하는가?			
F.5	리스크 정책은 COSO 모델과 같은 적절한 ERM 프레임워크와 COSO 또는 CoCo와 같은 적절한 내부 통제 프레임워크를 직접 언급하고, ERM과 내부 통제 시스템에 관한 공시 책임 사이의 연결 관계를 명확히 하는가?			
F.6	리스크 정책은 COSO ERM 프레임워크의 8개 구성 요소를 모두 포함하여 이 국제적 모델의 기준에 부합하게 제정되어 있는가?			
F.7	리스크 정책은 조직에 가장 적합하게 정의된 리스크 성숙도 모델이라는 관점에서 ERM이 어떻게 실행되어야 하는지에 대한 고려를 포함하고 있는가?			
F.8	리스크 정책은 조직 전체적으로 리스크가 적절히 고려되고 계산되게 만들기 위해 기본적인 리스크 주기(즉, 목표, 식별, 평가, 관리)가 비즈니스 프로세스 안에서 시행되도록 하는 접근법을 구현하고 있는가?			
F.9	리스크 정책은 ERM이 유익을 달성하고 핵심 이해관계자들의 기대를 만족시키는 방식으로 그 표명된 의도를 이루는지에 대해 검토하고 평가하는 방법을 언급하고 있는가?			
F.10	리스크 정책은 ERM이 비즈니스에 내장되어 조직의 방향이나 속도 변화에 대해 유연한 대응 능력을 갖추는 등 리스크가 효율적이고 효과적으로 다루어지게 하는 합리적인 시도를 제공하는가?			
F.11	이사회는 비즈니스에 가장 큰 도전이 된다고 생각하는 최고의 리스크 목록과 핵심적인 우선순위를 경영진에게 명확하게 밝혔는가?			

뒷장에 이어짐

이사회 ERM

	점수 (1-10)	증거	조치
F.12 이사회는 리스크 주기가 비즈니스의 모든 부분에 구축되고 이러한 기준들이 국제적인 모범 관행으로부터 개발되도록 하는 하나의 방법으로서의 CRSA 워크샵, 면담, 직원 설문 조사의 사용을 다루는 일련의 명확한 성문 기준을 정하였는가?			
F.13 이사회는 외부 감사인과 내부 감사인의 조언에 따라 행동하는 ERM 활동의 문서화에 관해 형식, 증거, 저장, 접근 관련 최소 기준을 승인하였는가?			
F.14 이사회는 외부 감사인과 내부 감사인의 조언에 따라 행동하는 ERM 활동의 보고에 관해 명확성, 간결성, 의사 결정, 우선순위 관련 최소 기준을 승인하였는가?			

만점 :	득점 :	백분율 :

토대 구축

G.	토대(Platform) 구축 : 조직은 그 위에 효과적인 ERM 프로세스를 구축, 지원, 권장, 유지할 수 있는 적합한 토대를 구축해야 한다.	점수 (1–10)	증거	조치
G.1	조직 내의 주요 의사 결정을 지원하는 보고서들은 리스크 개념을 인식하고, 그러한 의사 결정이 조직에 적용된 리스크 성향에 관련되어 내려지게 하는가?			
G.2	리스크 정책은 회사의 다른 정책들과 상호 연결되어 각각의 정책이 교차 참조되며 서로 양립하여, 총체적인 ERM 개념에 부합하도록 조직의 큰 그림을 형성하는가?			
G.3	모든 핵심적인 전사 및 지역적 비즈니스 프로세스들은 내재된 리스크 관리 프로세스를 증진하는 ERM 구성 요소들을 포함하고 있는가?			
G.4	모든 비즈니스 부분에서 ERM을 증진하는 방식으로 리스크 평가에 대해 언급하는 등 경영진의 책무를 지원하기 위한 중요한 문서들이 작성되는가?			
G.5	ERM을 지원하는 데 사용할 수 있는 모든 도구와 기법들이 관리자와 직원들에게 이해되고, 리스크 식별을 돕도록 적용되어 이 정보가 일선과 후선 비즈니스 오퍼레이션의 운영에 보편적으로 적용되는 계획 수립과 의사 결정 메커니즘 안에 동화되는가?			
G.6	조직의 비즈니스 관리자와 업무 부서들의 역할과 책임은 ERM 정책을 실행할 필요가 있음을 인식하여 이 과제에 대해 책임지게 하는가?			
G.7	조직의 문화는 공개적인 정보 공유를 지원하며, 소위 비난의 문화가 의미 있는 리스크 오너십의 할당을 저해하지 못하도록 하는 적절한 조치가 취해지는가?			
G.8	모든 직원들이 리스크 개념과 리스크 관리를 수용하게 만들기 위해 리스크 정책으로부터의 메시지가 영감을 불어넣는 방식으로 조직 전체에 확산되어지고 있는가?			
G.9	리스크 정책을 준수할 필요가 있음을 명확히 하고, 조직의 목표에 영향을 주는 모든 비즈니스 거래와 사업에서 고결성 및 신뢰성을 유지하게 하는 방식으로 ERM 프로세스가 파트너, 계약자, 비즈니스 제휴자들에게 적절히 소통되는가?			
G.10	ERM 프로세스가 상향, 하향, 비즈니스 부문 간 리스크에 관한 정보 공유를 권장한다는 점에서 직원들 사이의 신뢰를 형성하는 데 도움이 되도록 설계되고 운영되는가?			
G.11	상위 관리자가 리스크 관리가 자신의 책임 분야에 적용되는 방식에 대해 검토하며, 이러한 검토의 일환으로서, 전사적으로 동의된 리스크 관리 프로세스 진보 측정 벤치마크를 갖고 있는가?			

뒷장에 이어짐

토대 구축

	점수 (1-10)	증거	조치
G.12 리스크 관리가 변화 프로그램에 내장되어서, 그러한 프로그램을 실행함에 있어서의 모든 리스크들을 식별하고 그 영향을 평가한다는 면에서 이러한 리스크들이 성공적으로 이해될 수 있게 하는가?			
G.13 조직이 ERM에서 대두되고 있는 이슈들에 대한 업데이트와 통찰력을 제공해 주는 전국적 리스크 관리 포럼과 컨퍼런스에 참여하는가?			
G.14 동종 업계(또는 공공 부문)의 다른 조직들에서 경험한 니어 미스, 사고와 문제들을 기록하고, ERM 프로세스 안에 이러한 우려 사항들을 이용하여 경각심을 일으키거나 또는 교훈을 배우는 기회로 활용하도록 하는 명확한 메커니즘이 있는가?			
G.15 조직이 리스크 메시지를 전파하고 비전문가인 직원들에게 적용할 수 있는 전사 리스크 관리 기준을 개발하는 데 도움을 주기 위하여 리스크 관리에 관해 자체적으로 이용할 수 있는 건강 및 안전, 보험, 프로젝트 관리, IT 보안과 같은 부서 직원들로부터의 내부의 모든 전문성을 활용하는가?			
G.16 조직의 일선 부서와 후선 부서 중 CRSA에 더 많이 의존하는 영역의 경우, 이 워크샵들이 이 업무에 대해 기량이 있는 직원들에 의해 촉진되며 그러한 워크샵의 신뢰성과 영향이 최고 수준의 기준을 충족하는가?			

만점 :	득점 :	백분율 :

감사위원회

H.	감사위원회 : 감사위원회는 ERM이 핵심 이해관계자들의 기대를 충족시키고 조직의 목표를 달성할 수 있게 개발되고 적용되도록 함에 있어서 명확한 감독 역할을 해야 한다.	점수 (1–10)	증거	조치
H.1	감사위원회 규정은 조직의 ERM 프로세스에 관한 명확한 위치를 포함하고 있으며, 위원회는 리스크 관리 프로세스에 대한 감독 기능을 수행하여 이사회에 주요 사항을 보고하는 외에는 리스크 관리에 관해 어떠한 책임도 부담하지 않는다는 점을 명확히 하는가?			
H.2	감사위원회 위원들은 조직 내부와 외부의 전문 포럼을 통한 적정한 오리엔테이션과 지속적인 업데이트 세미나의 지원을 받아 ERM 및 ERM이 조직 내에서 개발 및 운영될 수 있는 방식에 대해 잘 이해하고 있는가?			
H.3	감사위원회는 ERM이 조직 및 조직의 이해관계자들의 최상의 이해에 합치하는 방식으로 특정 산업, 주식 시장 또는 공공 부문의 규제 당국과 일반 대중의 기대를 어느 정도나 충족시킬 수 있는지 감독하는가?			
H.4	감사위원회는 자신의 감독 책임을 충족시키는 데 도움이 되도록 리스크 위원회와 최고 리스크 책임자와 같은 전문가 포럼을 둘 필요가 있는지 및 그들의 역할에 대해 고려하고, 이에 대해 결정하였는가?			
H.5	감사위원회는 ERM과 자신이 감독 책임을 맡고 있는 내부 통제 공시 요구 사이에 확고한 연결 관계를 확립했는가?			
H.6	감사위원회는 ERM 프로세스를 통해 확립된 다양한 역할과 책임들이 얼마나 적절히 수행되고 있으며, ERM이 조직에 유익을 주는 데 성공적으로 기여하고 있는지 평가할 능력을 갖고 있는가?			
H.7	감사위원회는 직원들이 기본 개념과 기법들을 받아들이고 이를 자신의 일상 업무에 구현하도록 하는 등 ERM 프로세스를 증진, 지원, 권장할 공식적인 메커니즘을 갖고 있는가?			
H.8	감사위원회는 비즈니스에 대한 보다 중요한 리스크들이 어떻게 다루어지는지에 대한 감독과 더불어 ERM이 어떻게 수행되는지 검토하고 모니터할 수 있게 해 주는 견고한 메커니즘을 갖고 있는가?			
H.9	감사위원회는 CRO(또는 리스크 후원자)와 내부 감사인, 외부 감사인들이 ERM의 효과성에 기여한다는 관점에서 그들 사이에 건설적인 연결 관계를 확립했는가?			
H.10	감사위원회는 ERM을 설계, 실행 및 비즈니스 부문에 전파시킬 올바른 사람을 확보하기 위해 CRO 또는 리스크 후원자에게 요구되는 역량과 기술을 명확히 정의하는 데 참여하였는가?			

뒷장에 이어짐

감사위원회

	점수 (1–10)	증거	조치
H.11 감사위원회는 ERM 프로세스가 조직에 영향을 주는 진정한 우려 사항을 다루지 못한다고 시사하거나 ERM 프로세스에 영향을 주는 우려 사항, 취약점 또는 보고된 문제들이 있을 경우 이에 대한 조사에 착수하고 배운 교훈이 리스크 주기 채택 방식에 피드백될 적절한 장치를 보유하고 있는가?			
H.12 감사위원회는 리스크 관리가 전체 조직 안에서 성숙하게 함에 있어서의 전문가가 최고 리스크 책임자이든 내부 감사인이든 간에 (리스크 후원자와 유사한) 본부의 자원으로부터 적정한 지원과 정보를 받고 있는가?			
만점 :	득점 :	백분율 :	

리스크 관리 과부하

I.	리스크 관리 과부하 : ERM은 업무 수행 방식에 통합되어야 하며 이사회는 실제 업무와는 별로 관련이 없는 지루한 서류 작업으로 취급되는 조짐이 있는지 주의하여야 한다.	점수 (1-10)	증거	조치
I.1	이사회는 과도한 리스크 워크샵 등과 같은 리스크 관리 활동들이 업무에 부담이 되고 있으며 직원들이 이에 대해 분개하고 있다는 조짐이 있는지 주의하고 있는가?			
I.2	이사회는 관리자와 직원들이 ERM에 대해서는 입에 발린 말만 하고, 리스크 대장과 같은 상세한 문서 작성은 자신들의 진정한 우선순위에 두지 않는 조짐이 있는지 주의하고 있는가?			
I.3	이사회는 리스크 관리가 다른 이유는 없이 외부 검토용으로 최소한의 노력만을 기울여야 하는 규제상의 요건으로서 비즈니스 부서와 오퍼레이션 부서에 부과되는 조짐이 있는지 주의하고 있는가?			
I.4	이사회는 리스크가 주로 비즈니스 연속성에 영향을 주는 일회성 사건과 사고와 관련된 협소한 개념으로서 위기관리와 비상사태 대응 계획을 통해 다루어지는 독립적인 것으로 여겨지는 조짐이 있는지 주의하고 있는가?			
I.5	이사회는 ERM이 비즈니스를 망쳐 버릴 무제한적인 가능성이 있다는 두려움을 느끼는, 전적으로 리스크 회피적인 직원들을 양성해서 좋은 비즈니스 기회가 있음에도 불구하고 전혀 모험을 하지 않는 것이 좋다고 생각하게 만드는 조짐이 있는지 주의하고 있는가?			
I.6	이사회는 리스크가 높은 윤리적 행동 기준 준수와 같은 다른 보완적 목표와는 관련이 없으며, 더 많은 돈을 버는 데 방해가 되는 모든 것으로 여겨지는 조짐이 있는지 주의하고 있는가?			
I.7	이사회는 ERM이 비즈니스의 리스크 수준을 평가한 후 ERM을 실행함으로써 확실성 증대, 서프라이즈 감소 및 성가신 통제의 숫자 감소를 통해 비즈니스에 유익을 줄 수 있다는 진정한 희망은 없이 리스크 정책 준수 문제로 인식되는 조짐이 있는지 주의하고 있는가?			
I.8	이사회는 리스크는 실제의, 그리고 때로는 시급한 비즈니스 상황과는 관련이 없는 감사 상의 이슈로 여겨진다는 전제 하에 주요 의사 결정이 전적으로 ERM 프레임워크 밖에서 이루어지는 조짐이 있는지 주의하고 있는가?			
I.9	이사회는 관리자 자신이 그들의 비즈니스 목표 달성에 관해 받아들일 수 없는 수준의 리스크를 어느 정도나 다룰 수 있는지를 평가함으로써 자신의 통제의 효과성을 가늠할 수 있다는 점에서 내부 통제와 관련이 있는 것으로 여겨지지 않는 조짐이 있는지 주의하고 있는가?			
I.10	이사회는 ERM이 사람들 및 때로는 그들이 예측할 수 없는 방식으로 행동하고 서로 관련을 맺는다는 사실이 성공을 달성하는 주요 요인이라는 비즈니스의 현실을 직시하지 못할 조짐이 있는지 주의하고 있는가?			

뒷장에 이어짐

리스크 관리 과부하

	점수 (1–10)	증거	조치
I.11 이사회는 조직에 비난 문화가 있어서 ERM의 기초를 이루는 명확한 책무가 적절히 확립되지 못할 조짐이 있는지 주의하고 있는가?			
I.12 이사회는 외부 컨설턴트들이 조직의 비즈니스 상황에 적합하지 않을 수도 있는 기성 데이터베이스와 보고 소프트웨어를 공급하여 문제가 발생할 조짐이 있는지 주의하고 있는가?			
만점 :	득점 :	백분율 :	

통합

J.	통합 : 이사회는 리스크 관리 주기가 조직과 조직의 비즈니스 시스템 안으로 완전히 통합되도록 하여야 한다.	점수 (1-10)	증거	조치
J.1	관리자들이 ERM과 관련 사안들에 대한 헬프 라인과 적절한 인트라넷 게시 등 ERM을 다룸에 있어서 지원을 받을 수 있는 본부 차원의 정보와 지침의 원천이 있는가?			
J.2	ERM이 비즈니스 계획 수립 안에 들어와 있는가? 조직의 모든 계층에서 계획 수립과 실행 시 고려되어야 할 리스크, 니어 미스, 오퍼레이션상의 이슈들에 관련된 통계적 정보가 활용되는가?			
J.3	ERM이 보다 중요한 사안에 대한 의사 결정 프로세스 안에 들어와 있으며, 모든 계층의 경영진에 대한 권한, 책무 장치와 정렬을 이루어 대안들이 평가되고 선택될 때마다 우선순위가 높은 리스크들이 다루어지도록 하는가?			
J.4	리스크 평가에 따른 조치들이 시행될 가능성을 보다 높이기 위해서는 이러한 조치들이 성과 목표에 반영되어야 한다는 근거로 ERM이 성과 측정 시스템 안으로 들어와 있는가?			
J.5	조직이 리스크 성숙도 면에서 진보를 이루게 한다는 목표가 모든 직원들의 성과 목표에 반영되어 있는가?			
J.6	리스크를 다룰 적절한 수준의 역량이 중요하게 간주되며 이러한 기술과 이해가 채용과 승진 시에 조사되어야 하고, 리스크 관리 개념, 도구와 접근법에 대한 연수나 보다 넓은 연수 세미나의 일부로서 직원 연수 및 개발 프로그램에 반영되어야 한다는 점에서 ERM이 직원들이 갖춰야 할 역량의 일부인가?			
J.7	조직이 ERM 프로세스를 일반적인 비즈니스 시스템 안으로 통합한 비즈니스 부문에서 일할 수 있는, 리스크를 잘 아는 직원들을 양성하기 위해 열심히 노력하는가?			
J.8	직원들이 리스크를 잘 알도록 촉진함에 있어서, 모든 직원들이 자신들의 업무 역할에서 리스크 관리에 대한 어느 정도의 책임을 맡고 있는가?			
J.9	조직의 모든 부분이 리스크 및 리스크가 조직의 다른 시스템과 부분으로 넘어가 ERM의 배후가 되는 원칙들을 증진하도록 작동되게 하는 일의 중요성을 이해하는가?			
J.10	통제는 비용 면에서 적절할 경우 수용할 수 없는 수준의 오퍼레이션상의 리스크를 경감하기 위해 수립된다는 의미에서 새로운 정보 시스템에 대한 통제에 리스크 관리가 들어 와 있는가?			
J.11	중요한 모든 계약, 합의, 합작 사업은 새로운 리스크가 발생하거나 예측할 수 없는 문제들이 명확해질 때 적용되어야 할 프로세스와 특정 리스크에 대한 책임이 합의 당사자들 중 누구에게 놓여 있는지 명확히 하는가?			
J.12	조직 내의 사람들을 불러 모아 각자의 업무 영역에 리스크가 고려되도록 할, 최고 리스크 책임자(또는 내부 감사인)의 후원을 받는 리스크 포럼이나 리스크 실무 그룹과 같은 적정한 구조가 갖춰져 있는가?			

뒷장에 이어짐

통합

	점수 (1-10)	증거	조치
J.13 목표는 리스크 식별, 평가, 관리의 동인이 되는데, 조직의 목표가 설정되는 방식은 리스크 주기 상에서 해당 목표들의 중요성에 비추어 검토되는가?			
J.14 명확하고 달성 가능한 목표를 촉진함에 있어서, 조직이 사람들이 자신의 책임을 분명히 알고 이를 바탕으로 리스크 오너십 개념을 지원할 수 있도록 하는 책무 부여를 실행했는가?			
J.15 조직이 정기적으로 리스크 인식 세미나를 개최하고 있으며, 직원들이 ERM 원칙들을 이해하고 이를 적용하도록 도와주는 행사, 회의, 인트라넷 게시물, 신문, 기타 수단들을 갖추고 있는가?			
J.16 관리자와 업무 팀들이 CRSA 사용법과 리스크 정보를 일관적이고 전문적으로 포착 및 가공할 수 있는 방법에 관한 공식적인 지침과 표준 문서를 입수할 수 있는가?			
J.17 관리자들에게 상황이 변할 때마다, 새로운 정보를 입수할 때 및 정기적으로(최소 분기 1회) 문서화된 리스크 평가를 업데이트할 유인이 제공되는가?			
J.18 조직의 모든 비즈니스 보고 시스템들은 추가 조치를 취해야 할 중요한 영역을 강조하고, 우려가 있거나 리스크가 높은 것으로 보이는 비즈니스 부분에 대한 모니터링을 강화해 준다는 점에서 ERM을 구현하고 있는가?			
J.19 현행 및 제안된 모든 중요한 비즈니스 시스템들은 정해진 리스크 용인 수준에 근접하는 활동이나 사고들을 보고하고 결함 보고, 내부 통제와 전반적인 준비 태세 강화 등 적절한 대응을 자극하는 조기 경보 시스템을 구현하고 있는가?			
J.20 전사적 보고 시스템이 조직의 다양한 리스크 보고 시스템으로부터의 정보를 활용하여 온도 지도 등 비즈니스 부문의 핵심 리스크에 대한 전반적인 견해를 제공해 줄 수 있는지 검토되었는가?			
J.21 각각의 리스크 활동들이 ERM 프레임워크 내에 적절하게 위치하도록 하고 문제가 있을 경우 이를 이사회 위원급 리스크 후원자, 내부 감사인과 감사위원회에 보고하기 위해 각각의 리스크 활동들을 취합하는 중앙의 메커니즘이 있는가?			
J.22 조직에서 사용되고 있는 모든 핵심 성과 지표들(KPIs)은 목표 달성에 대한 리스크 평가와 관련하여 의미 있게 고안되었는가?			
J.23 ERM이 개발, 실행, 검토에 있어서 지속적인 개선을 증진하기 위해 고안된, 이사회가 후원하는 공식적인 프로세스가 있는가?			
J.24 ERM을 도입하기 위해 외부 컨설턴트가 고용되는 경우, 컨설턴트들의 지식을 내부 관리자와 직원들에게 이전하기 위한 프로세스가 있는가?			

만점 :	득점 :	백분율 :

리스크 성향

K. 리스크 성향 : 조직은 핵심 이해관계자들의 이해를 반영하는 리스크 성향(이는 전체 비즈니스 부문의 모든 중요한 프로세스, 프로젝트와 성과 시스템에 대한 리스크 용인 수준을 정하는 데 사용된다)을 확립하고 이를 소통해야 한다.	점수 (1-10)	증거	조치
K.1 리스크 성향 설정 시, 이사회는 무엇이 수용할 수 있는 행동으로 여겨지는가와 핵심 이해관계자들의 기대에 대응할 필요 면에서 비즈니스의 핵심 가치들에 대해 고려하는가?			
K.2 리스크 성향 설정 시, 이사회는 조직 내의 문화와 사람들의 업무 방식과 상호간 및 내부, 외부 이해관계자들과 관계하는 방식이 수용할 수 있는 행동과 성과에 적합하도록 할 필요가 있음에 대해 고려하는가?			
K.3 리스크 성향 설정 시, 이사회는 직원들이 자신의 업무 영역에서의 리스크 수준에 대해 대처하고 잔여 리스크가 수용할 수 있는 용인 수준을 초과하거나 장래에 초과할 수도 있을 경우 이를 인식할 수 있도록 훈련되어 있다는 측면에서의 직원 역량에 대해 고려하는가?			
K.4 리스크 성향 설정 시, 이사회는 임직원의 헌신도와 그들이 리스크를 수용할 수 있는 수준으로 억제하기 위해 열심히 노력할 준비가 되어 있는지에 대해 고려하는가?			
K.5 리스크 성향 설정 시, 이사회는 사람들이 달성하려는 목표의 명확성과 성공과 성취 수준을 어느 정도까지 측정할 수 있는지에 대해 고려하는가?			
K.6 리스크 성향 설정 시, 이사회는 상부의 메시지, 특히 혁신과 새로운 비즈니스 모색 또는 빠듯한 목표를 충족시킬 필요에 관련된 메시지의 맥락에 대해 고려하는가?			
K.7 리스크 성향 설정 시, 이사회는 리스크 취하기와 리스크 억제 사이의 균형이 제공되어 무엇이 수용할 수 있는 범위에 해당하고 무엇이 이 범위를 벗어나는지에 대한 명확한 메시지를 형성되도록 하는 메시지의 일관성에 대해 고려하는가?			
K.8 리스크 성향 설정 시, 이사회는 리스크 용인 수준 이내로 유지한다 해서 사람들이 어떠한 리스크도 취하기를 거부하고 익스포져에 대해서는 이해하지만 새로운 기회를 포착하지 못할 리스크는 이해하지 못함으로써 리스크 회피적이 되어서는 안 된다는 도전적인 요소에 대해 고려하는가?			
K.9 리스크 성향 설정 시, 이사회는 핵심 메시지들이 리스크에 대한 이사회의 견해를 전달하고 상부로부터 지지되는 입장을 강화하는 소통 시스템에 대해 고려하는가?			
K.10 리스크 성향 설정 시, 이사회는 목표의 중대성 (부정적이든, 긍정적이든) 리스크의 범주, 권한 부여 수준, 통제 모니터링 수준, 명확히 정의된 리스크 트리거에 대해 고려하는가?			

뒷장에 이어짐

리스크 성향

	점수 (1–10)	증거	조치
K.11 이사회는 중대성, 리스크가 높은 분야, 수용할 수 없는 리스크, 리스크 트리거, 이사회 차원의 관심 사항, 회사의 평판 손상, 과도한 통제, 취약성 등과 같은 용어들에 대한 명확한 정의를 내리고 이 개념들을 경영진에게 전달했는가?			
K.12 조직이 어느 정도의 리스크에 노출될 용의가 있는지에 관한 기대를 명확히 하기 위해 리스크 성향 개념이 파트너, 제휴사, 조직에 관련된 기타 기관들에게 전달되었는가?			
K.13 리스크 성향이라는 주제가 이 주제에 관해 간략하게 제시하는 형태로 CRSA 안에 들어와 있는가? 이 사안에 대한 이사회의 입장은 무엇인가?			

만점 :	득점 :	백분율 :

감사 접근법 평가 체크리스트

감사 접근법

A.	감사 접근법 : CAE는 ERM 프로세스의 맥락 안에서 내부 감사 가용 자원을 최대로 활용할 수 있는 적합한 접근법을 확립해야 한다.	점수 (1-10)	증거	조치
A.1	ERM에서 감사 부서가 감당할 수 있는 대안들에 대해 IIA의 직무 수행 프레임워크를 참조하여 충분히 조사하였는가?			
A.2	리스크 관리 프로세스가 성숙되지 않은 조직에서의 감사의 역할이 IIA의 관련 수행 권고를 참조하여 정의되었는가?			
A.3	리스크 관리 프로세스가 성숙된 조직에서의 감사의 역할이 IIA의 관련 수행 권고를 참조하여 정의되었는가?			
A.4	ERM 프로세스 안에서의 감사의 역할이 회사 리스크 정책과 정렬되어 감사위원회에서 논의되어 감사 규정에 공식적으로 문서화되었는가?			
A.5	ERM 프로세스 감사에 적용할 수 있는 적합한 모든 도구들과 기법들이 이러한 기법들을 사용할 수 있는 역량과 기술을 지닌 감사 직원들에 의해 식별되어 가장 적절한 방식으로 적용되고 있는가?			
만점 :	득점 :	백분율 :		

컨설팅

B.	컨설팅 : 감사 기술을 최대로 활용하여 조직에 가치를 부가할 수 있도록 적절한 범위의 감사 컨설팅 서비스가 제공되어야 한다.	점수 (1-10)	증거	조치
B.1	감사 부서는 ERM 프로세스의 설계, 실행, 검토에 관해 이사회, 감사위원회, 경영진과 관련인들에게 적절한 수준의 조언을 제공할 수 있었는가?			
B.2	건전한 ERM 프로세스에 대한 리더십과 명확한 방향감각을 제공할 명백한 자원이 없을 경우 감사 부서가 이를 제공할 수 있는가?			
B.3	감사 부서는 조직 내의 통제 문화 상태를 측정하고, 이 정보를 이용하여 비즈니스의 리스크가 높은 부분을 다루는 리스크 기반 계획 수립에 도움을 받을 수 있었는가?			
B.4	감사 부서는 사람들이 리스크 주기를 통과하게 하는 워크샵과 행사 면에서 지역 차원 또는 전사 차원에서 어느 리스크 관리 프로세스를 정도로 촉진해야 하는지 고려하였는가?			
B.5	대규모 컨설팅 프로젝트 수용은 ERM 프로세스 증진에 감사 기법을 적용하는 가장 적절한 방법에 대한 평가에 기초하였는가?			
만점 :	득점 :	백분율 :		

어슈어런스

C.	어슈어런스 : 핵심 어슈어런스 서비스는 감사 기술을 최대로 활용하여 조직에 가치를 부가할 수 있도록 제공되어야 한다.	점수 (1-10)	증거	조치
C.1	감사 부서는 객관적인 어슈어런스 서비스가 자신들의 가장 중요한 역할이며 컨설팅 서비스가 부적절하게 끼어들어 이 핵심 서비스를 수행하는 데 방해가 되지 않아야 함을 분명히 했는가?			
C.2	감사위원회와 고위 경영진에게 어슈어런스의 범위를 설명하고, 어슈어런스가 ERM 프로세스에 어떤 영향을 주는지에 대해서 및 내부 감사 부서는 ERM이 신뢰할 만한지와 조직에 가치를 부가할 수 있는 잠재력을 제대로 발휘하고 있는지에 대해 독립적인 견해를 제공하고자 함을 명확히 밝혔는가?			
C.3	연간 감사 계획은 조직이 직면하는 높은 수준의 리스크들의 중요성을 반영하고 있는가?			
C.4	감사 부서는 COSO ERM, 기타 지침 또는 발간된 관련 모델들에 기초한 적절한 진단 도구들을 사용하여 ERM 프레임워크 전반에 대한 점검 또는 개별적인 측면에 대한 점검을 수행하는가?			
C.5	개별 감사에서는 핵심적인 리스크들이 이사회에서 정한 리스크 성향에 맞게 식별되고 다루어지는 방식으로 ERM이 조직의 특정 분야에 적용되고 있는지 평가하는가?			

만점 :	득점 :	백분율 :

독립성

D. 독립성 : 감사 프로세스는 ERM 프로세스, 비즈니스 성과와 발표된 공시 자료들이 건전하고 비즈니스의 실제를 반영할 절실한 필요에 최적의 영향을 줄 수 있도록 충분히 독립적이어야 한다.	점수 (1–10)	증거	조치
D.1 감사 부서는 감사 계획에 반영된 컨설팅 및 어슈어런스와 감사 대상 부서의 요청에 의한 컨설팅과 어슈어런스의 유형과 관련한 감사의 독립성 개념을 점검했는가?			
D.2 컨설팅 업무는 IIA의 직무 수행 프레임워크에서 이 업무로 감사 프로세스의 독립성을 해칠 수 있을 경우 적절한 안전장치를 확립할 필요가 있다고 규정하는 조항 등에 따라 수행되는가?			
D.3 ERM 프로세스의 측면들을 검토할 때에 감사인들이 리스크 관리 프레임워크 수립과 개정에 도움을 주는 등 밀접하게 관여한 ERM의 요소들을 검토하는 입장에 놓이지 않게 하기 위한 충분한 조치가 취해지는가?			
D.4 CAE는 조직이 ERM에서 요구되는 프레임워크에 관련된 측면들을 확립하기 시작한 후, 그러한 프레임워크가 갖춰지고 관리자들이 ERM에 대해 보다 잘 이해하게 되고 자신의 비즈니스에 대한 리스크를 관리할 책임을 지게 될 경우 감사 부서가 ERM에 밀접하게 관여하는 것을 재고하게 하는가?			
D.5 감사 부서는 경영진에게 ERM에 관한 감사인의 리더십, 촉진, 도움과 일반적인 조언은 컨설턴트의 역할로 수행되는 것이며, 어슈어런스 역할은 이사회와 감사위원회를 위하여, 그리고 이들을 대신하여 비즈니스 부서와는 독립적인 제3자의 입장에서 수행되는 것임을 명백히 했는가?			

만점 :	득점 :	백분율 :

사전 조사

E.	사전 조사 : 개별적인 감사 수행 시 검토 대상 분야의 모든 중요한 리스크와 감사 수검 고객이 적합한 리스크 관리 전략과 건전한 내부 통제를 통해 이 리스크들을 관리할 수 있는 정도를 조사해야 한다.	점수 (1–10)	증거	조치
E.1	감사인은 감사 분야의 리스크가 높은 측면과 통제 상태에 대한 최초의 평가에 기초하여 감사의 주안점을 정할 수 있었는가?			
E.2	감사인이 고객에 의해 수행된 CRSA의 결과를 고려했거나, 핵심 리스크들에 대해 더 잘 이해하여 이를 감사 작업에 통합하기 위해 감사 부서에서 지원하는 CRSA를 수행할 여지가 있는지 고려했는가?			
E.3	감사인이 고객에 의해 수행된 직원 면담 결과를 고려했거나, 핵심 리스크들에 대해 이해하여 이를 감사 작업에 통합하기 위해 감사 부서 직원에 의한 면담을 수행할 여지가 있는지 고려했는가?			
E.4	감사인이 고객에 의해 수행된 직원 설문 조사의 결과를 고려했거나, 핵심 리스크에 대해 이해하여 이를 감사 작업에 통합하기 위해 그러한 조사를 수행할 여지가 있는지 고려했는가?			
E.5	감사인이 구체적인 현장 감사 작업이 수행되기 전에, 감사 주안점의 근거를 형성하게 될, 이미 고객에 의해 수행된 목표, 리스크, 리스크 관리 전략에 대해 동의할 수 있었는가?			

만점 :	득점 :	백분율 :

감사 증거

F.	감사 증거 : 감사인은 ERM 전체 프레임워크(또는 그 일부)에 대한 평가를 통해서나 수행되었던 개별 감사 작업의 결과로부터 ERM 프로세스의 신뢰성 정도와 관련된 신뢰할 수 있는 정보를 확보할 수 있는 위치에 있어야 한다.	점수 (1-10)	증거	조치
F.1	CAE는 감사 대상 영역의 리스크 관리 현황에 관한 감사 증거 준비에 대한 명확한 기준을 수립했는가?			
F.2	통제에 관한 경영진 자신의 견해가 얼마나 신뢰할 만한지 평가하기 위해, 감사 수검 고객이 자신의 리스크 관리 프로세스와 내부 통제에 관해 작성한 증거에 관한 입장을 명확히 정하였는가?			
F.3	감사 증거는 ERM 프로세스 개선을 가져오거나, ERM이 조직에 가치를 부가하고 내부 통제 보고에 관한 분기 공시를 지원하는지를 확인하기에 충분하고, 역량이 있으며, 관련이 있고, 유용한가?			
F.4	개별 감사들로부터 수집된 증거들은, 이를 취합하여 보다 넓은 ERM의 측면들에 대해 언급할 수 있게 하고, 최소한 특정 비즈니스 부분에 영향을 미치고 이러한 사항이 중요할 경우, 감사인에게 ERM 구성 요소 중 취약한 것으로 드러난 부분에 대해 추가 조사를 수행하도록 격려하는 방식으로 수집되는가?			
F.5	감사인은 감사 수검 고객이 시현한 리스크 용인 수준이 관련 비즈니스 부분(과 리스크 범주)에 관한 회사의 리스크 성향과 어느 정도로 만족스럽게 정렬을 이루는지에 대한 의견을 표명할 수 있었는가?			

만점 :	득점 :	백분율 :

비즈니스 리스크 대장

G.	비즈니스 리스크 대장 : 감사인은 조직에서 리스크 대장이 사용되고 있는 분야가 있을 경우 해당 리스크 대장의 신뢰성과 표현에 대한 의견을 제시할 필요가 있다.	점수 (1-10)	증거	조치
G.1	감사인은 감사 대상 분야의 리스크 대장이 회사 리스크 정책에서 정한 기준을 충족하며, 리스크 관리와 내부 통제에 관한 모든 관련 정보를 포착하기에 충분한지 평가했는가?			
G.2	감사인은 감사 대상 분야의 리스크 대장이 모든 관련리스크 경감 전략을 포착하고 있으며 보험금 청구를 하게 되는 리스크가 현실화될 경우 손실을 경감시킬 필요가 있다고 정하는 보험 약관의 규정을 지원하는지 평가했는가?			
G.3	감사인이 감사 수검 고객으로부터 작성된 리스크 대장을 제출받은 경우, 리스크 수준을 회사의 리스크 성향에 일치하도록 경감시킨다는 면에서 리스크 관리 전략의 중요한 부분인 통제를 적정하게 준수하고 있는지에 대해 충분하게 점검했는가?			
G.4	감사인은 준비한 정보를, 리스크 대장이 감사 대상 분야의 오퍼레이션 리스크 관리 결과 기록에 대한 신뢰할 만한 메커니즘을 형성하는지에 대한 의견을 정한다는 측면에서, 감사 기간 동안 확보한 증거들과 관련시킬 수 있었는가?			
G.5	감사인은 수검 분야의 리스크 대장이 이 분야에서 식별된 리스크들의 영향과 발생 가능성에 대해 수검 고객과 직원이 내린 의사 결정을 (살아 있는 문서로서) 적절히 기록하는지 평가하였는가?			

만점 :	득점 :	백분율 :

경영진의 어슈어런스

H.	경영진의 어슈어런스 : 감사인은 리스크 관리 프로세스와 내부 통제에 대한 경영진의 어슈어런스가 어느 정도로 신뢰할 만하며, 수검 대상 분야의 리스크와 이에 관련된 통제의 진정한 상황을 반영하는지에 관해 의견을 제시해야 한다.	점수 (1–10)	증거	조치
H.1	감사인은 감사 수검 분야의 관련 문서 작성에 직간접으로 관여한 관리자와 직원이 분기 통제 공시 개념을 충분히 이해하였는지 확인하였는가?			
H.2	감사인은 수검 대상 분야의 분기 통제 공시 보고 시스템이 견고하며 그러한 시스템에 대한 회사의 모든 기준을 충족하는지 확인하였는가?			
H.3	감사인은 수검 고객 관리자들이 수검 대상 분야에 대한 재무 보고와 법규 준수에 관한 내부 통제에 대해 신뢰할 만한 점검을 실시하여, 내부 통제가 이 분야의 모든 중요한 취약점들과 문제들을 찾아내 이를 고위 경영진에게 보고하게 만들기에 충분히 견고한지 확인하였는가?			
H.4	감사인은 수검 분야의 ERM 프로세스와 내부 통제점검이 문서 기록과 보관 기준에 따라 충분히 문서화되었는지 확인하였는가?			
H.5	감사인은 수검 대상 분야의 ERM 프로세스와 내부 통제 보고 실행이 조직의 규제 당국 등 주요 이해관계자들의 기대를 충족시키는지 확인하였는가?			

만점 :	득점 :	백분율 :

감사 부서의 어슈어런스

I.	감사 부서의 어슈어런스 : 감사인은 조직이 ERM 제도를 구비하고, 건전한 내부 통제 시스템이 갖춰지고 적절하게 작동되도록 하고 있는지에 관해 이사회와 감사위원회에 공식적인 어슈어런스를 제공할 위치에 있어야 한다.	점수 (1-10)	증거	조치
I.1	CAE는 CEO와 CFO가 내부 통제를 인증할 의무의 일환으로서 리스크와 통제에 관한 자신들의 견해에 중요한 정보를 입수할 수 있게 해 주는 어슈어런스 보고 메커니즘에 동의했는가?			
I.2	CAE는 수검 대상 고객 관리자에 의해 수용된 리스크 용인 수준에 관해 동의하지 않을 경우 이를 감사위원회에 전달하는 프로세스에 동의했는가?			
I.3	CAE는 수검 대상 영역에서의 내부 통제에 부여할 수 있는 신뢰도 수준에 대한 감사 보고 의견 등급 부여 시스템에 동의했는가?			
I.4	CAE는 조직의 ERM 구성 요소들의 각 측면에 대해 의견을 제공할 수도 있는, 어슈어런스 보고 메커니즘에 동의했는가?			
I.5	CAE는 감사 기간 중에 식별된 높은 수준의 잔여 리스크가 리스크 오너에 의해 적절하게 다루어지게 하고, 그러한 우려 사항에 대해 합리적인 시일 내에 적절한 조치가 취해지지 않을 경우 이를 상부에 보고할 수 있게 하는 모니터링 프로세스에 동의했는가?			

만점 :	득점 :	백분율 :

내부 통제 보고서

J.	내부 통제 보고서 : 조직은 모든 이해관계자들과 조직 사이의 관계에 관한 대화의 일부를 형성하고 이러한 이해관계자들의 필요를 충족하는 공표 보고서 안에 내부 통제 보고서를 제공할 위치에 있어야 한다.	점수 (1–10)	증거	조치
J.1	CAE는 CEO에게 기본적인 감독 규정 준수에서 더 나아가 조직의 입지를 강화하는 데 사용할 수 있는 SIC를 수행하도록 권장하였는가?			
J.2	CAE는 CEO에게 감독 당국의 의도와 희망 사항이 이해되고 가능한 경우 이를 적용하기 위해 감독 당국과 대화하도록 권장하였는가?			
J.3	CAE는 CEO에게 내부 통제 공시에 관해 자신이 전적으로 책임지고, 조직에서 너무 낮은 직급의 직원에게 통제 보고를 위임해 두고 이에 과도하게 의존하지 않도록 권장하였는가?			
J.4	CAE는 CEO에게 관리자들이 정해진 기준을 충족하고, 외부 감사인 및 모든 관련 외부 검토 기관들에게 수용될 수 있는 방식으로 자신의 리스크와 통제에 대해 자체 평가를 수행하는 시스템을 확립하도록 권장하였는가?			
J.5	CAE는 CEO에게 내부 통제에 관한 건전한 보고의 근거를 제공할 수 있도록 ERM을 비즈니스 안으로 통합하도록 독려하라고 권장하였는가?			

만점:	득점 :	백분율 :

평가 점수 취합표

ERM 프로세스 점수				
항목	제목	점수	백분율	참조할 조치 계획
A				
B				
C				
D				
E				
F				
G				
H				
I				
J				
K				
ERM 총점 :				

평가 점수 취합표

감사 접근법 점수				
항목	제목	점수	백분율	참조할 조치 계획
A				
B				
C				
D				
E				
F				
G				
H				
I				
J				
감사 접근법 총점 :				

연암사 GRC 시리즈

컴플라이언스

마틴 비겔만 지음 | 노동래 옮김 | 신국판 양장 | 값 28,000원

윤리 준법 경영의 성공 전략 컴플라이언스

컴플라이언스를 확립한다는 것은 기업이 단순한 법규준수에 그치는 것이 아니라 윤리, 무결성, 책임감 등을 성공적으로 혼합한 문화를 구축하는 것을 의미한다. 이 책은 기업에 있어서 컴플라이언스가 성공을 위한 선택이 아니라 생존을 위한 필수여야 하는 이유를 저자의 풍부한 경험과 생생한 사례를 통해 잘 보여주고 있으며, 성공적인 컴플라이언스 프로그램을 구축하기 위한 요건들을 자세히 설명하고 있다.

컴플라이언스 매니지먼트

마이클 실버만 지음 | 노동래 옮김 | 준법감시협의회 감수 | 값 32,000원

공공, 민간, 비영리 조직을 위한 컴플라이언스

현대 조직에서 컴플라이언스가 수행하는 역할을 종합적으로 보여주는 이 책은 법규와 관련된 전통적인 컴플라이언스 이슈들을 조사할 뿐만 아니라, 효과적인 컴플라이언스 프로그램을 발전시킴에 있어서 윤리적 행동, 조직 구조, 기술, 일반 관리와 리스크 관리가 차지하는 역할도 다루고 있다.

리스크 관리 펀드멘탈

더글러스 W. 허버드 지음 | 노동래 옮김 | 신국판 양장 | 값 28,000원

리스크 관리의 실패 원인과 교정법

이 책은 어떤 리스크 분석 방법이 효과가 있고, 어떤 방법이 효과가 없는지에 관하여 그 차이점을 상세하게 설명하며, 재무 리스크, 자연 재해, 산업 재해, 제품 안전, 엔지니어링 재해, 전염성 바이러스, 컴퓨터 보안, 사기, 평판 손상, 그리고 소송 등 모든 유형의 리스크 관리에 적용되는 주제들을 다루고 있다.

거버넌스 리스크 관리 컴플라이언스

리처드 M. 스타인버그 지음 | 노동래 옮김 | 한국내부통제평가원 감수 | 값 35,000원

거버넌스와 리스크 관리의 지속적인 성공을 추구하라

통찰력 있는 기업 거버넌스 설명서로 이사회가 기업이 당면한 문제와 고위 경영진 모니터에 필요한 기법과 기준 인식에 도움을 준다. 리스크 관리는 문화, 전략, 컴플라이언스 프로그램, 그리고 보상을 정렬시킴으로써 효과를 발휘할 수 있다는 중요한 관점을 제공하는 이 책은 CEO와 상장회사의 이사회 위원들의 필독서이다.

전사 리스크 관리

존 프레이저 · 베티 J. 심킨스 지음 | 노동래 옮김 | 값 58,000원

금융기관과 모든 조직에서 사용하는 리스크 관리 종합 지침서

리스크를 정확하게 식별하고 대응 우선순위를 정할 수 있는 총체적 접근법으로 리스크를 관리하는 광범위한 개념과 기법들을 소개하고 있는 이 책은 기업의 성공을 결정하는 원리에 초점을 맞추는 한편, 이사회의 역할, 리스크 용인 수준, 리스크워크샵 및 자원 배분과 같은 다양한 기법들을 제공하고 있다.

비즈니스 윤리와 지속가능경영

스콧 레이 · 켄만 윙 지음 | 노동래 옮김 | 양장본 | 값 45,000원

기업 윤리와 비즈니스 윤리 사례와 이론

비즈니스 윤리를 세계화, 공정무역, 노동, 인사관리 및 보상, 환경보호, 기업의 사회적 책임, 마케팅 영역에 어떻게 적용하는지 보여주는 이 책은 비리가 발생하는 심리적, 조직적 메커니즘과 방지를 위한 전략과 전술을 제시하고 다양한 읽기 자료, 사례 연구를 통해 기업 윤리 접근 방법을 명쾌하게 설명하고 있다.

금융기관 컴플라이언스 실무 가이드

애니 밀스 지음 | 한국준법통제원 감수 | 노동래 옮김 | 양장본 | 값 32,000원

컴플라이언스 업무를 시작하는 당신을 책임자로 이끄는 매뉴얼

이 책은 컴플라이언스가 무엇인지, 컴플라이언스 업무 담당자는 어떤 일을 하는지, 컴플라이언스 부서와 업무 담당자가 어려움에 봉착하면 어떻게 해야 하는지에 대해 친절하게 안내한다. 이 책에서 다루는 상황은 금융기관의 일상 업무와 관련되지만, 접근 방법과 원리는 금융기관이 아닌 조직에도 적용될 수 있다.

기업 윤리 가이드

린다 트레비노 · 캐서린 넬슨 지음 | 연세대학교 반부패준법센터 감수 | 노동래 옮김 | 양장본 | 값 35,000원

미국 MBA 과정이 선택한 비즈니스 윤리 교과서

기업 윤리, 비즈니스 윤리에 관하여 경영관리상의 접근법을 채택하고 있는 이 책은 개인 차원과 조직 차원에서 비윤리적 행동으로 이끌 수 있는 심리적, 환경적, 구조적 요인들을 통찰하며 각 장에 포함된 실제적인 사례들을 통해 지도자와 중간관리자들이 어떻게 해야 하는지 실제적인 조언을 들려준다. 미 MBA과정이 선택한 비즈니스 윤리 교과서로 자리매김하고 있다.

내부 감사와 리스크 관리 프로세스

1쇄 발행 2013년 7월 20일
2쇄 발행 2020년 1월 31일

지은이 K. H. 스펜서 피켓
옮긴이 노동래
감수 (사)한국감사협회
발행인 권윤삼
발행처 도서출판 연암사

등록번호 제10-2339호
주소 서울시 마포구 양화로 156, 1609호
전화 02-3142-7594
팩스 02-3142-9784

ISBN 979-11-5558-000-4 13320

값은 뒤표지에 있습니다. 잘못된 책은 바꿔드립니다.

연암사의 책은 독자가 만듭니다.
독자 여러분들의 소중한 의견을 기다립니다.
트위터 @yeonamsa
이메일 yeonamsa@gmail.com

이 도서의 국립중앙도서관 출판시도서목록(CIP)은
서지정보유통지원시스템 홈페이지(http://seoji.nl.go.kr)와
국가자료공동목록시스템(http://www.nl.go.kr/kolisnet)에서
이용하실 수 있습니다.
(CIP제어번호: CIP2013009814)